"助力乡村学校音体美课堂行动"官方合作图书

V研客及全国各大考研培训学校指定用书

金榜時代

GLIST 明德·弘毅·品质

金榜时代考研数学系列

数学公式的奥秘

编著◎刘喜波　宋浩　姜晓千　薛威

西安交通大学出版社
XI'AN JIAOTONG UNIVERSITY PRESS

U0792573

图书在版编目(CIP)数据

数学公式的奥秘/刘喜波等编著.—西安:西安交通大学出版社,2020.10

ISBN 978-7-5693-1388-8

Ⅰ.①数…　Ⅱ.①刘…　Ⅲ.①数学公式　Ⅳ.①O1

中国版本图书馆 CIP 数据核字(2019)第 239441 号

书名　数学公式的奥秘　　责任编辑　张若凡　张瑞娟

出版发行　西安交通大学出版社
(西安市兴庆南路 1 号
邮政编码 710048)

网址　http://www.xjtupress.com

电话　(029)82668357　82667874(发行中心)
(029)82668315(总编办)

印刷　三河市燕山印刷有限公司

开本　710mm×1000mm　1/32　　印张　8.5　字数　380 千字

版次印次　2020 年 10 月第 1 版　2020 年 10 月第 1 次印刷

书号　ISBN 978-7-5693-1388-8　　定价　26.80 元

如发现印装质量问题,请与本社发行中心联系调换。

版权所有　侵权必究

前　言

数学公式是数学的基础，是否熟练掌握数学公式，直接关系到数学考试的成绩。

花费 20％时间熟练掌握数学公式，就等于掌握了 80％的数学考试内容，也就等于成就了 80％的分数。

为了帮助同学们巧记识记这些数学公式，本书按照全国硕士研究生入学考试考纲要求用图表归类并根据历年考点出题频率整理出必须掌握的数学公式，遵循识记──→理解──→掌握的规律，总结出了经典真题，考生可结合自己的实际情况有针对性地演练，相信对考研复习有一定的帮助。

本书以考纲为基础，包括高等数学、线性代数、概率论与数理统计中考研常考的定义、性质、公式、图像及解法。适合考研同学使用，也适合广大大学生使用。

另外，书中对数学一、二、三的不同考查内容进行了标注，但因知识点的相互渗透，考试可能会有所涉及，仅供参考。

由于编者水平有限，书中错误之处在所难免，恳请读者批评指正。

微信公众号:金榜时代考研

@金榜时代官方微博

天猫
时代巨流图书专营店

目 录

第一篇 高等数学/微积分

第二篇　线性代数

第一篇 高等数学 / 微积分*

第一章 函数 极限 连续

§1 函 数

1.1.1 常用逻辑符号

∀ 表示“对所有的”“对每一个”,全称量词.

∃ 表示“存在”,存在量词.

⇒ “$p \Rightarrow q$”表示“由命题 p 可以推出命题 q”,读成若 p 则 q,蕴含关系.

⇔ “$p \Leftrightarrow q$”表示“命题 p 与 q 是等价命题”,“$p \Rightarrow q$ 且 $q \Rightarrow p$”,等价关系.

---

* 数一、二考高等数学,数三考微积分,书中对数学一、二、三考纲中的不同要求进行了标注.

1.1.2 数集的记号

自然数集 **N**　$\mathbf{N}=\{0,1,2,3,\cdots,n,\cdots\}$.

整数集 **Z**　$\mathbf{Z}=\{-n,\cdots,-2,-1,0,1,2,\cdots,n,\cdots\}$.

有理数集 **Q**　$\mathbf{Q}=\left\{\dfrac{p}{q}\mid p\in\mathbf{Z},q\in\mathbf{N},\text{且 } p \text{ 与 } q \text{ 互质}\right\}$.

实数集 **R**　$\mathbf{R}=\{x\mid-\infty<x<+\infty\}$.

空集 $\varnothing$.

1.1.3 区间

$[a,b]=\{x\mid a\leqslant x\leqslant b\},(a,b)=\{x\mid a<x<b\},(a,b]=\{x\mid a<x\leqslant b\}$,

$[a,b)=\{x\mid a\leqslant x<b\},(-\infty,a]=\{x\mid x\leqslant a\},(-\infty,a)=\{x\mid x<a\}$,

$[a,+\infty)=\{x\mid x\geqslant a\},(a,+\infty)=\{x\mid x>a\}$.

1.1.4 邻域

定义　设 $\delta>0$,实数集 $U_\delta(x_0)=\{x\mid |x-x_0|<\delta\}$ 称为 x_0 的 δ 邻域,简记为 $U(x_0)$,称为 x_0 的某邻域. $\mathring{U}_\delta(x_0)=\{x\mid 0<|x-x_0|<\delta\}$ 称为 x_0 的去心 δ 邻域. 类似地有记号 $\mathring{U}(x_0)$ 及相应的名称.

x_0 的左邻域 $\{x\mid-\delta<x-x_0\leqslant 0\}$(右邻域 $\{x\mid 0\leqslant x-x_0<\delta\}$),$x_0$ 的左去心邻域 $\{x\mid-\delta<x-x_0<0\}$(右去心邻域 $\{x\mid 0<x-x_0<\delta\}$)等.

1.1.5 函数

定义　给定两个实数集 D 和 M,若存在一个对应规则 f,使得对于每一个 $x\in D$,按照这个规则,都有唯一确定的实数 $y\in M$ 与之对应,则称 f 是定义在 D 上的一个函数,x 称为**自变量**,D 称为函数 f 的**定义域**,y 称为**因变量**. 函数 f 在 $x\in D$ 对应的

$$y = f(x), x \in D$$

的函数值所成的集合，常记为 $f(D)$，$f(D) = \{y \mid y = f(x), x \in D\}(\subset M)$，称为函数的**值域**. 称 y 或 $f(x)$ 为 x 的函数.

1.1.6　基本初等函数

下列函数称为基本初等函数：

(1) 常值函数：C(C 为常数)，$x \in \mathbf{R}$.

(2) 幂函数：x^{α}(α 为常数)，其定义域由 α 确定. 不论 α 如何，在$(0, +\infty)$内总有定义.

(3) 指数函数：a^x(常数 $a > 0, a \neq 1$)，$x \in \mathbf{R}$.

(4) 对数函数：$\log_a x$(常数 $a > 0, a \neq 1$)，$x \in (0, +\infty)$.

(5) 三角函数：$\sin x, \cos x, x \in (-\infty, +\infty)$；$\tan x, x \in \left(k\pi - \frac{\pi}{2}, k\pi + \frac{\pi}{2}\right)$；

$\cot x, x \in (k\pi, (k+1)\pi), k \in \mathbf{Z}$.

(6) 反三角函数：$\arcsin x, x \in [-1, 1]$；$\arccos x, x \in [-1, 1]$；

$\arctan x, x \in \mathbf{R}$；$\text{arccot}\, x, x \in \mathbf{R}$.

1.1.7　初等函数

由基本初等函数经有限次加、减、乘、除及复合而成并用一个式子表示的函数称初等函数.

1.1.8　分段函数

在定义域的不同区间上用不同的解析式子表示的函数称为分段函数.

【注】 分段函数是一个函数，不能认为每一段是一个函数，是多个函数.

常见的几种分段函数：

(1) 绝对值函数(其图像如图 1-1 所示)

$$y=|x|=\begin{cases}x, & x>0\\ 0, & x=0.\\ -x, & x<0\end{cases}$$

(2) 符号函数(其图像如图 1-2 所示)

$$y=\operatorname{sgn} x=\begin{cases}1, & x>0\\ 0, & x=0.\\ -1, & x<0\end{cases}$$

它表示 x 的符号. 显然有

$$|x|=x\operatorname{sgn} x, x\in(-\infty,+\infty).$$

(3) 取整函数$[x]$,它表示不超过 x 的最大整数. $[x]=n$,当 $n\leqslant x<n+1$,$n=\cdots,-2,-1,0,1,2,3,\cdots$.

$y=[x]$ 的图像如图 1-3 所示,显然有性质:

对于 $x\in(-\infty,+\infty)$,有$[x]\leqslant x<[x]+1$,且$[x+1]=[x]+1$.

(4) 狄里克雷函数

$$D(x)=\begin{cases}1, & x\text{ 为有理数时}\\ 0, & x\text{ 为无理数时}\end{cases}.$$

狄里克雷函数无法描出它的图像.

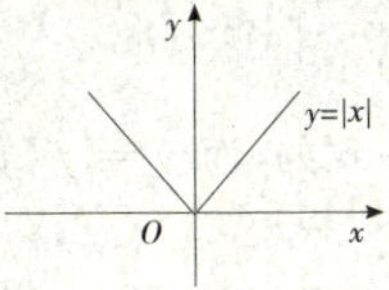

图 1-1

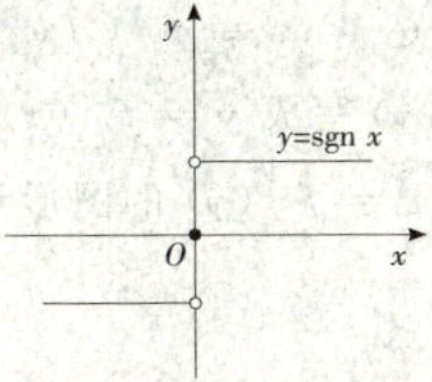

图 1-2

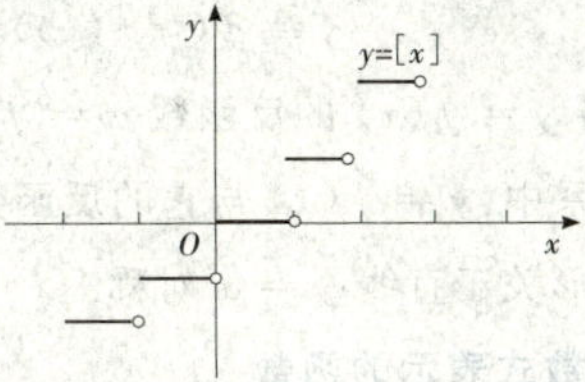

图 1-3

1.1.9　隐函数

定义　设 x 在某数集 D 内每取一个值时，由方程 $F(x,y)=0$ 可唯一确定一个 y 的值，则称由 $F(x,y)=0$ 确定一个隐函数 y，虽然不一定能将 y 明显地解出来.

1.1.10　复合函数

定义　设函数 $y=f(u)$ 的定义域是 D_f，函数 $u=\varphi(x)$ 的定义域是 D_φ，值域是 R_φ. 若 $D_f \cap R_\varphi \neq \varnothing$（$\varnothing$ 表示空集），则称函数 $y=f(\varphi(x))$ 为复合函数，它的定义域是 $\{x \mid x \in D_\varphi$ 且 $\varphi(x) \in D_f\}$. u 称为中间变量，x 称为自变量.

1.1.11　反函数

设函数 $y=f(x)$ 的定义域是 D，值域是 W. 如果对于 W 内的每一个 y，由 $y=f(x)$ 可以确定唯一的 $x \in D$. 这样在 W 上定义了一个函数，称为 $y=f(x)$ 的反函数，记为 $x=f^{-1}(y)$ 或 $x=\varphi(y)$，$y \in W$.

由反函数的定义，有

$$y \equiv f(f^{-1}(y)), y \in W; x \equiv f^{-1}(f(x)), x \in D$$

有时,也常将 $y = f(x)$ 的反函数 $x = f^{-1}(y)$ 写成 $y = f^{-1}(x)$.

在同一坐标系中,$y = f(x)$ 与它的反函数 $x = f^{-1}(y)$ 的图形是一致的,而 $y = f(x)$ 与它的反函数 $y = f^{-1}(x)$ 的图形关于直线 $y = x$ 对称.

1.1.12 参数式表示的函数

设 $x = x(t), y = y(t)$. 若 x 在某数集 D 内每取一个值时,由 $x = x(t)$ 可唯一确定一个 t 的值,并且对于此 t,由 $y = y(t)$ 可确定唯一的一个 y 的值,则称由参数式 $x = x(t), y = y(t)$ 确定了 y 为 x 的函数.

1.1.13 函数的单调性

设函数 $f(x)$ 在数集 D 上有定义,如果对于任意的$x_1, x_2 \in D, x_1 < x_2$,就一定有

$$f(x_1) \leqslant f(x_2), (f(x_1) \geqslant f(x_2))$$

则称 $f(x)$ 在 D 上是单调增加(减少)的. 如果一定有

$$f(x_1) < f(x_2), (f(x_1) > f(x_2))$$

则称 $f(x)$ 在 D 上是严格单调增加(减少)的.

1.1.14 函数的奇、偶性

设函数 $f(x)$ 在对称于原点的某数集 D 上有定义,并且对于任意 $x \in D$,必有$f(-x) = f(x)(f(-x) = -f(x))$,则称$f(x)$ 在 D 上是偶(奇)函数.

在直角坐标系 xOy 中,偶函数的图像关于 y 轴对称,奇函数的图像关于坐标原点 O 对称.

技巧点拨

(1) 奇 ± 奇 = 奇；　　(2) 偶 ± 偶 = 偶；

(3) 奇 × 奇 = 偶；　　(4) 奇 × 偶 = 奇；

(5) 偶 × 偶 = 偶；　　(6) 奇函数与奇函数复合为奇函数；

(7) 偶函数与偶函数复合为偶函数；　　(8) 偶函数与奇函数复合为偶函数；

(9) 任一定义在对称于原点的数集 M 上的函数 $f(x)$，必可分解成一奇一偶函数之和：

$$f(x)=\frac{1}{2}[f(x)-f(-x)]+\frac{1}{2}[f(x)+f(-x)].$$

1.1.15　函数的周期性

设 $f(x)$ 的定义域是数集 D，如果存在常数 $T>0$，当 $x\in D$ 时，有 $x\pm T\in D$，并且 $f(x+T)=f(x)$，则称 $f(x)$ 为周期函数，T 称为它的一个周期. 通常称的周期是指使 $f(x+T)=f(x)$ 成立的最小正数 T（如果存在的话）.

1.1.16　函数的有界性

设函数 $f(x)$ 在数集 D 上有定义，如果存在常数 M，当 $x\in D$ 时 $f(x)\leqslant M$，则称 $f(x)$ 在 D 上有上界；如果存在 m，当 $x\in D$ 时 $f(x)\geqslant m$，则称 $f(x)$ 在 D 上有下界；如果 $f(x)$ 在 D 上既有上界又有下界，则称 $f(x)$ 在 D 上有界.

定义中的 m 与 M 分别为 $f(x)$ 在 D 上的下界与上界. 显然，如果 $m(M)$ 是 $f(x)$ 在 D 上的下(上)界，则比 m 小(比 M 大)的任何数，都是 $f(x)$ 在 D 上的下(上)界.

如果不论 M 多么大，总有 $x\in D$ 使 $f(x)>M$，则称 $f(x)$ 在 D 上无上界；类似地可以定义无下界.

1.1.17 有界、无界的充分条件

(1) 设 $\lim\limits_{x\to x_0^-} f(x)$ 存在，则存在 $\delta>0$，当 $-\delta<x-x_0<0$ 时，$f(x)$ 有界；对 $x\to x_0^+$，$x\to x_0$ 有类似的结论.

(2) 设 $\lim\limits_{x\to\infty} f(x)$ 存在，则存在 $X>0$，当 $|x|>X$ 时，$f(x)$ 有界；对 $x\to+\infty$，$x\to-\infty$ 有类似的结论.

(3) 设 $f(x)$ 在 $[a,b]$ 上连续，则 $f(x)$ 在 $[a,b]$ 上有界.

(4) 设 $f(x)$ 在数集 U 上有最大值(最小值)，则 $f(x)$ 在 U 上有上(下)界.

(5) 有界函数与有界函数之和、积均为有界函数.

(6) 设 $\lim\limits_{x\to *} f(x)=\infty$，则 $f(x)$ 在 $*$ 的去心邻域内无界. ①

§2 极　　限

1.2.1 数列的极限

数列 $\{u_n\}$ 与常数 A，如果它们之间满足下列关系：对于任意给定的 $\varepsilon>0$，存在正整数 $N>0$，当 $n>N$ 时，就有 $|u_n-A|<\varepsilon$，则称数列 $\{u_n\}$ 收敛，且收敛于 A，记为 $\lim\limits_{n\to\infty}u_n=A$，也称当 $n\to\infty$ 时 u_n 的极限为 A.

1.2.2 函数的极限

函数极限的定义有下述一些形式：

① 这里的 $*$ 可以是 x_0，x_0^-，x_0^+，∞，$-\infty$，$+\infty$ 6 种情形中的任一种(后同).

序号与记号	定义表述			
	对于任给	存在	当……时	就有
① $\lim\limits_{x\to\infty} f(x)=A$	$\varepsilon>0$	$X>0$	$\lvert x\rvert>X$	$\lvert f(x)-A\rvert<\varepsilon$
② $\lim\limits_{x\to x_0} f(x)=A$	$\varepsilon>0$	$\delta>0$	$0<\lvert x-x_0\rvert<\delta$	$\lvert f(x)-A\rvert<\varepsilon$

① 中 ∞ 改为 $+\infty$ 或 $-\infty$，$\lvert x\rvert>X$ 分别改为 $x>X$ 或 $x<-X$，就分别得到 $\lim\limits_{x\to+\infty} f(x)=A$ 与 $\lim\limits_{x\to-\infty} f(x)=A$ 的定义.

② 中 $x\to x_0$ 改为 $x\to x_0^+$ 或 $x\to x_0^-$，$0<\lvert x-x_0\rvert<\delta$ 分别改为 $0<x-x_0<\delta$ 或 $-\delta<x-x_0<0$，就分别得到 $\lim\limits_{x\to x_0^+} f(x)=A$ 与 $\lim\limits_{x\to x_0^-} f(x)=A$ 的定义.

$\lim\limits_{x\to x_0^+} f(x)$ 与 $\lim\limits_{x\to x_0^-} f(x)$ 分别称为 $f(x)$ 在 $x=x_0$ 的右、左极限，这两个极限也可简记为 $f(x_0^+)$ 与 $f(x_0^-)$.

1.2.3 无穷小

若 $\lim\limits_{x\to *} f(x)=0$，则称 $x\to *$ 时 $f(x)$ 为无穷小.

1.2.4 无穷大

$\lim\limits_{x\to *} f(x)=\infty$ 的定义有下述一些形式：

序号与记号	定义表述			
	对于任给	存在	当……时	就有
③ $\lim\limits_{x\to x_0} f(x)=\infty$	$M>0$	$\delta>0$	$0<\lvert x-x_0\rvert<\delta$	$\lvert f(x)\rvert>M$
④ $\lim\limits_{x\to\infty} f(x)=\infty$	$M>0$	$X>0$	$\lvert x\rvert>X$	$\lvert f(x)\rvert>M$

③ 中又可分为 $x \to x_0^+$ 与 $x \to x_0^-$. ④ 中 $x \to \infty$ 又可细分为 $x \to +\infty$ 与 $x \to -\infty$,不再赘述.

【注】 虽然有时也将 $\lim\limits_{x \to *} f(x) = \infty$ 说成 $x \to *$ 时 $f(x)$ 趋于无穷大,但它并不表示 $x \to *$ 时 $f(x)$ 存在极限.

1.2.5 无穷小的比较

定义 设 $x \to *$ 时 $\alpha(x)$ 与 $\beta(x)$ 为两个无穷小,$\beta(x) \neq 0$,$\alpha(x)$ 不恒等于 0.

设 $\lim\limits_{x \to *} \dfrac{\alpha(x)}{\beta(x)} = A$,

(1) 若 $A \neq 0$,则称 $x \to *$ 时 $\alpha(x)$ 与 $\beta(x)$ 为同阶无穷小.

(2) 若 $A = 1$,则称 $x \to *$ 时 $\alpha(x)$ 与 $\beta(x)$ 为等价无穷小,记成 $x \to *$ 时 $\alpha(x) \sim \beta(x)$.

(3) 若 $A = 0$,则称 $x \to *$ 时 $\alpha(x)$ 为 $\beta(x)$ 的高阶无穷小,记成 $x \to *$ 时 $\alpha(x) = o(\beta(x))$.

(4) 如果 $\lim\limits_{x \to *} \dfrac{\alpha(x)}{\beta(x)} = \infty$,则称 $x \to *$ 时 $\alpha(x)$ 为 $\beta(x)$ 的低阶无穷小.

1.2.6 数列极限存在的充要条件

$\lim\limits_{n \to \infty} u_n = A$ 的充要条件是 $\lim\limits_{n \to \infty} u_{2n} = \lim\limits_{n \to \infty} u_{2n-1} = A$.

1.2.7 极限存在的充要条件

$\lim\limits_{x \to x_0} f(x) = A$ 的充要条件是 $f(x_0^-) = f(x_0^+) = A$.

1.2.8 存在极限与无穷小的关系

定理 $\lim\limits_{x \to *} f(x) = A$ 的充要条件是 $f(x) - A = \alpha(x)$,$\lim\limits_{x \to *} \alpha(x) = 0$.

1.2.9 极限的唯一性

定理 若 $\lim\limits_{x \to *} f(x)$ 存在,则此极限值必唯一.

1.2.10　保号性

定理　设 $\lim\limits_{x\to *} f(x)=A, A\neq 0$，则存在 $*$ 的一个去心邻域，在此邻域内 $f(x)$ 与 A 同号.

1.2.11　保号性的推论

定理　设存在 $*$ 的一个去心邻域，在此邻域内 $f(x)\geqslant 0$(或 $\leqslant 0$)，且 $\lim\limits_{x\to *} f(x)$ 存在且等于 A，则 $A\geqslant 0(\leqslant 0)$.

【注】　若条件中"$f(x)\geqslant 0$(或 $\leqslant 0$)"改为"$f(x)>0$(或 <0)"，其他不改，则结论中仍是"$A\geqslant 0(\leqslant 0)$".

1.2.12　无穷小与无穷大的关系

(1) 设 $\lim\limits_{x\to *} f(x)=\infty$，则 $\lim\limits_{x\to *}\dfrac{1}{f(x)}=0$.

(2) 设 $\lim\limits_{x\to *} f(x)=0$，且 $f(x)\neq 0$，则 $\lim\limits_{x\to *}\dfrac{1}{f(x)}=\infty$.

1.2.13　夹逼定理

设在 $*$ 的去心邻域内 $g(x)\leqslant f(x)\leqslant h(x)$ 且 $\lim\limits_{x\to *} g(x)=\lim\limits_{x\to *} h(x)=A$，则

$$\lim_{x\to *} f(x)=A.$$

【注】　① 夹逼定理对于数列极限也成立.

② 上面的 A 都换为 $+\infty$ 或 $-\infty$，定理也成立.

1.2.14　单调有界定理

设数列 $\{u_n\}$ 单调增加(减少)且有上(下)界 $M(m)$，则 $\lim\limits_{n\to\infty} u_n$ 存在且 $\lim\limits_{n\to\infty} u_n\leqslant M(\geqslant m)$.

【注】　单调有界定理对函数的极限也成立.

1.2.15 柯西极限存在准则(柯西收敛原理)

定理 数列$\{x_n\}$收敛的充分必要条件是任意$\varepsilon > 0$,存在正整数N,使得当$m > N, n > N$时,恒有$|x_n - x_m| < \varepsilon$.

1.2.16 几个重要极限

(1) $\lim\limits_{x \to 0} \dfrac{\sin x}{x} = 1$. 推广:$\lim\limits_{\varphi(x) \to 0} \dfrac{\sin \varphi(x)}{\varphi(x)} = 1$,其中$\varphi(x) \neq 0$.

(2) $\lim\limits_{x \to 0}(1 + x)^{\frac{1}{x}} = \mathrm{e}$. 推广:$\lim\limits_{\varphi(x) \to 0}(1 + \varphi(x))^{\frac{1}{\varphi(x)}} = \mathrm{e}$,其中$\varphi(x) \neq 0$.

(3) $\lim\limits_{n \to \infty} \sqrt[n]{n} = 1$, $\lim\limits_{n \to \infty} \sqrt[n]{a} = 1$(常数$a > 0$).

真题链接 [2019.数二]

$\lim\limits_{x \to 0}(x + 2^x)^{\frac{2}{x}} =$ ________.

答案 $4\mathrm{e}^2$

1.2.17 四则运算法则

设$\lim\limits_{x \to *} u(x) = A$, $\lim\limits_{x \to *} v(x) = B$,则下列运算法则成立:

(1) $\lim\limits_{x \to *}(u(x) \pm v(x)) = \lim\limits_{x \to *} u(x) \pm \lim\limits_{x \to *} v(x) = A \pm B$.

(2) $\lim\limits_{x \to *}(u(x)v(x)) = (\lim\limits_{x \to *} u(x))(\lim\limits_{x \to *} v(x)) = AB$.

(3) $\lim\limits_{x\to *}(Cu(x)) = C\lim\limits_{x\to *}u(x) = CA$（$C$是常数）.

(4) $\lim\limits_{x\to *}\dfrac{u(x)}{v(x)} = \dfrac{\lim\limits_{x\to *}u(x)}{\lim\limits_{x\to *}v(x)} = \dfrac{A}{B}$（设 $B\neq 0$）.

(5) $\lim\limits_{x\to *}u(x) = 0$，并设在 $*$ 的去心邻域内 $k(x)$ 有界，则 $\lim\limits_{x\to *}k(x)u(x) = 0$.

【注】 ① 以上诸条对于数列均成立.

② 如果 $\lim\limits_{x\to *}u(x)$ 与 $\lim\limits_{x\to *}v(x)$ 不都存在，那么 $\lim\limits_{x\to *}(u(x)\pm v(x))$ 不能写成公式(1).

③ 如果 $\lim\limits_{x\to *}u(x) = 0$，$\lim\limits_{x\to *}v(x) = 0$，那么求 $\lim\limits_{x\to *}\dfrac{u(x)}{v(x)}$ 也不能用公式(4).

1.2.18　等价无穷小替换定理

设 $x\to *$ 时 $\alpha(x)\sim a(x)$，$\beta(x)\sim b(x)$，则

$$\lim_{x\to *}\frac{\alpha(x)\gamma(x)}{\beta(x)\delta(x)} = \lim_{x\to *}\frac{a(x)\gamma(x)}{b(x)\delta(x)}.$$

技巧点拨

(1) 整个式子中的乘除因子可用等价无穷小替换求其极限，加、减时不能用等价无穷小替换，部分式子的乘、除因子也不能用等价无穷小替换.

(2) 常用无穷小替换：当 $x\to 0$ 时，$\sin x\sim x$，$\tan x\sim x$，$1-\cos x\sim\dfrac{1}{2}x^2$，$e^x-1\sim x$，$\ln(1+x)\sim x$，$(1+x)^a-1\sim ax$，$\arcsin x\sim x$，$\arctan x\sim x$，$a^x-1\sim x\ln a\,(a>0, a\neq 1)$，$x^m+x^k\sim x^m$（常数 $k>m>0$）.

1.2.19　等价无穷小的充要条件

$x \to *$ 时 $\alpha(x) \sim \beta(x)$ 的充要条件是 $\alpha(x)-\beta(x)=o(\beta(x))$.

1.2.20　洛必达法则

法则 1　设

(1) $\lim\limits_{x \to *} f(x)=0, \lim\limits_{x \to *} g(x)=0$;

(2) $f(x)$ 与 $g(x)$ 在 $*$ 的去心邻域 $\mathring{U}$ 内可导，且 $g'(x) \neq 0$;

(3) $\lim\limits_{x \to *} \dfrac{f'(x)}{g'(x)}=A$(或 ∞).

则

$$\lim_{x \to *} \frac{f(x)}{g(x)}=\lim_{x \to *} \frac{f'(x)}{g'(x)}.$$

法则 2　设

(1) $\lim\limits_{x \to *} f(x)=\infty, \lim\limits_{x \to *} g(x)=\infty$;

(2) $f(x)$ 与 $g(x)$ 在 $*$ 的去心邻域 $\mathring{U}$ 内可导，且 $g'(x) \neq 0$;

(3) $\lim\limits_{x \to *} \dfrac{f'(x)}{g'(x)}=A$(或 ∞).

则

$$\lim_{x \to *} \frac{f(x)}{g(x)}=\lim_{x \to *} \frac{f'(x)}{g'(x)}.$$

【注】　条件(1)是必须检查的，不是 $\dfrac{0}{0}$ 型或 $\dfrac{\infty}{\infty}$ 型就不能用洛必达法则. 如果 $\lim\limits_{x \to *} \dfrac{f'(x)}{g'(x)}$ 也是符合洛必达

法则的“$\frac{0}{0}$ 型”或“$\frac{\infty}{\infty}$ 型”及相应的其他条件，则仍可用此法往下做. 但应注意随时化简，切勿机械重复. 能用等价无穷小替换时应尽量用之，它比洛必达法则快捷、方便. $\lim\limits_{x\to *}\frac{f'(x)}{g'(x)}$ 不存在(不是 ∞ 的不存在)，并不能说明原极限不存在，应改用其他方法计算. 若 $f(x)$ 或 $g(x)$ 是用变限积分表示的函数时，首先想到使用洛必达法则，因为求导正好可消除积分号.

§3　函数的连续与间断

1.3.1　函数在一点处连续

设 $f(x)$ 在 $x=x_0$ 的某邻域 $U(x_0)$ 有定义，且

$$\lim_{x\to x_0} f(x)=f(x_0),$$

则称 $f(x)$ 在 $x=x_0$ 处连续.

1.3.2　左(右)连续

设 $f(x)$ 在 $x=x_0$ 的左侧某邻域 $x_0-\delta<x\leqslant x_0$ 有定义，且

$$\lim_{x\to x_0^-} f(x)=f(x_0),$$

则称 $f(x)$ 在 $x=x_0$ 处左连续. 类似地可以定义右连续.

1.3.3　函数在 (a,b) 内连续

设 $f(x)$ 在 (a,b) 内每一点处都连续，则称 $f(x)$ 在 (a,b) 内连续.

若包含端点，那么函数在 $[a,b]$ 上连续，其中在 $x=a$ 处指的是右连续，$x=b$ 处指的是左连续.

真题链接 [2020. 数二、数三]

函数 $f(x)=\dfrac{e^{\frac{1}{x-1}}\ln|1+x|}{(e^x-1)(x-2)}$ 的第二类间断点的个数为

(A)1. (B)2. (C)3. (D)4.

答案 C

1.3.4 可去间断点

设 $f(x)$ 在 $x=x_0$ 的某去心邻域内有定义，如果 $\lim\limits_{x\to x_0}f(x)$ 存在，但 $f(x_0)$ 无定义，或者虽有定义，但与 $\lim\limits_{x\to x_0}f(x)$ 不相等，称 $x=x_0$ 为 $f(x)$ 的**可去间断点**.

1.3.5 跳跃间断点

设 $f(x)$ 在 $x=x_0$ 的某去心邻域内有定义，如果 $\lim\limits_{x\to x_0^-}f(x)$ 与 $\lim\limits_{x\to x_0^+}f(x)$ 都存在，但不相等，称 $x=x_0$ 为 $f(x)$ 的**跳跃间断点**. 此时不论 $f(x_0)$ 是否存在，存在时等于什么都无关.

可去间断点与跳跃间断点统称为**第一类间断点**.

1.3.6 第二类间断点

设 $f(x)$ 在 $x=x_0$ 的某去心邻域内有定义，如果 $\lim\limits_{x\to x_0^-}f(x)$ 与 $\lim\limits_{x\to x_0^+}f(x)$ 至少有一个不存在，称 $x=x_0$

为 $f(x)$ 的第二类间断点. 无穷间断点、振荡间断点显然属于第二类间断点.

1.3.7　连续函数的四则运算

设 $u(x)$ 与 $v(x)$ 在 $x = x_0$ 处连续,则四则运算之后所成的函数在 $x = x_0$ 也连续(除法运算时要求分母不为零).

1.3.8　复合函数的连续性

设 $f(u)$ 在 $u = u_0$ 处连续,$g(x)$ 在 $x = x_0$ 处连续,且$g(x_0) = u_0$,则复合函数$f(g(x))$ 在 $x = x_0$ 处亦连续.

1.3.9　基本初等函数的连续性

基本初等函数在它的定义域上都是连续的.

1.3.10　初等函数的连续性

初等函数在它的定义域的区间内都是连续的.

1.3.11　闭区间上的连续函数的性质

设 $f(x)$ 在闭区间$[a,b]$ 上连续,则它具有下列性质:

(1)(有界性定理)$f(x)$ 在$[a,b]$ 上有界.

(2)(最值定理)$f(x)$ 在$[a,b]$ 上有最大值与最小值.

(3)(介值定理) 设 μ 满足 $m \leqslant \mu \leqslant M$,则至少存在一点 $\xi \in [a,b]$,使 $f(\xi) = \mu$;若 μ 满足 $m < \mu < M$,则 $\xi \in (a,b)$.

(4)(零点定理) 设 $f(a)f(b) < 0$,则至少存在一点 $\xi \in (a,b)$,使 $f(\xi) = 0$.

第二章　一元函数微分学

§1　导数与微分

2.1.1　导数

定义　设 $f(x)$ 在 $x=x_0$ 的某邻域 $U(x_0)$ 内有定义，并设 $x_0+\Delta x\in U(x_0)$. 如果

$$\lim_{\Delta x\to 0}\frac{f(x_0+\Delta x)-f(x_0)}{\Delta x}$$

存在，则称 $f(x)$ 在 $x=x_0$ 处可导，并称上述极限为 $f(x)$ 在 $x=x_0$ 处的导数，记为 $f'(x_0)$，即 $f'(x_0)=\lim\limits_{\Delta x\to 0}\dfrac{f(x_0+\Delta x)-f(x_0)}{\Delta x}$.

若记 $y=f(x)$，则在 x_0 点的导数又可记成 $y'(x_0)$，$\left.\dfrac{\mathrm{d}y}{\mathrm{d}x}\right|_{x=x_0}$，$\left.\dfrac{\mathrm{d}y(x)}{\mathrm{d}x}\right|_{x=x_0}$.

如果 $f(x)$ 在区间 (a,b) 内每一点 x 都可导，则称 $f(x)$ 在 (a,b) 内可导，$f'(x)$ 称为 $f(x)$ 在 (a,b) 内的导函数，简称导数.

在定义式中，若记 $x=x_0+\Delta x$，则该式可改写为

$$\lim_{x\to x_0}\frac{f(x)-f(x_0)}{x-x_0}=f'(x_0).$$

用此式时，免去了引入 Δx 的麻烦.

【注】　导数的定义式中，必须要有 $f(x_0)$，并且其中的 $f(x)$ 是 x_0 附近的 x 处的函数值. 没有这些，谈不

上求导数.按定义求导数时,必须抓住这两项!

2.1.2　左、右导数

定义　极限

$$\lim_{x \to x_0^-} \frac{f(x)-f(x_0)}{x-x_0} \text{ 与 } \lim_{x \to x_0^+} \frac{f(x)-f(x_0)}{x-x_0}$$

分别称为 $f(x)$ 在 $x=x_0$ 处的左、右导数,分别记为 $f'_-(x_0)$ 及 $f'_+(x_0)$.

求分段函数在分界点处的导数要用定义做,一般还应分左、右导数讨论.

真题链接　[2020.数一]

设函数 $f(x)$ 在区间 $(-1,1)$ 内有定义,且 $\lim\limits_{x \to 0} f(x)=0$,则

(A) 当 $\lim\limits_{x \to 0} \dfrac{f(x)}{\sqrt{|x|}}=0$, $f(x)$ 在 $x=0$ 处可导.

(B) 当 $\lim\limits_{x \to 0} \dfrac{f(x)}{x^2}=0$, $f(x)$ 在 $x=0$ 处可导.

(C) 当 $f(x)$ 在 $x=0$ 处可导时, $\lim\limits_{x \to 0} \dfrac{f(x)}{\sqrt{|x|}}=0$.

(D) 当 $f(x)$ 在 $x=0$ 处可导时, $\lim\limits_{x \to 0} \dfrac{f(x)}{x^2}=0$.

答案 C

2.1.3 函数的微分

定义 设 $y=f(x)$ 在 $x=x_0$ 的某邻域 $U(x_0)$ 内有定义，并设 $x_0+\Delta x\in U(x_0)$. 如果

$$\Delta y=f(x_0+\Delta x)-f(x_0)\xlongequal{\text{可写成}}A\Delta x+o(\Delta x),$$

其中 A 与 Δx 无关，$\lim\limits_{\Delta x\to 0}\dfrac{o(\Delta x)}{\Delta x}=0$，则称 $f(x)$ 在点 $x=x_0$ 处可微，并称 $A\Delta x$ 为 $f(x)$ 在 $x=x_0$ 处的微分，记为 $\mathrm{d}y=A\Delta x$. 又因自变量的增量 Δx 等于自变量的微分 $\mathrm{d}x$，于是 $\mathrm{d}y$ 又可写成 $\mathrm{d}y=A\mathrm{d}x$.

2.1.4 高阶导数

定义 设 $\lim\limits_{\Delta x\to 0}\dfrac{f'(x_0+\Delta x)-f'(x_0)}{\Delta x}\left(即 \lim\limits_{x\to x_0}\dfrac{f'(x)-f'(x_0)}{x-x_0}\right)$ 存在，则称 $f(x)$ 在 $x=x_0$ 处二阶可导，并称此极限为 $f(x)$ 在 $x=x_0$ 处的二阶导数，记为 $f''(x_0)$，$\left.\dfrac{\mathrm{d}^2f(x)}{\mathrm{d}x^2}\right|_{x=x_0}$ 等等. 一般，设

$$\lim_{\Delta x\to 0}\frac{f^{(n-1)}(x_0+\Delta x)-f^{(n-1)}(x_0)}{\Delta x}\left(即 \lim_{x\to x_0}\frac{f^{(n-1)}(x)-f^{(n-1)}(x_0)}{x-x_0}\right)$$

存在，则称 $f(x)$ 在 $x=x_0$ 处 n 阶可导，并称此极限为 $f(x)$ 在 $x=x_0$ 处的 n 阶导数，记为 $f^{(n)}(x_0)$，$\left.\dfrac{\mathrm{d}^nf(x)}{\mathrm{d}x^n}\right|_{x=x_0}$ 等等. 通常约定 $f^{(0)}(x)$ 表示 $f(x)$ 本身.

2.1.5 可导与连续的关系

定理 设 $f(x)$ 在 x 处可导，则 $f(x)$ 在同一点处必连续，但反之不真.

【注】 连续是可导的前提. 以后凡说到 $f(x)$ 可导，应立即想到它蕴含着 $f(x)$ 在同一点必连续.

2.1.6 左、右导数与可导的关系

定理 $f(x)$ 在 $x=x_0$ 处可导 $\Leftrightarrow$ $f(x)$ 在 $x=x_0$ 处左、右导数 $f'_-(x_0)$、$f'_+(x_0)$ 都存在，并且 $f'_-(x_0)=$

$f'_+(x_0)$. 当 $f(x)$ 在 $x=x_0$ 点可导时，$f'_-(x_0)=f'_+(x_0)=f'(x_0)$.

函数 $f(x)$ 在闭区间 $[a,b]$ 的端点处的导数是指 $f'_+(a)$ 及 $f'_-(b)$.

2.1.7　导数的几何意义

定理　$f(x)$ 在 $x=x_0$ 处的导数 $f'(x_0)$ 是曲线 $y=f(x)$ 在点 $(x_0,f(x_0))$ 处的切线斜率. 曲线 $y=f(x)$ 在该点的切线方程为 $y-f(x_0)=f'(x_0)(x-x_0)$.

导数在几何上最根本的应用在于此.

2.1.8　可导与可微的关系

定理　$y=f(x)$ 在 $x=x_0$ 处可导 $\Leftrightarrow$ $f(x)$ 在 $x=x_0$ 处可微. 当满足此条件时，有

$$\mathrm{d}y=f'(x_0)\mathrm{d}x.$$

对任意 x，$\mathrm{d}y=f'(x)\mathrm{d}x$.

2.1.9　函数的微分与函数的增量之间的关系

定理　设 $y=f(x)$ 在 x_0 处可导(可微)，则

$$\Delta y=\mathrm{d}y+o(\Delta x) \text{ 或写成 } \Delta y=f'(x_0)\Delta x+o(\Delta x).$$

若又设在含有 x_0 的某区间内存在二阶导数，则由拉格朗日余项泰勒公式有

$$\Delta y-\mathrm{d}y=\frac{1}{2}f''(\xi)(\Delta x)^2,$$

其中 ξ 介于 x_0 与 $x_0+\Delta x$ 之间.

2.1.10　函数的求导法则

(1) 常用函数的导数(微分)公式

①$C'=0$(C 为常数).　　　　　　$\mathrm{d}C=0$(C 为常数).

②$(x^{\alpha})' = \alpha x^{\alpha-1}$（$\alpha$ 为常数）. $\mathrm{d}x^{\alpha} = \alpha x^{\alpha-1}\mathrm{d}x$（$\alpha$ 为常数）.

③ $(a^x)' = a^x \ln a (a > 0, a \neq 1)$. $\mathrm{d}a^x = a^x \ln a \mathrm{d}x (a > 0, a \neq 1)$.

$(\mathrm{e}^x)' = \mathrm{e}^x$. $\mathrm{d}\mathrm{e}^x = \mathrm{e}^x \mathrm{d}x$.

④ $(\log_a x)' = \frac{1}{x\ln a}(a > 0, a \neq 1)$. $\mathrm{d}\log_a x = \frac{1}{x\ln a}\mathrm{d}x(a > 0, a \neq 1)$.

$(\ln x)' = \frac{1}{x}$. $\mathrm{d}\ln x = \frac{1}{x}\mathrm{d}x$.

⑤$(\sin x)' = \cos x$. $\mathrm{d}\sin x = \cos x\mathrm{d}x$.

⑥$(\cos x)' = -\sin x$. $\mathrm{d}\cos x = -\sin x\mathrm{d}x$.

⑦$(\tan x)' = \sec^2 x$. $\mathrm{d}\tan x = \sec^2 x\mathrm{d}x$.

⑧$(\cot x)' = -\csc^2 x$. $\mathrm{d}\cot x = -\csc^2 x\mathrm{d}x$.

⑨$(\sec x)' = \sec x\tan x$. $\mathrm{d}\sec x = \sec x\tan x\mathrm{d}x$.

⑩$(\csc x)' = -\csc x\cot x$. $\mathrm{d}\csc x = -\csc x\cot x\mathrm{d}x$.

⑪$(\arcsin x)' = \frac{1}{\sqrt{1-x^2}}$. $\mathrm{d}\arcsin x = \frac{1}{\sqrt{1-x^2}}\mathrm{d}x$.

⑫$(\arccos x)' = -\frac{1}{\sqrt{1-x^2}}$. $\mathrm{d}\arccos x = -\frac{1}{\sqrt{1-x^2}}\mathrm{d}x$.

⑬$(\arctan x)' = \frac{1}{1+x^2}$. $\mathrm{d}\arctan x = \frac{1}{1+x^2}\mathrm{d}x$.

⑭$(\mathrm{arccot}\, x)' = -\frac{1}{1+x^2}$. $\mathrm{d}\,\mathrm{arccot}\, x = -\frac{1}{1+x^2}\mathrm{d}x$.

(2) 函数的和、差、积、商及复合函数的求导(微分)法则

①$(u \pm v)' = u' \pm v'$.　　　　$\mathrm{d}(u \pm v) = \mathrm{d}u \pm \mathrm{d}v$.

② $(uv)' = u'v + uv'$.　　　　$\mathrm{d}(uv) = u\mathrm{d}v + v\mathrm{d}u$.

$(Cu)' = Cu'$.　　　　$\mathrm{d}(Cu) = C\mathrm{d}u$.

③$\left(\dfrac{u}{v}\right)' = \dfrac{vu' - uv'}{v^2}(v \neq 0)$.　　　　$\mathrm{d}\left(\dfrac{u}{v}\right) = \dfrac{v\mathrm{d}u - u\mathrm{d}v}{v^2}(v \neq 0)$.

④ 设 $y = f(u), u = \varphi(x)$,则有

$$\frac{\mathrm{d}y}{\mathrm{d}x} = \frac{\mathrm{d}y}{\mathrm{d}u} \times \frac{\mathrm{d}u}{\mathrm{d}x}, \text{即}[f(\varphi(x))]' = f'(\varphi(x)) \times \varphi'(x).$$

与此相应的微分运算法则,就是微分形式不变性,即不论 u 是自变量还是中间变量,均有

$$\mathrm{d}y = f'(u)\mathrm{d}u.$$

真题链接　　【2015. 数一、三】

(Ⅰ) 设函数 $u(x), v(x)$ 可导,利用导数定义证明

$$[u(x)v(x)]' = u'(x)v(x) + u(x)v'(x).$$

(Ⅱ) 设函数 $u_1(x), u_2(x), \cdots, u_n(x)$ 可导,$f(x) = u_1(x)u_2(x)\cdots u_n(x)$,写出 $f(x)$ 的求导公式.

(3) 变限积分求导公式

设 $f(t)$ 为连续函数,$\varphi_1(x)$ 与 $\varphi_2(x)$ 均可导,则有

$$\left(\int_{\varphi_1(x)}^{\varphi_2(x)} f(t)\mathrm{d}t\right)' = f(\varphi_2(x))\varphi_2'(x) - f(\varphi_1(x))\varphi_1'(x).$$

(4) n 阶导数运算法则

以下均设 u,v 为 n 阶可导，则有

$$(u \pm v)^{(n)} = u^{(n)} \pm v^{(n)},$$

$$(cu)^{(n)} = cu^{(n)},$$

$$(uv)^{(n)} = u^{(n)}v + C_n^1 u^{(n-1)}v' + \cdots + C_n^k u^{(n-k)}v^{(k)} + \cdots + uv^{(n)},$$

此一公式称为乘积的高阶导数的莱布尼茨公式.

(5) 几个常见的初等函数的 n 阶导数公式

①$(\mathrm{e}^{ax})^{(n)} = a^n \mathrm{e}^{ax}$.　　②$(\sin ax)^{(n)} = a^n \sin\left(\frac{n\pi}{2} + ax\right)$.

③$(\cos ax)^{(n)} = a^n \cos\left(\frac{n\pi}{2} + ax\right)$.　　④$(\ln(1+x))^{(n)} = \frac{(-1)^{n-1}(n-1)!}{(1+x)^n}$.

⑤$((1+x)^{\alpha})^{(n)} = \alpha(\alpha-1)\cdots(\alpha-n+1)(1+x)^{\alpha-n}$.

其中⑤中，若 α 为某一正整数 n，则 $((1+x)^n)^{(n)} = n!$，$((1+x)^n)^{(n+j)} = 0, j = 1,2,\cdots$.

(6) 参数式所确定的函数的导数公式

设函数 $y = f(x)$ 由参数式 $\begin{cases} x = x(t) \\ y = y(t) \end{cases}$ 确定，并设 $x(t)$ 与 $y(t)$ 均可导，$x'(t) \neq 0$，则

$$y'_x = \frac{y'_t}{x'_t};$$

$$y''_{xx} = \frac{(y'_x)'_t}{x'_t} = \frac{x'_t y''_{tt} - x''_{tt} y'_t}{(x'_t)^3}.$$

真题链接　　[2017.数二]

设函数 $y=y(x)$ 由参数方程 $\begin{cases}x=t+\mathrm{e}^{t}\\ y=\sin t\end{cases}$ 确定，则 $\left.\dfrac{\mathrm{d}^2y}{\mathrm{d}x^2}\right|_{t=0}=$ ________.

答案 $-\dfrac{1}{8}$

(7) 隐函数求导法

设函数 $y=f(x)$ 由方程 $F(x,y)=0$ 确定，视 $F(x,y)$ 中的 y 为 x 的函数 $f(x)$，将 $F(x,y)=0$ 两边对 x 求导，便得含有 $\dfrac{\mathrm{d}y}{\mathrm{d}x}$ 的一个式子，从中解出 $\dfrac{\mathrm{d}y}{\mathrm{d}x}$ 即可(假定其中出现的分母不为 0).

将已获得的 $\dfrac{\mathrm{d}y}{\mathrm{d}x}$ 再对 x 求导，并视其中的 y 为 x 的函数 $f(x)$，便得 $\dfrac{\mathrm{d}^2y}{\mathrm{d}x^2}$.

(8) 幂指函数 $u(x)^{v(x)}$ 的求导法则与公式

将幂指函数 $u(x)^{v(x)}$ 化为指数函数 $u(x)^{v(x)}=\mathrm{e}^{v(x)\ln u(x)}$，然后再求导得到公式

$$(u(x)^{v(x)})'_x=u(x)^{v(x)}\left[\frac{v(x)}{u(x)}u'(x)+\ln u(x)\times v'(x)\right].$$

(9) 反函数的一阶及二阶导数公式

设 $y=f(x)$ 可导且 $f'(x)\neq 0$，则存在反函数 $x=\varphi(y)$，且

$$\frac{\mathrm{d}x}{\mathrm{d}y}=\frac{1}{\frac{\mathrm{d}y}{\mathrm{d}x}}，即\ \varphi'(y)=\frac{1}{f'(x)}.$$

若又设 $y=f(x)$ 存在二阶导数，则

$$\varphi''(y)=-\frac{f''(x)}{(f'(x))^3}.$$

§2　中值定理与零点问题

2.2.1　费马定理

定理　设 $f(x)$ 在 $x=x_0$ 的某邻域 $U(x_0)$ 内有定义，$f'(x_0)$ 存在，若对任意的 $x\in U(x_0)$，有 $f(x)\leqslant f(x_0)$（或 $f(x)\geqslant f(x_0)$），则 $f'(x_0)=0$.

通常称 $f'(x)=0$ 的点为 $f(x)$ 的驻点.

【注】　本定理实际上就是可导条件下极值点的必要条件.

2.2.2　罗尔定理

定理　设 $f(x)$ 在闭区间 $[a,b]$ 上连续，在开区间 (a,b) 内可导，又设 $f(a)=f(b)$，则至少存在一点 $\xi\in(a,b)$，使 $f'(\xi)=0$.

2.2.3　拉格朗日中值定理

定理　设 $f(x)$ 在闭区间 $[a,b]$ 上连续，在开区间 (a,b) 内可导，则至少存在一点 $\xi\in(a,b)$，使 $f(b)-f(a)=f'(\xi)(b-a)$.

【注】 拉格朗日中值定理常用的是下述形式:在定理条件下,设 x_0, x 是 $[a,b]$ 上的任意两点,则至少存在一点 ξ 介于 x_0 与 x 之间,使

$$f(x) = f(x_0) + f'(\xi)(x - x_0),$$

这里可以 $x_0 < x$,也可以 $x_0 > x$.

命 $\theta = \dfrac{\xi - x_0}{x - x_0}$,则 $0 < \theta < 1$,拉格朗日中值公式又可写成

$$f(x) = f(x_0) + f'(x_0 + \theta(x - x_0))(x - x_0).$$

2.2.4　柯西中值定理

定理　设 $f(x)$,$g(x)$ 在闭区间 $[a,b]$ 上连续,在开区间 (a,b) 内可导,且 $g'(x) \neq 0$,$x \in (a,b)$,则至少存在一点 $\xi \in (a,b)$,使

$$\frac{f(b) - f(a)}{g(b) - g(a)} = \frac{f'(\xi)}{g'(\xi)}.$$

【注】 柯西中值定理是拉格朗日中值定理在两个函数情形的推广.

2.2.5　泰勒定理

定理　设 $f(x)$ 在闭区间 $[a,b]$ 有 n 阶连续的导数,在开区间 (a,b) 内有直到 $n+1$ 阶导数,$x_0 \in [a,b]$,$x \in [a,b]$ 是任意两点,则至少存在一点 ξ 介于 x_0 与 x 之间,使

$$f(x) = f(x_0) + \frac{f'(x_0)}{1!}(x - x_0) + \frac{f''(x_0)}{2!}(x - x_0)^2 + \cdots + \frac{f^{(n)}(x_0)}{n!}(x - x_0)^n + R_n(x),$$

其中 $R_n(x) = \dfrac{f^{(n+1)}(\xi)}{(n+1)!}(x - x_0)^{n+1}$ 称为拉格朗日余项,整个公式称为**具有拉格朗日余项的 n 阶泰勒公式**.

如果将定理的条件减弱为：设 $f(x)$ 在 $x=x_0$ 具有 n 阶导数(这就意味着 $f(x)$ 在 $x=x_0$ 的某邻域应具有 $n-1$ 阶导数，并且 $f^{(n-1)}(x)$ 在 $x=x_0$ 处连续)，x 为点 x_0 的充分小的邻域内的任意一点，则有

$$f(x)=f(x_0)+\frac{f'(x_0)}{1!}(x-x_0)+\cdots+\frac{f^{(n)}(x_0)}{n!}(x-x_0)^n+R_n(x),$$

其中 $R_n(x)=o((x-x_0)^n)\left(\lim\limits_{x\to x_0}\dfrac{o((x-x_0)^n)}{(x-x_0)^n}=0\right)$，这就是**佩亚诺余项泰勒公式**.

【注】 ① 如果泰勒公式中的 $x_0=0$，则称该公式为**麦克劳林公式**.

② 具有拉格朗日余项的 0 阶泰勒公式就是拉格朗日中值公式；具有佩亚诺余项的一阶泰勒公式，就是函数的微分与增量之间的关系式.

③ 为加深理解，今将两个泰勒公式的条件、结论和用途比较如下：

	拉格朗日余项泰勒公式	佩亚诺余项泰勒公式
条件	$[a,b]$ 上 n 阶连续导数，(a,b) 内存在 $(n+1)$ 阶导数，要求高	$x=x_0$ 处存在 n 阶导数，要求低
余项	表达清楚：$R_n(x)=\dfrac{f^{(n+1)}(\xi)}{(n+1)!}(x-x_0)^{n+1}$	仅表达了高阶无穷小：$R_n(x)=o((x-x_0)^n)$
用途	可用于区间 $[a,b]$ 上，例如证明不等式或等式	仅能用于 x_0 邻域，例如讨论极值及求 $x\to x_0$ 时的极限

2.2.6　几个常用函数的 $x=0$ 处展开的佩亚诺余项泰勒公式

(1) $e^x=1+x+\frac{1}{2!}x^2+\cdots+\frac{1}{n!}x^n+o(x^n)$,

(2) $\sin x=x-\frac{1}{3!}x^3+\cdots+\frac{(-1)^n}{(2n+1)!}x^{2n+1}+o(x^{2n+2})$,

(3) $\cos x=1-\frac{1}{2!}x^2+\cdots+\frac{(-1)^n}{(2n)!}x^{2n}+o(x^{2n+1})$,

(4) $\ln(1+x)=x-\frac{x^2}{2}+\frac{x^3}{3}-\cdots+(-1)^{n-1}\frac{x^n}{n}+o(x^n)$,

(5) $(1+x)^m=1+mx+\frac{m(m-1)}{2!}x^2+\cdots+\frac{m(m-1)\cdots(m-n+1)}{n!}x^n+o(x^n)$.

在求 $x\to x_0$ 的极限时,若条件允许,有时用佩亚诺余项泰勒公式求极限很方便.

2.2.7　导函数的零点的存在性

以下设所提到的导数存在,则有结论:如果 $f(x)$ 有 $k(k\geqslant 2)$ 个零点,则 $f'(x)$ 至少有 $(k-1)$ 个零点;……;$f^{(k-1)}(x)$ 至少有 1 个零点.

2.2.8　至多有几个零点

定理　以下设所提到的导数存在,则有结论:

如果 $f'(x)$ 没有零点,则 $f(x)$ 至多有 1 个零点;

如果 $f'(x)$ 至多有 1 个零点,则 $f(x)$ 至多有 2 个零点;

⋮

如果 $f'(x)$ 至多有 k 个零点,则 $f(x)$ 至多有 $k+1$ 个零点;

如果 $f''(x)$ 没有零点，则 $f'(x)$ 至多有 1 个零点，$f(x)$ 至多有 2 个零点，…，依此类推.

§3　导数的应用

2.3.1　极值

定义　设 $f(x)$ 在 $x=x_0$ 的某邻域有定义，如果存在一个邻域 $U(x_0)$，当 $x\in U(x_0)$ 时

$$f(x)\geqslant(\leqslant)f(x_0),$$

称 $f(x_0)$ 为 $f(x)$ 的一个极小(极大)值，点 $x=x_0$ 称为 $f(x)$ 的一个极小(极大)值点.

极小值与极大值统称为极值，极小值点与极大值点统称为极值点.

2.3.2　最值

定义　设 $f(x)$ 在某区间 I 上有定义，如果存在 $x_0\in I$，使对一切 $x\in I$ 有

$$f(x)\geqslant(\leqslant)f(x_0),$$

称 $f(x_0)$ 为 $f(x)$ 在 I 上的最小(最大)值.

2.3.3　曲线的凹凸性

定义　设 $y=f(x)$ 在区间 I 上连续，如果对于区间 I 上任意两点 x_1 与 x_2，联结点 $A(x_1,f(x_1))$ 与点 $B(x_2,f(x_2))$ 的弦 $\overline{AB}$ 总在弧 $\overset{\frown}{AB}$ 的上方(下方)称曲线 $y=f(x)$ 在 I 上是凹(凸)的.

2.3.4　曲线的拐点

定义　连续曲线 $y=f(x)$ 上的凹、凸弧的分界点称为该曲线的拐点.

2.3.5　单调性的判定

定理　设 $f(x)$ 在区间 I 上 $f'(x)\geqslant 0(\leqslant 0)$，且不在任一子区间上取等号，则 $f(x)$ 在 I 上是严格单调

增加(减少)的.

【注】 ① 以后凡说到区间 I,可以是开的、闭的或半开半闭,或无穷区间都可以.

② 以上的 $\geqslant 0(\leqslant 0)$ 如果在某些子区间上成立等号,则 $f(x)$ 只能证明是单调增加(减少)的.

2.3.6 可导点处极值的必要条件

定理 设 $f(x)$ 在 $x = x_0$ 处为极值,且 $f'(x_0)$ 存在,则 $f'(x_0) = 0$.

【注】 函数连续但不可导的点 x_0 处,$f(x_0)$ 也可以为极值;另一方面,使 $f'(x_0) = 0$ 的 $x = x_0$ 也未必使 $f(x_0)$ 为极值,应检查充分条件.

2.3.7 极值的第一充分条件

定理 设 $f(x)$ 在 $x = x_0$ 处连续,在 $x = x_0$ 的去心邻域内可导,

① 若在 $x = x_0$ 的左侧邻域内 $f'(x) > 0$,右侧邻域内 $f'(x) < 0$,则 $f(x_0)$ 为极大值;

② 若在 $x = x_0$ 的左侧邻域内 $f'(x) < 0$,右侧邻域内 $f'(x) > 0$,则 $f(x_0)$ 为极小值.

【注】 若 $f'(x)$ 在 $x = x_0$ 的左、右邻域内 $f'(x)$ 同号,则 $f(x_0)$ 必不是极值.

2.3.8 极值的第二充分条件

定理 设 $f(x)$ 在 $x = x_0$ 处存在二阶导数,$f'(x_0) = 0$,$f''(x_0) \neq 0$,

① 若 $f''(x_0) < 0$,则 $f(x_0)$ 为极大值;

② 若 $f''(x_0) > 0$,则 $f(x_0)$ 为极小值.

2.3.9 凹凸性的判定

定理 设 $f(x)$ 在区间 I 上 $f''(x) \geqslant 0(\leqslant 0)$,且不在任一子区间上取等号,则曲线 $y = f(x)$ 在区间 I 上是凹(凸)的.

2.3.10 二阶可导点处拐点的必要条件

定理 设点$(x_0, f(x_0))$为曲线$y = f(x)$的拐点，且$f''(x_0)$存在，则$f''(x_0) = 0$.

2.3.11 拐点的充分条件

定理 设$f(x)$在$x = x_0$处连续，在$x = x_0$的某去心邻域内二阶可导，并且在$x = x_0$的左、右邻域$f''(x)$反号，则点$(x_0, f(x_0))$是曲线$y = f(x)$的拐点.

【注】 若$f''(x_0) = 0$且$f'''(x_0) > 0(< 0)$，则曲线$y = f(x)$在点$(x_0, f(x_0))$的左侧邻近是凸的(凹的)，右侧邻近是凹的(凸的)，从而知点$(x_0, f(x_0))$是曲线$y = f(x)$的拐点.

2.3.12 闭区间上连续函数的最大值、最小值求法

(1) 求出$f(x)$在该区间内部的一切驻点及不可导的点；

(2) 计算相应的函数值及$f(x)$在闭区间两端点处的函数值；

(3) 比较求出的函数值，最大者为最大值，最小者为最小值；

(4) 如果$f(x)$区间内部只有一个可疑极值点，并且是极大(极小)值点，则它必是$f(x)$的最大(最小)值点. 此时的“区间”可以是闭的，也可以是开的、半开半闭或无穷区间.

2.3.13 应用问题的最值的求法

(1) 建模：建立目标函数的表达式$y = f(x)$，及相应的定义区间I；

(2) 如果$f(x)$在I内可导，则求出$f(x)$在I内的一切驻点；

(3) 如果I内只有一个驻点，并且经检验，是极大(极小)值点，则在此唯一的驻点处函数必为最大(小)值.

【注】 这里的(2)(3)中的“如果”，必须认真检查是否真的满足.

2.3.14 渐近线

(1) 水平渐近线

若 $\lim\limits_{x\to+\infty} f(x)=b_1$，则 $y=b_1$ 是一条水平渐近线；若又有 $\lim\limits_{x\to-\infty} f(x)=b_2$，则 $y=b_2$ 也是一条水平渐近线（若 $b_1=b_2$，则当然只能算作一条）.

(2) 铅直渐近线

若存在 x_0，使 $\lim\limits_{x\to x_0^-} f(x)=\infty$（或 $\lim\limits_{x\to x_0^+} f(x)=\infty$），则 $x=x_0$ 是一条铅直渐近线. 这里的 x_0 先由观察法观得，一般考虑分母为零处、对数的真数为零处等等.

(3) 斜渐近线

$y=ax+b$ 是曲线 $y=f(x)$ 的一条斜渐近线的充要条件是

$$\lim_{x\to+\infty}\frac{f(x)}{x}=a,\ \lim_{x\to+\infty}(f(x)-ax)=b.$$

这里 $x\to+\infty$ 也可以改成 $x\to-\infty$. 若 $a=0$ 上式成立，即为水平渐近线.

2.3.15　曲率、曲率圆与曲率半径

设 $f(x)$ 存在二阶导数，曲线 $y=f(x)$ 在点 $(x,f(x))$ 处的曲率计算公式为

$$k=\frac{|y''|}{(1+y'^2)^{3/2}}.$$

设在点 $M(x,f(x))$ 处 $y''\neq0$. 经过点 M 在曲线 $y=f(x)$ 的凹向作该曲线的法线，在法线上取点 C. 以 $|\overline{CM}|=\frac{1}{k}$ 为半径，C 为圆心所作的圆周称为曲线 $y=f(x)$ 在点 M 处的曲率圆，它的半径称为该曲线在点 M 处的曲率半径. 曲率半径的计算公式是

$$R=\frac{1}{k}=\frac{(1+y'^2)^{3/2}}{|y''|}.$$

2.3.16 经济学中的应用(数三)

边际函数:设 $y=f(x)$ 可导,则在经济学中称 $f'(x)$ 为边际函数,$f'(x_0)$ 称为 $f(x)$ 在 $x=x_0$ 处的边际值.

函数的弹性:它在经济学上解释为函数 $f(x)$ 在 x 处的相对变化率.

设 $y=f(x)$ 可导,则称 $\frac{\Delta y/y}{\Delta x/x}$ 为函数 $f(x)$ 当 x 从 x 变到 $x+\Delta x$ 时的相对弹性,称 $\eta=\lim\limits_{\Delta x\to 0}\frac{\Delta y/y}{\Delta x/x}=f'(x)\frac{x}{y}=\frac{f'(x)}{f(x)}x$ 为函数 $f(x)$ 的弹性函数,记为 $\frac{Ey}{Ex}$,即 $\eta=\frac{Ey}{Ex}=f'(x)\frac{x}{f(x)}$.

总成本函数:$C=C(Q)=C_1+C_2(Q)$. $C(Q)$ 是生产产品的总成本,它由固定成本 C_1(常量)和可变成本 $C_2(Q)$ 两部分组成,Q 表示产量.

平均成本:记为 $\overline{C}$ 或 AC:$AC=\overline{C}=\frac{C}{Q}=\frac{C_1}{Q}+\frac{C_2(Q)}{Q}$.

边际成本:设成本函数为 $C=C(Q)$(Q 是产量),则边际成本函数为 $MC=C'(Q)$.

需求函数:$Q=\varphi(P)$:Q 为某产品的需求量,P 为价格.

需求函数的反函数 $P=\varphi^{-1}(Q)$ 称为**价格函数**.

供给函数:$Q=\psi(P)$:其中 Q 为某产品的供给量,P 为价格.

收益函数:收益 $R=R(Q)$ 是产品售出后所得的收入,是销售量 Q 与销售单价 P 之积. 即收益函数为 $R=R(Q)=PQ$.

边际收益:设收益函数为 $R=R(Q)$(Q 是产量),则边际成本函数为 $MR=R'(Q)$.

利润函数:利润 $L=L(Q)$ 是收益扣除成本后的余额,由总收益减去总成本组成. 即利润函数为 $L(Q)=R(Q)-C(Q)$(Q 是销售量).

边际利润:设利润函数为 $L=L(Q)$(Q 是销售量),则边际利润函数为 $ML=L'(Q)$.

需求的价格弹性：设需求函数 $Q=\varphi(P)$（P 为价格），则需求对价格的弹性为

$$\eta_d=\frac{P}{\varphi(P)}\varphi'(P).$$

由于 $\varphi(P)$ 是单调减少函数，故 $\varphi'(P)<0$，从而 $\eta_d<0$. 其经济学中的解释为：当价格为 P 时，若提价（或降价）1%，则需求量将减少（或增加）$|\eta_d|$%.

需要注意，很多试题中规定需求对价格的弹性 $\eta_d>0$，此时应该有公式

$$\eta_d=-\frac{P}{\varphi(P)}\varphi'(P).$$

供给的价格弹性：设供给函数 $Q=\psi(P)$（P 为价格），则供给对价格的弹性为

$$\eta_s=\frac{P}{\psi(P)}\psi'(P).$$

由于供给函数 $\psi(P)$ 单调增加，故 $\psi'(P)>0$，从而 $\eta_s>0$ 其经济学中的解释为：当价格为 P 时，若提价（或降价）1%，则供给量将增加（或减少）η_d%.

真题链接　［2018. 数三］

设某产品的成本函数 $C(Q)$ 可导，其中 Q 为产量. 若产量为 Q_0 时平均成本最小，则

(A) $C'(Q_0)=0$.　　(B) $C'(Q_0)=C(Q_0)$.

(C) $C'(Q_0)=Q_0C(Q_0)$.　　(D) $Q_0C'(Q_0)=C(Q_0)$.

答案 D

第三章　一元函数积分学

§1　不定积分与定积分的概念、性质、理论

3.1.1　原函数与不定积分

定义　设 $F'(x)=f(x), x\in(a,b)$，则称 $F(x)$ 为 $f(x)$ 在区间 (a,b) 上的一个原函数. 一般地，"在区间 (a,b) 上"几个字省去.

若 $F(x)$ 是 $f(x)$ 的一个原函数，则 $F(x)+C$ 也是 $f(x)$ 的原函数，并且 $f(x)$ 的原函数必定是 $F(x)+C$ 的形式.

$f(x)$ 的原函数的一般表达式 $F(x)+C$ 称为 $f(x)$ 的不定积分，记成

$$\int f(x)\mathrm{d}x=F(x)+C.$$

其中 $F(x)$ 是 $f(x)$ 的任意一个确定的原函数，C 是任意常数.

3.1.2　定积分

定义　设 $f(x)$ 在 $[a,b]$ 上有定义且有界，作下面 4 步：

(1) 分割：任意插入若干个分点分割区间 $[a,b]$，有

$$a=x_0<x_1<x_2<\cdots<x_{i-1}<x_i<\cdots<x_n=b;$$

(2) 作乘积：$f(\xi_i)\Delta x_i$，其中 $x_{i-1}\leqslant\xi_i\leqslant x_i$，$\Delta x_i=x_i-x_{i-1}$；

(3) 求和：$\sum\limits_{i=1}^{n}f(\xi_i)\Delta x_i$；

(4) 取极限：$\lim\limits_{\lambda \to 0} \sum\limits_{i=1}^{n} f(\xi_i)\Delta x_i$，其中 $\lambda = \max\limits_{1 \leqslant i \leqslant n} |\Delta x_i|$.

如果上述极限存在(与分法无关，与 ξ_i 的取法无关)，则称 $f(x)$ 在$[a,b]$上可积，并称上述极限为 $f(x)$ 在$[a,b]$上的定积分，记为

$$\lim_{\lambda \to 0} \sum_{i=1}^{n} f(\xi_i)\Delta x_i = \int_a^b f(x)\mathrm{d}x.$$

3.1.3　定积分存在定理

(1) 设 $f(x)$ 在$[a,b]$上连续，则$\int_a^b f(x)\mathrm{d}x$ 存在.

(2) 设 $f(x)$ 在$[a,b]$上有界，且只有有限个间断点，则$\int_a^b f(x)\mathrm{d}x$ 存在.

【注】 还有其他一些条件可保证定积分存在，但这些不在考试大纲之内.

3.1.4　原函数存在定理

定理　设 $f(x)$ 在$[a,b]$上连续，则在$[a,b]$上必存在原函数.

【注】 ① 如果 $f(x)$ 在$[a,b]$上有跳跃间断点 $x_0 \in (a,b)$，则 $f(x)$ 在$[a,b]$上一定不存在原函数.
② 在 $f(x)$ 不连续的前提下，原函数存在与否与定积分存在与否可以各不相干.

3.1.5　变上限函数对上限变量求导(不定积分与定积分的关系)

定理　设 $f(x)$ 在$[a,b]$上连续，则

$$\left(\int_a^x f(t)\mathrm{d}t\right)'_x = f(x),\ x \in [a,b].$$

由此可知，$\int_a^x f(t)\mathrm{d}t$ 是 $f(x)$ 的一个原函数，从而

$$\int f(x)\mathrm{d}x=\int_a^x f(t)\mathrm{d}t+C.$$

技巧点拨

如果 $f(x)$ 在 $[a,b]$ 上除点 $x=x_0\in(a,b)$ 外均连续，而在 $x=x_0$ 处 $f(x)$ 有跳跃间断点：

$$\lim_{x\to x_0^-}f(x)=f(x_0^-),\quad \lim_{x\to x_0^+}f(x)=f(x_0^+),\quad f(x_0^-)\neq f(x_0^+).$$

记 $F(x)=\int_c^x f(t)\mathrm{d}t$，不论 c 是否等于 x_0，均有结论：

①$F(x)$ 在 $[a,b]$ 上连续；

②$F'(x)=f(x)$，当 $x\in[a,b]$，但 $x\neq x_0$；

③$F'_-(x_0)=f(x_0^-)$，$F'_+(x_0)=f(x_0^+)$.

例如，设 $f(x)=\begin{cases}\sin x, & 当\ x\leqslant 0\\ \mathrm{e}^x, & 当\ x>0\end{cases}$.

记 $F(x)=\int_{-\pi}^x f(t)\mathrm{d}t$，由分段函数积分，

当 $x\leqslant 0$ 时，$F(x)=\int_{-\pi}^x \sin t\mathrm{d}t=-\cos x-1$；

当 $x>0$ 时，$F(x)=\int_{-\pi}^0 \sin t\mathrm{d}t+\int_0^x \mathrm{e}^t\mathrm{d}t=-2+\mathrm{e}^x-1=\mathrm{e}^x-3$.

此 $F(x)$ 满足上述所指出的三条结论.

3.1.6 牛顿-莱布尼茨定理

定理　设 $f(x)$ 在$[a,b]$上连续，$F(x)$ 是 $f(x)$ 的一个原函数，则

$$\int_a^b f(x)\mathrm{d}x = F(x)\Big|_a^b = F(b) - F(a).$$

3.1.7 不定积分的性质

定理　以下均设被积函数 $f(x)$（或相应地 $f'(x)$）与 $g(x)$ 在所讨论的区间上连续，则有

(1) $\left(\int f(x)\mathrm{d}x\right)' = f(x)$；$\mathrm{d}\int f(x)\mathrm{d}x = f(x)\mathrm{d}x$.

(2) $\int f'(x)\mathrm{d}x = f(x) + C$；$\int \mathrm{d}f(x) = f(x) + C$.

(3) $\int (f(x) \pm g(x))\mathrm{d}x = \int f(x)\mathrm{d}x \pm \int g(x)\mathrm{d}x$.

(4) $\int kf(x)\mathrm{d}x = k\int f(x)\mathrm{d}x$，常数 $k \neq 0$.

3.1.8 定积分的性质

以下除特别声明者外，均设 $f(x)$ 与 $g(x)$ 在所讨论的区间上可积，则

(1) $\int_a^b f(x)\mathrm{d}x = -\int_b^a f(x)\mathrm{d}x$.

(2) $\int_a^a f(x)\mathrm{d}x = 0$.

(3) $\int_a^b [f(x) \pm g(x)]\mathrm{d}x = \int_a^b f(x)\mathrm{d}x \pm \int_a^b g(x)\mathrm{d}x$.

(4) $\int_a^b kf(x)\mathrm{d}x = k\int_a^b f(x)\mathrm{d}x$，$k$ 为常数.

(5) $\int_a^b f(x)\mathrm{d}x = \int_a^c f(x)\mathrm{d}x + \int_c^b f(x)\mathrm{d}x$.

(6) 若 $f(x) \leqslant g(x), a \leqslant b$,则 $\int_a^b f(x)\mathrm{d}x \leqslant \int_a^b g(x)\mathrm{d}x$.

(7) 若 $f(x)$ 与 $g(x)$ 在区间 $[a,b]$ 上连续,$f(x) \leqslant g(x)$,且至少存在点 $x_1 \in [a,b]$,使 $f(x_1) < g(x_1)$,则

$$\int_a^b f(x)\mathrm{d}x < \int_a^b g(x)\mathrm{d}x.$$

(8) 积分中值定理:设 $f(x)$ 在 $[a,b]$ 上连续,则至少存在一点 $\xi \in [a,b]$ 使

$$\int_a^b f(x)\mathrm{d}x = f(\xi)(b-a).$$

【注】 性质(6)与(7)称为定积分的不等式性质,常用的是(7).

真题链接 [2018. 数一、三]

设 $M = \int_{-\frac{\pi}{2}}^{\frac{\pi}{2}} \frac{(1+x)^2}{1+x^2}\mathrm{d}x, N = \int_{-\frac{\pi}{2}}^{\frac{\pi}{2}} \frac{1+x}{\mathrm{e}^x}\mathrm{d}x, K = \int_{-\frac{\pi}{2}}^{\frac{\pi}{2}} (1+\sqrt{\cos x})\mathrm{d}x$,则

(A) $M > N > K$. (B) $M > K > N$.

(C) $K > M > N$. (D) $K > N > M$.

答案 C

§2　不定积分与定积分的计算

3.2.1　基本积分公式

以下公式中，α 与 a 均为常数，除声明者外，$a>0$.

① $\int k\mathrm{d}x = kx + C$（$k$ 为常数）.

② $\int x^{\alpha}\mathrm{d}x = \dfrac{1}{\alpha+1}x^{\alpha+1} + C(\alpha \neq -1)$.

③ $\int \dfrac{1}{x}\mathrm{d}x = \ln|x| + C$.

④ $\int a^{x}\mathrm{d}x = \dfrac{a^{x}}{\ln a} + C(a>0, a\neq 1)$.

⑤ $\int \mathrm{e}^{x}\mathrm{d}x = \mathrm{e}^{x} + C$.

⑥ $\int \sin x\mathrm{d}x = -\cos x + C$.

⑦ $\int \cos x\mathrm{d}x = \sin x + C$.

⑧ $\int \tan x\mathrm{d}x = -\ln|\cos x| + C$.

⑨ $\int \cot x\mathrm{d}x = \ln|\sin x| + C$.

⑩ $\int \sec x\mathrm{d}x = \ln|\sec x + \tan x| + C$.

⑪ $\int \csc x\mathrm{d}x = \ln|\csc x - \cot x| + C$.

⑫ $\int \sec^{2}x\mathrm{d}x = \tan x + C$.

⑬ $\int \csc^{2}x\mathrm{d}x = -\cot x + C$.

⑭ $\int \sec x\tan x\mathrm{d}x = \sec x + C$.

⑮ $\int \csc x\cot x\,\mathrm{d}x = -\csc x + C$.

⑯ $\int \dfrac{1}{a^{2}+x^{2}}\mathrm{d}x = \dfrac{1}{a}\arctan\dfrac{x}{a} + C$.

⑰ $\int \dfrac{1}{a^{2}-x^{2}}\mathrm{d}x = \dfrac{1}{2a}\ln\left|\dfrac{a+x}{a-x}\right| + C$.

⑱ $\int \dfrac{1}{\sqrt{a^{2}-x^{2}}}\mathrm{d}x = \arcsin\dfrac{x}{a} + C$.

⑲ $\int \dfrac{\mathrm{d}x}{\sqrt{x^{2}\pm a^{2}}} = \ln|x + \sqrt{x^{2}\pm a^{2}}| + C$.

3.2.2 不定积分的凑微分求积分法(也称第一换元法)

设 $f(u)$ 连续，$\varphi(x)$ 具有连续的一阶导数，则有公式：

$$\int f(\varphi(x))\varphi'(x)\mathrm{d}x = \int f(\varphi(x))\mathrm{d}\varphi(x) \xlongequal{\text{命 } \varphi(x)=u} \int f(u)\mathrm{d}u$$

$$\xlongequal{\text{如果}} F(u)+C \xlongequal{\text{则}} F(\varphi(x))+C.$$

3.2.3 不定积分的换元积分法(也称第二换元法)

设 $f(x)$ 连续，$x=\varphi(t)$ 具有连续导数 $\varphi'(t)$，且 $\varphi'(t)\neq 0$，则

$$\int f(x)\mathrm{d}x \xlongequal{x=\varphi(t)} \left(\int f(\varphi(t))\varphi'(t)\mathrm{d}t\right)_{t=\psi(x)},$$

其中 $\psi(x)$ 是 $x=\varphi(t)$ 的反函数.

3.2.4 常见的几种典型类型的换元法

以下式子中，$R(u,v)$ 表示 u,v 的有理函数.

(1) $\int R(x,\sqrt{a^2-x^2})\mathrm{d}x$，$\int R(x,\sqrt{x^2\pm a^2})\mathrm{d}x$ 型，$a>0$

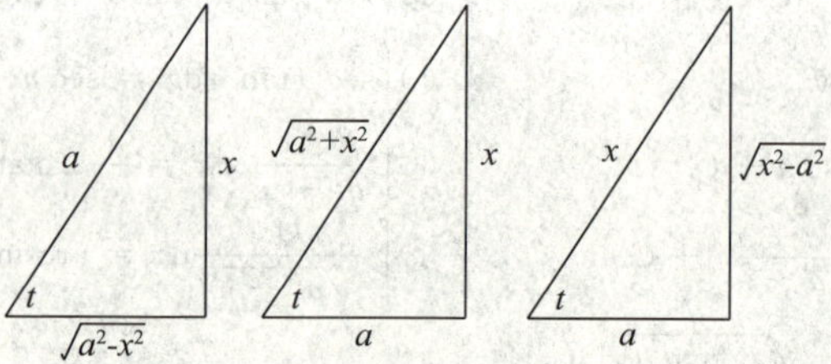

图 3-1

含 $\sqrt{a^2-x^2}$,命 $x=a\sin t, \mathrm{d}x=a\cos t\mathrm{d}t$;

含 $\sqrt{x^2+a^2}$,命 $x=a\tan t, \mathrm{d}x=a\sec^2 t\mathrm{d}t$;

含 $\sqrt{x^2-a^2}$,命 $x=a\sec t, \mathrm{d}x=a\sec t\tan t\mathrm{d}t$.

(2) $\int R(x, \sqrt[n]{ax+b}, \sqrt[m]{ax+b})\mathrm{d}x$ 型,$a\neq 0$

命 $\sqrt[mn]{ax+b}=t, x=\dfrac{t^{mn}-b}{a}, \mathrm{d}x=\dfrac{mn}{a}t^{mn-1}\mathrm{d}t$.

(3) $\int R\left(x, \sqrt{\dfrac{ax+b}{cx+d}}\right)\mathrm{d}x$ 型

命 $\sqrt{\dfrac{ax+b}{cx+d}}=t, x=\dfrac{dt^2-b}{a-ct^2}, \mathrm{d}x=\dfrac{2(ad-bc)t}{(a-ct^2)^2}\mathrm{d}t$. 其中设 $ad-bc\neq 0$.

(4) $\int R(\sin x, \cos x)\mathrm{d}x$ 型

命 $\tan\dfrac{x}{2}=t$,则 $\sin x=\dfrac{2t}{1+t^2}, \cos x=\dfrac{1-t^2}{1+t^2}, \mathrm{d}x=\dfrac{2}{1+t^2}\mathrm{d}t$. 此称万能代换,非到不得已时不用.

3.2.5　定积分的换元积分法

设(1) $f(x)$ 在 $[a,b]$ 上连续;(2) $x=\varphi(t)$ 满足条件:$a=\varphi(\alpha), b=\varphi(\beta)$,并且当 t 在以 α,β 为端点的闭区间 I 上变动时,$a\leqslant\varphi(t)\leqslant b$,$\varphi'(t)$ 连续,则有定积分的换元积分公式

$$\int_a^b f(x)\mathrm{d}x=\int_\alpha^\beta f(\varphi(t))\varphi'(t)\mathrm{d}t.$$

【注】 ① 这里 $t=\alpha, t=\beta$ 由关系 $x=\varphi(t)$ 分别与 $x=a, x=b$ 对应,α 可能小于 β,也可能大于 β.

② 换元时，积分上、下限应跟着换，而不必像不定积分那样求出原函数后代回成原变量 x.

3.2.6 不定积分的分部积分法

设 $u(x)$，$v(x)$ 均有连续导数，则

$$\int u(x)v'(x)\mathrm{d}x = u(x)v(x) - \int v(x)u'(x)\mathrm{d}x$$

或

$$\int u(x)\mathrm{d}v(x) = u(x)v(x) - \int v(x)\mathrm{d}u(x).$$

分部积分法的关键与特点是，将被积函数写成两函数之积，一为 $u(x)$，一为已求导的形式 $v'(x)$. 使用此公式后，将 $u(x)$ 转化为求导形式 $u'(x)$，而将 $v'(x)$ 转化为其原函数 $v(x)$. 可见选取 $v'(x)$（或 $\mathrm{d}v(x)$）应能积分，这是原则.

3.2.7 常见的用分部积分的几种类型

(1) $\int x^n \mathrm{e}^x \mathrm{d}x$，$\int x^n \sin x\mathrm{d}x$，$\int x^n \cos x\mathrm{d}x$ 型，分别改写为

$$\int x^n \mathrm{e}^x \mathrm{d}x = \int x^n \mathrm{d}\mathrm{e}^x, \int x^n \sin x\mathrm{d}x = -\int x^n \mathrm{d}\cos x, \int x^n \cos x\mathrm{d}x = \int x^n \mathrm{d}\sin x.$$

(2) $\int x^n \ln x\mathrm{d}x$，$\int x^n \arctan x\mathrm{d}x$，$\int x^n \arcsin x\mathrm{d}x$ 型，分别改写为

$$\int x^n \ln x\mathrm{d}x = \frac{1}{n+1}\int \ln x\mathrm{d}x^{n+1}, \int x^n \arctan x\mathrm{d}x = \frac{1}{n+1}\int \arctan x\mathrm{d}x^{n+1},$$

$$\int x^n \arcsin x\mathrm{d}x = \frac{1}{n+1}\int \arcsin x\mathrm{d}x^{n+1}$$，其中 n 均为正整数.

(3) $\int \mathrm{e}^x \sin x\mathrm{d}x$，$\int \mathrm{e}^x \cos x\mathrm{d}x$ 型，应连用两次，移项解方程可得.

必须指出，分部积分法的使用对象，远远不止这几种.

3.2.8　定积分的分部积分

定积分分部积分法的公式与方法，与不定积分的类似，只是多了个上、下限而已：

$$\int_a^b u(x)v'(x)\mathrm{d}x = u(x)v(x)\Big|_a^b - \int_a^b v(x)u'(x)\mathrm{d}x,$$

或

$$\int_a^b u(x)\mathrm{d}v(x) = u(x)v(x)\Big|_a^b - \int_a^b v(x)\mathrm{d}u(x).$$

3.2.9　有理函数的不定积分

有理函数是指有两个多项式函数的商所表示的函数，一般形式为

$$R(x) = \frac{P(x)}{Q(x)} = \frac{\alpha_0 x^n + \alpha_1 x^{n-1} + \cdots + \alpha_n}{\beta_0 x^m + \beta_1 x^{m-1} + \cdots + \beta_m},$$

其中 n, m 为非负整数，$\alpha_0, \alpha_1, \cdots, \alpha_n$ 与 $\beta_0, \beta_1, \cdots, \beta_m$ 都是常数，且 $\alpha_0 \neq 0, \beta_0 \neq 0$.

有理函数的积分总可以化成整式和如下四种类型的积分：

(1) $\int \frac{A}{x-a}\mathrm{d}x = A\ln|x-a| + C.$

(2) $\int \frac{A}{(x-a)^n}\mathrm{d}x = -\frac{A}{n-1}\frac{1}{(x-a)^{n-1}} + C\ (n > 1).$

(3) $\int \frac{\mathrm{d}x}{(x^2+px+q)^n} = \int \frac{\mathrm{d}x}{\left[\left(x+\frac{p}{2}\right)^2 + \frac{4q-p^2}{4}\right]^n} \xlongequal[\frac{4q-p^2}{4}=a^2]{\text{令 } x+\frac{p}{2}=u} \int \frac{\mathrm{d}u}{(u^2+a^2)^n}.$

(4) $\int \frac{x+a}{(x^2+px+q)^n}\mathrm{d}x = -\frac{1}{2(n-1)}\frac{1}{(x^2+px+q)^{n-1}} +$

$$\left(a-\frac{p}{2}\right)\int \frac{\mathrm{d}x}{(x^2+px+q)^n}, \text{其中 } p^2-4q<0.$$

3.2.10 几个有用的定积分公式

(1) 设 $f(x)$ 在 $[-a,a]\ (a>0)$ 上是个连续的偶函数，则

$$\int_{-a}^{a} f(x)\mathrm{d}x = 2\int_{0}^{a} f(x)\mathrm{d}x.$$

(2) 设 $f(x)$ 在 $[-a,a]\ (a>0)$ 上是个连续的奇函数，则

$$\int_{-a}^{a} f(x)\mathrm{d}x = 0.$$

(3) 设 $f(x)$ 在 $(-\infty,+\infty)$ 内是以 T 为周期的连续函数，则对于任意的常数 a，恒有

$$\int_{a}^{a+T} f(x)\mathrm{d}x = \int_{0}^{T} f(x)\mathrm{d}x.$$

(4) 华里士公式：

$$\int_0^{\frac{\pi}{2}} \sin^n x\mathrm{d}x = \int_0^{\frac{\pi}{2}} \cos^n x\mathrm{d}x = \begin{cases} \frac{n-1}{n}\times\frac{n-3}{n-2}\times\cdots\times\frac{1}{2}\times\frac{\pi}{2}, \text{当 } n \text{ 为正偶数} \\ \frac{n-1}{n}\times\frac{n-3}{n-2}\times\cdots\times\frac{2}{3}\times 1, \text{当 } n \text{ 为大于 1 的正奇数} \end{cases}.$$

§3 反常积分及其计算

3.3.1 无穷限的反常积分

定义 设 $f(x)$ 在 $[a,+\infty)$ 上连续，称

$$\int_a^{+\infty} f(x)\mathrm{d}x = \lim_{b\to+\infty}\int_a^b f(x)\mathrm{d}x$$

为 $f(x)$ 在 $[a,+\infty)$ 上的反常积分. 若右边极限存在，称此反常积分收敛；若该极限不存在，称此反常积分发散.

类似地可以定义
$$\int_{-\infty}^b f(x)\mathrm{d}x = \lim_{a\to-\infty}\int_a^b f(x)\mathrm{d}x$$

及
$$\int_{-\infty}^{+\infty} f(x)\mathrm{d}x = \int_{-\infty}^{c} f(x)\mathrm{d}x + \int_c^{+\infty} f(x)\mathrm{d}x.$$

在后一式中，只要右边两个反常积分至少有一个不存在，就说反常积分 $\int_{-\infty}^{+\infty} f(x)\mathrm{d}x$ 发散.

3.3.2 无界函数的反常积分

定义 设 $f(x)$ 在区间 $[a,b)$ 上连续，且 $\lim\limits_{x\to b^-} f(x)=\infty$，称

$$\int_a^b f(x)\mathrm{d}x = \lim_{\beta\to b^-}\int_a^\beta f(x)\mathrm{d}x$$

为 $f(x)$ 在区间 $[a,b)$ 上的反常积分(也称瑕积分)，使 $f(x)\to\infty$ 的点 b 称为 $f(x)$ 的奇点(也称瑕点).

若点 a 为 $f(x)$ 的奇点，类似地可以定义 $\int_a^b f(x)\mathrm{d}x = \lim\limits_{\alpha\to a^+}\int_\alpha^b f(x)\mathrm{d}x$.

若点 a 与 b 都是奇点，则应分成

$$\int_a^b f(x)\mathrm{d}x = \int_a^{x_0} f(x)\mathrm{d}x + \int_{x_0}^b f(x)\mathrm{d}x, a < x_0 < b,$$

若两个反常积分中至少有一个不存在，就说反常积分$\int_a^b f(x)\mathrm{d}x$不存在（发散）.

若在开区间(a,b)内部点c为奇点，则反常积分定义为

$$\int_a^b f(x)\mathrm{d}x = \int_a^c f(x)\mathrm{d}x + \int_c^b f(x)\mathrm{d}x,$$

右边两个反常积分中若至少有一个不存在，则称此反常积分发散.

技巧点拨　两类反常积分的识别

只要一看积分限有∞，便知这是无穷限的反常积分. 所以此类反常积分是容易识别的.

无界函数的反常积分就较难识别了. 一般是看被积函数是否有使其分母为零的点. 但这句话既不是必要，也不充分. 例如$\int_0^1 \ln x\mathrm{d}x$，被积函数没有"分母"，而$x=0$是它的奇点，所以该积分是反常积分. 又如$\int_0^1 \frac{1}{x^2}\mathrm{e}^{-\frac{1}{x}}\mathrm{d}x$的下限$x=0$，使分母为0，但却不是反常积分. 这是因为

$$\lim_{x\to0^+}\frac{1}{x^2}\mathrm{e}^{-\frac{1}{x}} = \lim_{x\to0^+}\frac{\frac{1}{x^2}}{\mathrm{e}^{\frac{1}{x}}} = \lim_{x\to0^+}\frac{-\frac{2}{x^3}}{-\frac{1}{x^2}\mathrm{e}^{\frac{1}{x}}} = \lim_{x\to0^+}\frac{\frac{2}{x}}{\mathrm{e}^{\frac{1}{x}}}$$

$$= \lim_{x\to0^+}\frac{-\frac{2}{x^2}}{-\frac{1}{x^2}\mathrm{e}^{\frac{1}{x}}} = \lim_{x\to0^+}2\mathrm{e}^{-\frac{1}{x}} = 0.$$

所以$\int_0^1 \frac{1}{x^2}e^{-\frac{1}{x}}dx$不是反常积分.

话虽如此,但被积函数的分母为零仍是重要的识别标志.不但要看积分的上、下限处,还要看区间内部是否有使$f(x)\to\infty$的点.

3.3.3　无穷限反常积分的比较判别法

设函数$0\leqslant f(x)\leqslant g(x)$在$[a,+\infty)$上连续.

若$\int_a^{+\infty}g(x)dx$收敛,则$\int_a^{+\infty}f(x)dx$也收敛;

若$\int_a^{+\infty}f(x)dx$发散,则$\int_a^{+\infty}g(x)dx$也发散.

3.3.4　无穷限反常积分的比较判别法的极限形式

定理　设$f(x)$在$[a,+\infty)$上连续,且当x充分大时,$f(x)\geqslant 0$.

对于反常积分$\int_a^{+\infty}f(x)dx$,有$\lim\limits_{x\to+\infty}x^p f(x)=A$.

(1) 若$0\leqslant A<+\infty$且$p>1$,则反常积分收敛;

(2) 若$0<A\leqslant+\infty$且$p\leqslant 1$,则反常积分发散.

【注】　① 对于反常积分$\int_{-\infty}^{b}f(x)dx$有类似的定理.

② 特例:设$P_n(x)$与$Q_m(x)$分别为x的n次与m次多项式,在$[a,+\infty)$上$P_n(x)\neq 0$.则反常积分

$$\int_a^{+\infty}\frac{Q_m(x)}{P_n(x)}dx\begin{cases}收敛, & 当\ n-m>1\\ 发散, & 当\ n-m\leqslant 1\end{cases},$$

其中若 $P_n(x)$,$Q_m(x)$ 不是多项式而是简单无理式,n 与 m 分别为 $P_n(x)$ 与 $Q_m(x)$ 的“最高次方”,(例如 $\sqrt[3]{x^2+x-1}$ 的“最高次方”为 $\frac{2}{3}$),仍有上述结论.

3.3.5 无界函数反常积分的比较判别法

设函数 $0 \leqslant f(x) \leqslant g(x)$ 在 $[a,b)$ 上连续,$x=b$ 为瑕点.

若 $\int_a^b g(x)\mathrm{d}x$ 收敛,则 $\int_a^b f(x)\mathrm{d}x$ 也收敛;

若 $\int_a^b f(x)\mathrm{d}x$ 发散,则 $\int_a^b g(x)\mathrm{d}x$ 也发散.

3.3.6 无界函数反常积分的比较判别法的极限形式

定理 设 $f(x)$ 在 $[a,b)$ 上连续,且当 x 充分接近于 b 时,$f(x) \geqslant 0$,并设 $x=b$ 是 $f(x)$ 的一个瑕点. 对于反常积分 $\int_a^b f(x)\mathrm{d}x$,有 $\lim\limits_{x\to b^-}(b-x)^p f(x)=A$.

(1) 若 $0 \leqslant A < +\infty$ 且 $p<1$,则反常积分收敛;

(2) 若 $0 < A \leqslant +\infty$ 且 $p \geqslant 1$,则反常积分发散.

【注】 若 a 是奇点,对于反常积分 $\int_a^b f(x)\mathrm{d}x$ 有类似的定理.

3.3.7 一个常用的反常积分

反常积分 $\int_a^{+\infty} \frac{1}{x\ln^p x}\mathrm{d}x \begin{cases} 收敛, & 当\ p>1 \\ 发散, & 当\ p \leqslant 1 \end{cases}$,其中常数 $a>1$.

3.3.8　对称区间上奇、偶函数的反常积分

(1) 设 $f(x)$ 在$(-\infty,+\infty)$ 上连续，且为奇函数，又设$\int_0^{+\infty} f(x)\mathrm{d}x$ 收敛，则

$$\int_{-\infty}^{+\infty} f(x)\mathrm{d}x = 0.$$

(2) 设 $f(x)$ 在$(-\infty,+\infty)$ 上连续，且为偶函数，又设$\int_0^{+\infty} f(x)\mathrm{d}x$ 收敛，则

$$\int_{-\infty}^{+\infty} f(x)\mathrm{d}x = 2\int_0^{+\infty} f(x)\mathrm{d}x.$$

(3) 设 $f(x)$ 在$[-a,a]$ 上除 $x=\pm c$ 外均连续，$x=\pm c$ 为 $f(x)$ 的奇点，$0\leqslant c\leqslant a$. 又设$f(x)$ 为奇函数，且$\int_0^a f(x)\mathrm{d}x$ 收敛，则$\int_{-a}^a f(x)\mathrm{d}x=0$.

(4) 设 $f(x)$ 在$[-a,a]$ 上除 $x=\pm c$ 外均连续，$x=\pm c$ 为 $f(x)$ 的奇点，$0\leqslant c\leqslant a$. 又设$f(x)$ 为偶函数，且$\int_0^a f(x)\mathrm{d}x$ 收敛，则$\int_{-a}^a f(x)\mathrm{d}x=2\int_0^a f(x)\mathrm{d}x$.

【注】 这里(1)～(4) 中，与通常的奇偶函数在对称区间上的定积分相比较，这里多了一个要求“收敛”的条件，如果不满足这条件，结论是不成立的. 例如，按照定义

$$\int_{-\infty}^{+\infty}\frac{x}{1+x^2}\mathrm{d}x=\int_{-\infty}^{0}\frac{x}{1+x^2}\mathrm{d}x+\int_0^{+\infty}\frac{x}{1+x^2}\mathrm{d}x,$$

而

$$\int_0^{+\infty}\frac{x}{1+x^2}\mathrm{d}x=\frac{1}{2}\lim_{b\to+\infty}\ln(1+x^2)\Big|_0^b=\frac{1}{2}\lim_{b\to+\infty}\ln(1+b^2)=+\infty,$$

是发散的，所以$\int_{-\infty}^{+\infty}\frac{x}{1+x^2}\mathrm{d}x$发散，而不能认为被积函数是奇函数，该积分为 0.

概率论中经常用到这里的(1)与(2)，实际上都应先验算$\int_{0}^{+\infty}f(x)\mathrm{d}x$收敛.

3.3.9 Γ 函数

$$\Gamma(s)=\int_{0}^{+\infty}\mathrm{e}^{-x}x^{s-1}\mathrm{d}x\,(s>0).$$

Γ 函数的性质：

(1)$s>0$ 时，此反常积分收敛；

(2)$\Gamma(s+1)=s\Gamma(s)\,(s>0)$；

(3) 当 $s\to 0^{+}$，$\Gamma(s)\to+\infty$；

(4)$\Gamma(s)\Gamma(1-s)=\frac{\pi}{\sin \pi s}(0<s<1)$. 特别地 $\Gamma(\frac{1}{2})=\sqrt{\pi}$.

3.3.10 一个重要的反常积分

$$\int_{-\infty}^{+\infty}\mathrm{e}^{-x^2}\mathrm{d}x=2\int_{0}^{+\infty}\mathrm{e}^{-x^2}\mathrm{d}x=\sqrt{\pi}.$$

§4 定积分的应用

3.4.1 微元法的基本方法

定积分(包括以后的二重、三重积分等，仅是定义域不同)应用的关键在于微元法.

设所求的量 F 依赖于某区间$[a,b]$以及在此区间上定义的某函数 $f(x)$，且满足：

(1) 当 $f(x)$ 为常数 f 时，$F=f\cdot(b-a)$；

(2) 当将区间 $[a,b]$ 分为一些 Δx 之和时，量 F 也被分割为相应的一些 ΔF 之和，即 F 具有可加性.

将 $f(x)$ 在小区间 $[x,x+\Delta x]$ 上视为常量，于是

$$\Delta F\approx f(x)\Delta x.$$

这个近似式严格地说是

$$\Delta F=f(x)\Delta x+o(\Delta x).$$

于是

$$\mathrm{d}F=f(x)\mathrm{d}x,F=\int_a^b f(x)\mathrm{d}x.$$

3.4.2　利用积分和式求极限

设 $f(x)$ 在 $[0,1]$ 上连续，$u_n=\frac{1}{n}\sum_{i=1}^{n}f\left(\frac{i}{n}\right)$ 或 $u_n=\frac{1}{n}\sum_{i=0}^{n-1}f\left(\frac{i}{n}\right)$，则

$$\lim_{n\to\infty}u_n=\lim_{n\to\infty}\frac{1}{n}\sum_{i=1}^{n}f\left(\frac{i}{n}\right)\left(\text{或}\lim_{n\to\infty}\frac{1}{n}\sum_{i=0}^{n-1}f\left(\frac{i}{n}\right)\right)=\int_0^1 f(x)\mathrm{d}x.$$

3.4.3　平面图形面积

(1) 曲线 $y=f(x)$ 与 $y=g(x)(f(x)\geqslant g(x))$ 及 $x=a,x=b$ 围成的平面图形(见图 3-2(1))的面积

$$A=\int_a^b(f(x)-g(x))\mathrm{d}x.$$

(2) 曲线 $x=\varphi(y)$ 与 $x=\psi(y)(\varphi(y)\geqslant\psi(y))$ 及 $y=c,y=d$ 围成的平面图形(见图 3-2(2))的面积

$$A=\int_c^d(\varphi(y)-\psi(y))\mathrm{d}y.$$

(3) 极坐标曲线 $\rho=\varphi(\theta)$ 介于两射线 $\theta=\alpha$ 与 $\theta=\beta(0<\beta-\alpha\leqslant 2\pi)$ 之间的曲边扇形(见图 3-2(3))的面积

$$A=\frac{1}{2}\int_{\alpha}^{\beta}\varphi^{2}(\theta)\mathrm{d}\theta.$$

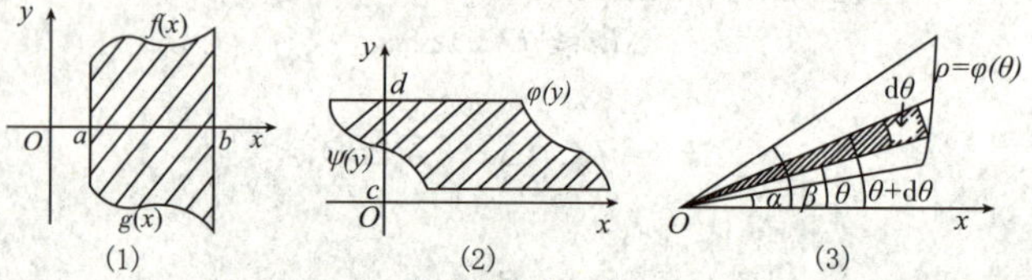

图 3-2

3.4.4 平面曲线的弧长

(1) 参数方程曲线 $\begin{cases}x=x(t)\\y=y(t)\end{cases}$, $\alpha\leqslant t\leqslant\beta$ 的弧长(其中 $x'(t)$ 与 $y'(t)$ 均连续,且不同时为零)

$$s=\int_{\alpha}^{\beta}\sqrt{x'^{2}(t)+y'^{2}(t)}\,\mathrm{d}t.$$

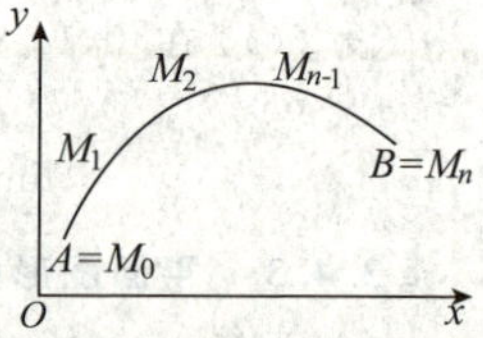

图 3-3

(2) 直角坐标 $y=y(x)$, $a\leqslant x\leqslant b$ 的弧长(其中 $y'(x)$ 连续)

$$s=\int_{a}^{b}\sqrt{1+y'^{2}(x)}\,\mathrm{d}x.$$

(3) 极坐标曲线 $r=r(\theta)$, $\alpha\leqslant\theta\leqslant\beta$ 的弧长(其中 $r(\theta)$, $r'(\theta)$ 连续,且不同时为零)

$$s=\int_{\alpha}^{\beta}\sqrt{r^{2}(\theta)+r'^{2}(\theta)}\,\mathrm{d}\theta.$$

3.4.5　旋转体体积

(1) 曲线 $y=f(x)$ 与 $x=a,x=b,x$ 轴围成的曲边梯形绕 x 轴旋转一周所成的旋转体体积(见图 3-4)

$$V=\pi\int_a^b f^2(x)\mathrm{d}x,a<b.$$

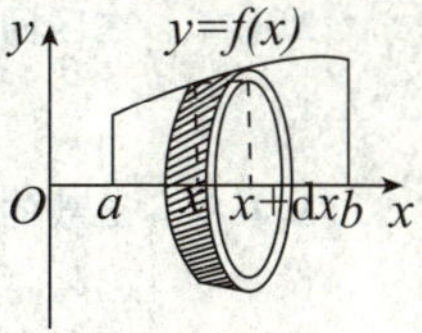

图 3-4

(2) 曲线 $y=y_2(x),y=y_1(x),x=a,x=b(y_2(x)\geqslant y_1(x)\geqslant 0)$ 围成的图形绕 x 轴旋转一周所成的旋转体体积

$$V=\pi\int_a^b[y_2^2(x)-y_1^2(x)]\mathrm{d}x,a<b.$$

(3) 曲线 $y=y_2(x),y=y_1(x),x=a,x=b(b>a\geqslant 0,y_2(x)\geqslant y_1(x))$ 围成的图形绕 y 轴旋转一周所成的旋转体体积

$$V=2\pi\int_a^b x(y_2(x)-y_1(x))\mathrm{d}x.$$

3.4.6　旋转曲面面积

在区间 $[a,b]$ 上的曲线 $y=f(x)$ 的弧段绕 x 轴旋转一周所成的旋转曲面面积(见图 3-5)

$$S=2\pi\int_a^b|y|\sqrt{1+f'^2(x)}\mathrm{d}x,a<b.$$

【注】　若该曲线由参数方程 $x=x(t),y=y(t),\alpha\leqslant t\leqslant\beta$ 给出,且 $x'(t)\neq 0$. 则将上式中的 y 用 $y(t)$ 代替,$\sqrt{1+f'^2(x)}\mathrm{d}x$ 用 $\sqrt{x'^2(t)+y'^2(t)}\mathrm{d}t$ 代替,上、下限为 t 的上、下限:从 $t=\alpha$ 至 $t=\beta$ 即可,$S=2\pi\int_\alpha^\beta|y(t)|\sqrt{x'^2(t)+y'^2(t)}\mathrm{d}t$.

3.4.7 在区间$[a,b]$上平行截面面积 $A(x)$ 为已知的立体体积

$$V=\int_a^b A(x)\mathrm{d}x, a<b.$$

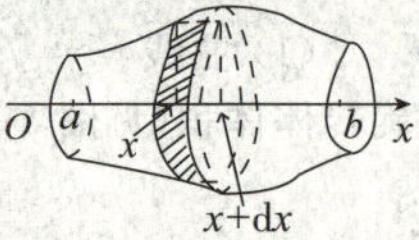

图 3-5

3.4.8 函数的平均值、均方根

设 $x\in[a,b]$，函数 $f(x)$ 在$[a,b]$上的平均值为

$$\overline{f}=\frac{1}{b-a}\int_a^b f(x)\mathrm{d}x.$$

均方根为

$$\sqrt{\frac{1}{b-a}\int_a^b f^2(x)\mathrm{d}x}.$$

第四章　向量代数与空间解析几何(数一)

§1　向量代数

4.1.1　向量的概念

我们把既有大小又有方向的量称为**向量**(或**矢量**)，通常记作 $\boldsymbol{a}$ 或$\overrightarrow{AB}$.

如果向量 $\boldsymbol{a}$ 与 $\boldsymbol{b}$ 的大小相等，且方向相同，称为 $\boldsymbol{a}$ 与 $\boldsymbol{b}$ 相等，记作 $\boldsymbol{a}=\boldsymbol{b}$.

向量的大小称为向量的模，记为 $|\boldsymbol{a}|$，$|\overrightarrow{AB}|$. 模为 1 的向量叫做**单位向量**，模为零的向量叫零向量，记作 $\mathbf{0}$.

两个非零向量的方向相同或相反，就称这两个向量**平行**，记 $\boldsymbol{a}/\!/\boldsymbol{b}$. 两向量平行，又称向量**共线**.

【注】　用空间内的有向线段来表示向量. 例如$\overrightarrow{AB}$ 表示以 A 为起点，B 为终点的向量. 有向线段所指的方向表示向量的方向，有向线段的长度表示向量的大小.

当向量定义为有向线段时，它只有长度和方向两个要素，与起点无关. 零向量的起点与终点重合，它的方向是任意的.

设非零向量 $\boldsymbol{a},\boldsymbol{b}$，平移到同一个起点，规定：$\boldsymbol{a},\boldsymbol{b}$ 正向间的 0 到 π 间的夹角叫做 $\boldsymbol{a},\boldsymbol{b}$ 的夹角，记作$(\widehat{\boldsymbol{a},\boldsymbol{b}})$.

(1) 若 $\boldsymbol{a},\boldsymbol{b}$ 同向，则$(\widehat{\boldsymbol{a},\boldsymbol{b}})=0$；

(2) 若 $\boldsymbol{a},\boldsymbol{b}$ 反向，则$(\widehat{\boldsymbol{a},\boldsymbol{b}})=\pi$.

4.1.2 空间直角坐标系

在空间取定一点 O 和三个两两垂直的单位向量 $\boldsymbol{i}, \boldsymbol{j}, \boldsymbol{k}$，就确定了三条都以 O 为原点的两两垂直的数轴，依次记为 x 轴，y 轴，z 轴，统称坐标轴，它们构成一个空间直角坐标系，称为 $Oxyz$ 坐标系. 通常把 x 轴和 y 轴配置在水平面上而 z 轴则是铅垂线，它们符合右手规则.

三条坐标轴中任意两条可以确定一个平面，这样定出的三个平面统称为坐标面. x 轴及 y 轴所确定的坐标面叫做 xOy 面，另两个坐标面分别叫做 yOz 面及 zOx 面.

三个坐标面把空间分成八个部分，每一部分叫做一个**卦限**，含有 x 轴，y 轴和 z 轴正半轴的那个卦限叫做**第一卦限**，其他第二、第三、第四卦限，在 xOy 面的上方，按逆时针方向确定，第五至第八卦限在 xOy 面下方，第五卦限在第一卦限之下，按逆时针方向确定，这八个卦限分别用字母Ⅰ、Ⅱ、Ⅲ、Ⅳ、Ⅴ、Ⅵ、Ⅶ、Ⅷ表示.

向量 $\boldsymbol{a}$ 在三个轴上的投影 x, y, z 叫做向量 $\boldsymbol{a}$ 的坐标，则 $\boldsymbol{a} = x\boldsymbol{i} + y\boldsymbol{j} + z\boldsymbol{k} = \{x, y, z\}$，此时 $|\boldsymbol{a}| = \sqrt{x^2 + y^2 + z^2}$.

4.1.3 加减运算

(1) 几何表示

向量加法的三角形法则，如图 4-1.

与 $\boldsymbol{a}$ 的模相等而方向相反的向量叫做 $\boldsymbol{a}$ 的负向量，记作 $-\boldsymbol{a}$，则 $\boldsymbol{b}$ 与 $\boldsymbol{a}$ 的差定义为 $\boldsymbol{b} - \boldsymbol{a} = \boldsymbol{b} + (-\boldsymbol{a})$.

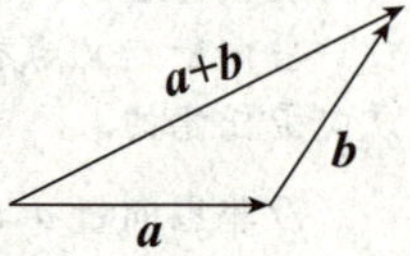

图 4-1

(2) 代数表示

设 $\boldsymbol{a} = \{a_x, a_y, a_z\}$，$\boldsymbol{b} = \{b_x, b_y, b_z\}$，则 $\boldsymbol{a} \pm \boldsymbol{b} = \{a_x \pm b_x, a_y \pm b_y, a_z \pm b_z\}$.

(3) 运算规律

交换律：$\boldsymbol{a} + \boldsymbol{b} = \boldsymbol{b} + \boldsymbol{a}$.

结合律：$(\boldsymbol{a}+\boldsymbol{b})+\boldsymbol{c}=\boldsymbol{a}+(\boldsymbol{b}+\boldsymbol{c})$.

4.1.4　数乘运算

(1) 几何表示：向量 $\boldsymbol{a}$ 与数 λ 的乘积记作 $\lambda\boldsymbol{a}$，$\lambda\boldsymbol{a}$ 是一个向量. 它的模 $|\lambda\boldsymbol{a}|=|\lambda||\boldsymbol{a}|$，方向当 $\lambda>0$ 时与 $\boldsymbol{a}$ 相同，当 $\lambda<0$ 时与 $\boldsymbol{a}$ 相反，当 $\lambda=0$ 时，$|\lambda\boldsymbol{a}|=0$，即 $\lambda\boldsymbol{a}$ 为零向量.

(2) 代数表示：设 $\boldsymbol{a}=\{a_x,a_y,a_z\}$，则 $\lambda\boldsymbol{a}=\{\lambda a_x,\lambda a_y,\lambda a_z\}$.

(3) 运算规律：

结合律：$\lambda(\mu\boldsymbol{a})=\mu(\lambda\boldsymbol{a})=(\lambda\mu)\boldsymbol{a}$.

分配律：$(\lambda+\mu)\boldsymbol{a}=\lambda\boldsymbol{a}+\mu\boldsymbol{a}$；$\lambda(\boldsymbol{a}+\boldsymbol{b})=\lambda\boldsymbol{a}+\lambda\boldsymbol{b}$.

4.1.5　数量积(点积，内积)

(1) 几何表示：$\boldsymbol{a}\cdot\boldsymbol{b}=|\boldsymbol{a}||\boldsymbol{b}|\cos\alpha$.

(2) 代数表示：设 $\boldsymbol{a}=\{a_x,a_y,a_z\}$，$\boldsymbol{b}=\{b_x,b_y,b_z\}$，则 $\boldsymbol{a}\cdot\boldsymbol{b}=a_xb_x+a_yb_y+a_zb_z$.

(3) 运算规律：

交换律：$\boldsymbol{a}\cdot\boldsymbol{b}=\boldsymbol{b}\cdot\boldsymbol{a}$.

分配律：$\boldsymbol{a}\cdot(\boldsymbol{b}+\boldsymbol{c})=\boldsymbol{a}\cdot\boldsymbol{b}+\boldsymbol{a}\cdot\boldsymbol{c}$.

与数乘的结合律：$(\lambda\boldsymbol{a})\cdot\boldsymbol{b}=\lambda(\boldsymbol{a}\cdot\boldsymbol{b})$.

(4) 数量积在几何上的应用：

求向量的模：$|\boldsymbol{a}|=\sqrt{\boldsymbol{a}\cdot\boldsymbol{a}}$.

求两个向量 $\boldsymbol{a}$ 和 $\boldsymbol{b}$ 的夹角：$\cos\alpha=\dfrac{\boldsymbol{a}\cdot\boldsymbol{b}}{|\boldsymbol{a}||\boldsymbol{b}|}$.

判定两向量垂直：$\boldsymbol{a}\perp\boldsymbol{b}\Leftrightarrow\boldsymbol{a}\cdot\boldsymbol{b}=0$.

4.1.6 向量积(叉积,外积)

(1) 几何表示:$\boldsymbol{a}\times\boldsymbol{b}$ 是一向量.

模:$|\boldsymbol{a}\times\boldsymbol{b}|=|\boldsymbol{a}||\boldsymbol{b}|\sin\alpha$.

方向:$\boldsymbol{a}\times\boldsymbol{b}$ 同时垂直于 $\boldsymbol{a}$ 和 $\boldsymbol{b}$,且符合右手法则.

(2) 代数表示:$\boldsymbol{a}\times\boldsymbol{b}=\begin{vmatrix}\boldsymbol{i} & \boldsymbol{j} & \boldsymbol{k}\\ a_x & a_y & a_z\\ b_x & b_y & b_z\end{vmatrix}$.

(3) 运算规律:$\boldsymbol{b}\times\boldsymbol{a}=-(\boldsymbol{a}\times\boldsymbol{b})$.

分配律:$\boldsymbol{a}\times(\boldsymbol{b}+\boldsymbol{c})=\boldsymbol{a}\times\boldsymbol{b}+\boldsymbol{a}\times\boldsymbol{c}$.

与数乘的结合律:$(\lambda\boldsymbol{a})\times\boldsymbol{b}=\boldsymbol{a}\times(\lambda\boldsymbol{b})=\lambda(\boldsymbol{a}\times\boldsymbol{b})$.

(4) 向量积在几何上的应用:

求同时垂直于 $\boldsymbol{a}$ 和 $\boldsymbol{b}$ 的向量:$\boldsymbol{a}\times\boldsymbol{b}$.

求以 $\boldsymbol{a}$ 和 $\boldsymbol{b}$ 为邻边的平行四边形面积:$S=|\boldsymbol{a}\times\boldsymbol{b}|$.

判定两向量平行:$\boldsymbol{a}/\!/\boldsymbol{b}\Leftrightarrow\boldsymbol{a}\times\boldsymbol{b}=\boldsymbol{0}$.

4.1.7 混合积

(1) 定义:称$(\boldsymbol{a}\times\boldsymbol{b})\cdot\boldsymbol{c}$ 为三个矢量 $\boldsymbol{a},\boldsymbol{b},\boldsymbol{c}$ 的混合积,记为$[\boldsymbol{abc}]$.

(2) 代数表示:设 $\boldsymbol{a}=\{a_x,a_y,a_z\}$,$\boldsymbol{b}=\{b_x,b_y,b_z\}$,$\boldsymbol{c}=\{c_x,c_y,c_z\}$,则

$$[\boldsymbol{abc}]=\begin{vmatrix}a_x & a_y & a_z\\ b_x & b_y & b_z\\ c_x & c_y & c_z\end{vmatrix}.$$

(3) 运算规律:

轮换对称性:$[\boldsymbol{abc}]=[\boldsymbol{bca}]=[\boldsymbol{cab}]$.

两向量互换,混合积变号:$[\boldsymbol{abc}]=-[\boldsymbol{acb}]=-[\boldsymbol{cba}]=-[\boldsymbol{bac}]$.

(4) 混合积在几何上的应用:

求以 $\boldsymbol{a},\boldsymbol{b},\boldsymbol{c}$ 为棱的平行六面体体积:$V_{\text{平行六面体}}=|[\boldsymbol{abc}]|$.

判定三向量共面:$\boldsymbol{a},\boldsymbol{b},\boldsymbol{c}$ 共面 $\Leftrightarrow [\boldsymbol{abc}]=0$.

4.1.8　方向角与方向余弦

若向量 $\boldsymbol{a}$ 的正向与 x 轴,y 轴,z 轴正向夹角不超过 π 的角,分别为 α,β,γ,则称 α,β,γ 为向量 $\boldsymbol{a}$ 的方向角,称 $\cos\alpha,\cos\beta,\cos\gamma$ 为 $\boldsymbol{a}$ 的方向余弦,且

$$\boldsymbol{a}^{\circ}=\{\cos\alpha,\cos\beta,\cos\gamma\},\cos^2\alpha+\cos^2\beta+\cos^2\gamma=1.$$

4.1.9　方向数

三个与方向余弦成比例且不全为零的数 M,N,K,称为空间直线的方向数,记作$\{M,N,K\}$,即

$$\frac{M}{\cos\alpha}=\frac{N}{\cos\beta}=\frac{K}{\cos\gamma}.$$

方向余弦与方向数的转换公式

$$\cos\alpha=\frac{M}{\pm\sqrt{M^2+N^2+K^2}},\cos\beta=\frac{N}{\pm\sqrt{M^2+N^2+K^2}},\cos\gamma=\frac{K}{\pm\sqrt{M^2+N^2+K^2}},$$

根号前的正负号分别得到两组方向余弦,它们代表两个相反的方向.

§2 平面与直线

4.2.1 平面方程

(1) 一般式方程：$Ax+By+Cz+D=0$，$\boldsymbol{n}=\{A,B,C\}$ 为平面的法向量.

(2) 点法式方程：$A(x-x_0)+B(y-y_0)+C(z-z_0)=0$，其中 (x_0,y_0,z_0) 为平面上的点，$\boldsymbol{n}=\{A,B,C\}$ 为平面的法向量.

(3) 截距式方程：$\dfrac{x}{a}+\dfrac{y}{b}+\dfrac{z}{c}=1$，其中 a,b,c 分别为平面在三个坐标轴上的截距且均不为零.

4.2.2 直线方程

(1) 一般式方程：$\begin{cases}A_1x+B_1y+C_1z+D_1=0\\A_2x+B_2y+C_2z+D_2=0\end{cases}$，该直线为两平面的交线，这里假设 $\{A_1,B_1,C_1\}$ 与 $\{A_2,B_2,C_2\}$ 不共线.

(2) 对称式方程：$\dfrac{x-x_0}{l}=\dfrac{y-y_0}{m}=\dfrac{z-z_0}{n}$，其中 (x_0,y_0,z_0) 为直线上的点，$\boldsymbol{s}=\{l,m,n\}$ 为直线的方向向量.

(3) 参数式方程：$\begin{cases}x=x_0+lt\\y=y_0+mt\\z=z_0+nt\end{cases}$，$(x_0,y_0,z_0)$ 为直线上的点，$\boldsymbol{s}=\{l,m,n\}$ 为直线的方向向量.

4.2.3 平面与平面间的位置关系

设平面 $\Pi_1: A_1x+B_1y+C_1z+D_1=0$，$\Pi_2: A_2x+B_2y+C_2z+D_2=0$，则

(1) 平面 $\Pi_1 // \Pi_2 \Leftrightarrow \frac{A_1}{A_2} = \frac{B_1}{B_2} = \frac{C_1}{C_2}$；

(2) 平面 $\Pi_1 \perp \Pi_2 \Leftrightarrow A_1A_2 + B_1B_2 + C_1C_2 = 0$；

(3) 平面 Π_1 与 Π_2 之间的夹角 θ 由以下公式确定：

$$\cos\theta = \frac{A_1A_2 + B_1B_2 + C_1C_2}{\sqrt{A_1^2 + B_1^2 + C_1^2}\sqrt{A_2^2 + B_2^2 + C_2^2}}\left(0 \leqslant \theta \leqslant \frac{\pi}{2}\right).$$

4.2.4 直线与直线间的位置关系

设直线 $L_1:\frac{x - x_1}{l_1} = \frac{y - y_1}{m_1} = \frac{z - z_1}{n_1}$，直线 $L_2:\frac{x - x_2}{l_2} = \frac{y - y_2}{m_2} = \frac{z - z_2}{n_2}$.

(1) 直线 $L_1 // L_2 \Leftrightarrow \frac{l_1}{l_2} = \frac{m_1}{m_2} = \frac{n_1}{n_2}$；

(2) 直线 $L_1 \perp L_2 \Leftrightarrow l_1l_2 + m_1m_2 + n_1n_2 = 0$；

(3) 直线 L_1 与 L_2 之间的夹角 θ 由以下公式确定：

$$\cos\theta = \frac{l_1l_2 + m_1m_2 + n_1n_2}{\sqrt{l_1^2 + m_1^2 + n_1^2}\sqrt{l_2^2 + m_2^2 + n_2^2}}\left(0 \leqslant \theta \leqslant \frac{\pi}{2}\right).$$

4.2.5 平面与直线的位置关系

设平面 $\Pi: Ax + By + Cz + D = 0$，直线 $L:\frac{x - x_0}{l} = \frac{y - y_0}{m} = \frac{z - z_0}{n}$，则

(1) $\Pi // L \Leftrightarrow Al + Bm + Cn = 0$；

(2) $\Pi \perp L \Leftrightarrow \frac{A}{l} = \frac{B}{m} = \frac{C}{n}$；

(3)L 与 Π 的夹角 θ 由以下公式确定：

$$\sin\theta=\frac{|Al+Bm+Cn|}{\sqrt{A^2+B^2+C^2}\sqrt{l^2+m^2+n^2}}\left(0\leqslant\theta\leqslant\frac{\pi}{2}\right).$$

4.2.6　点到平面距离公式

点(x_0,y_0,z_0)到平面 $Ax+By+Cz+D=0$ 的距离为

$$d=\frac{|Ax_0+By_0+Cz_0+D|}{\sqrt{A^2+B^2+C^2}}.$$

4.2.7　点到直线距离公式

点(x_0,y_0,z_0)到直线$\frac{x-x_1}{l}=\frac{y-y_1}{m}=\frac{z-z_1}{n}$的距离为

$$d=\frac{|\{x_1-x_0,y_1-y_0,z_1-z_0\}\times\{l,m,n\}|}{\sqrt{l^2+m^2+n^2}}.$$

§3　空间曲面与曲线

在空间解析几何中，任何曲面都看作点的几何轨迹. 如果曲面 S 和三元方程 $f(x,y,z)=0$ 有下述关系：

(1) 曲面 S 上任一点的坐标都满足方程；

(2) 不在曲面 S 上的点的坐标都不满足方程，

那么方程就叫做曲面 S 的方程，曲面 S 就叫做方程的图形.

4.3.1　旋转面的定义

由一条平面曲线绕其平面上的一条直线旋转一周所成的曲面叫做旋转曲面. 旋转曲线称为旋转面的母线，定直线叫做旋转曲面的轴.

4.3.2　旋转面方程

设有 xOy 面上的曲线 L：$\begin{cases} f(x,y)=0 \\ z=0 \end{cases}$，则

(1) 曲线 L 绕 x 轴旋转产生旋转面方程为

$$f(x,\pm\sqrt{y^2+z^2})=0.$$

(2) 曲线 L 绕 y 轴旋转产生旋转面方程为

$$f(\pm\sqrt{x^2+z^2},y)=0.$$

关于 yOz 面或 xOz 面上的曲线绕其所在坐标面上的坐标轴旋转产生旋转面完全类似.

4.3.3　柱面的定义

平行于定直线并沿定曲线 C 移动的直线 L 形成的轨迹叫做**柱面**. 定曲线 C 叫做**柱面的准线**，动直线 L 叫做**柱面的母线**.

4.3.4　柱面方程的建立

(1) 准线为 L：$\begin{cases} F(x,y,z)=0 \\ G(x,y,z)=0 \end{cases}$，母线的方向向量为 $\{l,m,n\}$ 的柱面方程的建立：

先在准线 L 上任取一点，则过点 (x,y,z) 的母线方程为：

$$\frac{X-x}{l}=\frac{Y-y}{m}=\frac{Z-z}{n}.$$

消去方程组 $\begin{cases} F(x,y,z)=0 \\ G(x,y,z)=0 \\ \dfrac{X-x}{l}=\dfrac{Y-y}{m}=\dfrac{Z-z}{n} \end{cases}$ 中的 x,y,z，得到关于 X,Y,Z 的方程为所求柱面方程.

(2) 准线为 $L:\begin{cases}x=x(t)\\ y=y(t)\\ z=z(t)\end{cases}$,母线方向向量为 $\{l,m,n\}$ 的柱面方程的建立:

该柱面方程为 $\begin{cases}x=x(t)+ls\\ y=y(t)+ms\\ z=z(t)+ns\end{cases}$,这里 t,s 均为参数.

4.3.5 常见的柱面

(1) 圆柱面:$x^2+y^2=R^2$($y^2+z^2=R^2$ 或 $x^2+z^2=R^2$).

(2) 椭圆柱面:$\dfrac{x^2}{a^2}+\dfrac{y^2}{b^2}=1$.

(3) 抛物柱面:$y^2=2px$.

4.3.6 常见的二次曲面

我们把三元二次方程 $F(x,y,z)=0$ 所表示的曲面称为二次曲面.

(1) 椭球面:$\dfrac{x^2}{a^2}+\dfrac{y^2}{b^2}+\dfrac{z^2}{c^2}=1$.

(2) 单叶双曲面:$\dfrac{x^2}{a^2}+\dfrac{y^2}{b^2}-\dfrac{z^2}{c^2}=1$.

(3) 双叶双曲面:$-\dfrac{x^2}{a^2}-\dfrac{y^2}{b^2}+\dfrac{z^2}{c^2}=1$.

(4) 椭圆抛物面:$\dfrac{x^2}{a^2}+\dfrac{y^2}{b^2}=2pz$($p>0$).

(5) 双曲抛物面：$\frac{x^2}{a^2}-\frac{y^2}{b^2}=2pz(p>0)$.

(6) 二次锥面：$\frac{x^2}{a^2}+\frac{y^2}{b^2}-\frac{z^2}{c^2}=0$.

4.3.7　空间曲线及其方程

空间曲线方程常见是两种形式：

(1) 一般式(两曲面方程联立)：$\begin{cases}F(x,y,z)=0\\G(x,y,z)=0\end{cases}$.

(2) 参数式：$\begin{cases}x=x(t)\\y=y(t)\\z=z(t)\end{cases}$.

4.3.8　空间曲线的投影

设有空间曲线 Γ：$\begin{cases}F(x,y,z)=0\\G(x,y,z)=0\end{cases}$，先通过$\begin{cases}F(x,y,z)=0\\G(x,y,z)=0\end{cases}$消去 z 得 $\varphi(x,y)=0$，则曲线 Γ 在 xOy 面上投影曲线方程为$\begin{cases}\varphi(x,y)=0\\z=0\end{cases}$.

求曲线 Γ 在其他两个坐标面上投影方法完全类似.

第五章　多元函数微分学

§1　多元函数的极限、连续、偏导数与全微分

5.1.1　平面点集

坐标平面上满足某种条件 P 的点的集合，称为**平面点集**，记作 $E=\{(x,y)\mid(x,y)$ 满足条件 $P\}$.

平面点集 $\{(x,y)\mid(x-x_0)^2+(y-y_0)^2<\delta^2\}$ 与 $\{(x,y)\mid|x-x_0|<\delta,|y-y_0|<\delta\}$ 分别称为以点 $A(x_0,y_0)$ 为中心的 **δ 圆邻域**与 **δ 方邻域**，通常用**"点 A 的 δ 邻域"**或**"点 A 的邻域"**泛指这两种形状的邻域，并记为 $U(A;\delta)$ 或 $U(A)$.

5.1.2　点与平面点集之间的关系

按点 A 与点集 E 的位置，任意一点 A 与任意一个点集 E 之间必有以下三种关系之一.

(1) 内点：若存在点 A 的某邻域 $U(A)$，使得 $U(A)\subset E$，则称点 A 是 E 的内点；E 的全体内点构成的集合称为 E 的内部，记作 $\text{int}E$.

(2) 外点：若存在点 A 的某邻域 $U(A)$，使得 $U(A)\cap E=\varnothing$，则称 A 是点集 E 的外点.

(3) 界点：若在点 A 的任何邻域内既含有属于 E 的点，又含有不属于 E 的点，则称 A 是集合 E 的界点；E 的全体界点构成 E 的边界，记作 ∂E.

按点 A 的近旁是否密集着 E 中无穷多个点有以下两种关系之一：

(1) 聚点:若在点 A 的任何空心邻域 $\mathring{U}(A)$ 内都含有 E 中的点,则称 A 是 E 的聚点.

(2) 孤立点:若 $A \in E$,但不是 E 的聚点,即存在 $\delta > 0$,使得 $\mathring{U}(A;\delta) \cap E = \varnothing$,则称点 A 是 E 的孤立点.

5.1.3 开集、闭集、开域、闭域、区域

若平面点集所属的每一点都是 E 的内点,则称 E 为**开集**.若平面点集 E 的所有聚点都属于 E,则称 E 为**闭集**.若点集 E 没有聚点,这时也称 E 为闭集.

若非空开集 E 具有**连通性**,即 E 中任意两点之间都可以用一条完全含于 E 中的有限条直线段连接而成折线相连接,则称 E 为**开域**(或称**连通开集**).开域连同其边界所成的点集称为**闭域**.开域、闭域或者开域连同其一部分界点所成的点集,统称为**区域**.

5.1.4 二元函数的概念

定义　设平面点集 D,若对每一个点 $P(x,y) \in D$,变量 z 按照一定法则总有确定的值和它对应,则称 z 是变量 x,y 的二元函数,记为 $z = f(x,y)$,其中点集 D 称为函数 $f(x,y)$ 的定义域,x,y 称为自变量,z 称为因变量,数集 $\{z \mid z = f(x,y),(x,y) \in D\}$ 称为函数 $z = f(x,y)$ 的值域.

类似地可以定义三元函数 $u = f(x,y,z)$ 及三元以上的函数.

5.1.5 二元函数的几何意义

二元函数 $z = f(x,y)$ 当把 $(x,y) \in D$ 和它对应的 $z = f(x,y)$ 一起组成三维数组时,空间点集 $\{(x,y,z) \mid z = f(x,y),(x,y) \in D\}$ 称为二元函数 $z = f(x,y)$ 的图象.二元函数 $z = f(x,y)$ 的图象是一空间曲面.定义域 D 便是该曲面在 xOy 平面上的投影.

5.1.6 二元函数的极限

定义　设函数 $f(x,y)$ 在 D 内有定义,$P_0(x_0,y_0)$ 是 D 的聚点,如果对任意给定的 $\varepsilon > 0$,$\exists\, \delta > 0$,使得对空心邻域 $\mathring{U}(P_0;\delta)$ 内的一切的 $P(x,y) \in D$,都有 $|f(x,y) - A| < \varepsilon$,则称 A 为 $f(x,y)$ 当 $x \to x_0, y \to$

y_0 时的极限，记为 $\lim\limits_{\substack{x\to x_0\\y\to y_0}} f(x,y)=A$. 我们也把二元函数的极限叫做二重极限.

【注】 ① 二元函数的极限是指点 $P(x,y)$ 以任何方式趋于点 $P_0(x_0,y_0)$ 时，函数 $f(x,y)$ 都无限趋近于同一常数 A. 若点 $P(x,y)$ 沿两种不同路径趋向于点 $P_0(x_0,y_0)$ 时，$f(x,y)$ 趋于不同常数，或点 $P(x,y)$ 沿某一路径趋于 $P_0(x_0,y_0)$ 时，$f(x,y)$ 的极限不存在，则重极限 $\lim\limits_{\substack{x\to x_0\\y\to y_0}} f(x,y)$ 不存在. 这是证明重极限不存在常用的有效方法.

② 重极限的极限运算(有理运算、复合运算)和性质(保号性、夹逼性等)与一元函数完全类似.

5.1.7 二元函数连续的概念

定义 设函数 $f(x,y)$ 在开区域(或闭区域) D 内有定义，$P_0(x_0,y_0)$ 是 D 的内点或边界点，且 $P_0\in D$，如果 $\lim\limits_{\substack{x\to x_0\\y\to y_0}} f(x,y)=f(x_0,y_0)$，则称函数 $f(x,y)$ 在点 $P_0(x_0,y_0)$ 连续.

5.1.8 连续函数的性质

多元函数有与一元函数完全类似的性质.

(1) 连续函数的和、差、积、商(分母不为零)均是连续函数，连续函数的复合函数仍为连续函数.

(2)(最大最小值定理) 在有界闭区域 D 上连续的函数，在该区域 D 上有最大值和最小值.

(3)(介值定理) 在有界闭区域 D 上连续的函数，可取到它在该区域上的最小值与最大值之间的任何值.

一切多元初等函数在其定义域内处处连续.

5.1.9 偏导数的概念

定义 设函数 $z=f(x,y)$ 在点 (x_0,y_0) 的某一邻域内有定义，如果

$$\lim_{\Delta x \to 0} \frac{f(x_0+\Delta x, y_0)-f(x_0,y_0)}{\Delta x}$$

存在，则称此极限为函数 $z=f(x,y)$ 在点 (x_0,y_0) 处关于 x 的偏导数，记为 $f'_x(x_0,y_0)$ 或 $\left.\frac{\partial f}{\partial x}\right|_{(x_0,y_0)}$.

类似地可定义

$$f'_y(x_0,y_0)=\lim_{\Delta y \to 0} \frac{f(x_0, y_0+\Delta y)-f(x_0,y_0)}{\Delta y}.$$

【注】 由以上定义不难看出偏导数本质上是一元函数的导数. 事实上偏导数 $f'_x(x_0,y_0)$ 就是一元函数 $\varphi(x)=f(x,y_0)$ 在 $x=x_0$ 处的导数，即

$$f'_x(x_0,y_0)=\varphi'(x_0)=\left.\frac{\mathrm{d}}{\mathrm{d}x}f(x,y_0)\right|_{x=x_0}.$$

而偏导数 $f'_y(x_0,y_0)$ 就是一元函数 $\psi(y)=f(x_0,y)$ 在 $y=y_0$ 处的导数，即

$$f'_y(x_0,y_0)=\psi'(y_0)=\left.\frac{\mathrm{d}}{\mathrm{d}y}f(x_0,y)\right|_{y=y_0}.$$

5.1.10　偏导数的几何意义

偏导数 $f'_x(x_0,y_0)$ 在几何上表示曲面 $z=f(x,y)$ 与平面 $y=y_0$ 的交线在点 $P_0(x_0,y_0,f(x_0,y_0))$ 处的切线 T_x 对 x 轴的斜率(如图 5-1)，$f'_x(x_0,y_0)=\tan\alpha$.

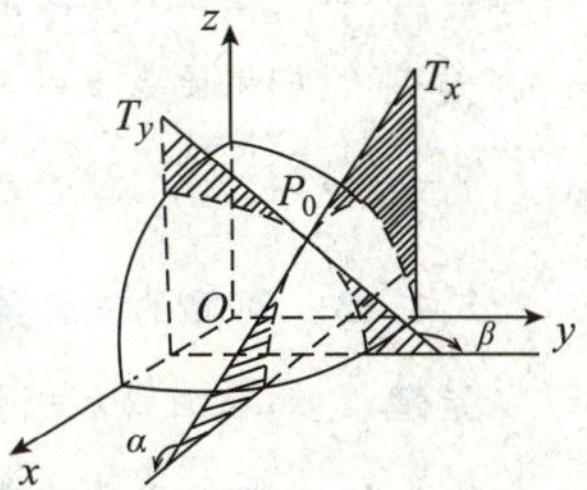

图 5-1

偏导数 $f'_y(x_0,y_0)$ 在几何上表示曲面 $z=f(x,y)$ 与平面 $x=x_0$ 的交线在点 $P_0(x_0,y_0,f(x_0,y_0))$ 处的切线 T_y 对 y 轴的斜率(如图 5-1)，$f'_y(x_0,y_0)=\tan\beta$.

5.1.11 全微分的概念

定义 设函数 $z=f(x,y)$ 在点 $P_0(x_0,y_0)$ 的某邻域 $U(P_0)$ 内有定义，若函数 f 在点 P_0 处的全增量 $\Delta z=f(x+\Delta x,y+\Delta y)-f(x_0,y_0)$ 可表示为

$$\Delta z=A\Delta x+B\Delta y+o(\rho),$$

其中 A,B 不依赖于 $\Delta x,\Delta y$，而仅与 (x_0,y_0) 有关的常数，$\rho=\sqrt{(\Delta x)^2+(\Delta y)^2}$，$o(\rho)$ 是 ρ 高阶的无穷小量，则称函数 $z=f(x,y)$ 在点 (x_0,y_0) 可微. 而 $A\Delta x+B\Delta y$ 称为函数 $z=f(x,y)$ 在点 (x_0,y_0) 的微分，记为

$$\mathrm{d}f(x_0,y_0)=\mathrm{d}z\Big|_{P_0}=A\Delta x+B\Delta y.$$

5.1.12 可微的必要条件

定理 如果函数 $z=f(x,y)$ 在点 (x,y) 处可微，则该函数在点 (x,y) 处的偏导数 $\frac{\partial z}{\partial x},\frac{\partial z}{\partial y}$ 必定存在，且

$$\mathrm{d}z=\frac{\partial z}{\partial x}\mathrm{d}x+\frac{\partial z}{\partial y}\mathrm{d}y.$$

5.1.13 可微的充分条件

定理 如果函数 $z=f(x,y)$ 的偏导数 $\frac{\partial z}{\partial x}$ 和 $\frac{\partial z}{\partial y}$ 在点 (x,y) 处连续，则函数 $z=f(x,y)$ 在该点可微.

5.1.14 二元函数的中值定理

定理 设函数 f 在点 (x_0,y_0) 的某邻域内存在偏导数，若 (x,y) 属于该邻域，则存在 $\xi=x_0+\theta_1(x-$

x_0)和 $\eta = y_0 + \theta_2(x - x_0)$,$0 < \theta_1, \theta_2 < 1$,使得:

$$f(x,y) = f(x_0,y_0) + f_x(\xi,y_0)(x - x_0) + f_y(x_0,\eta)(x - x_0).$$

5.1.15　多元函数连续、可导、可微之间的关系

对二元函数 $z = f(x,y)$,我们称它在点(x,y)可导是指它在点(x,y)处两个一阶偏导数$\frac{\partial z}{\partial x}$,$\frac{\partial z}{\partial y}$都存在.函数在可微点处必连续,但在函数的连续点不一定存在偏导数,不能保证函数在该点可微.

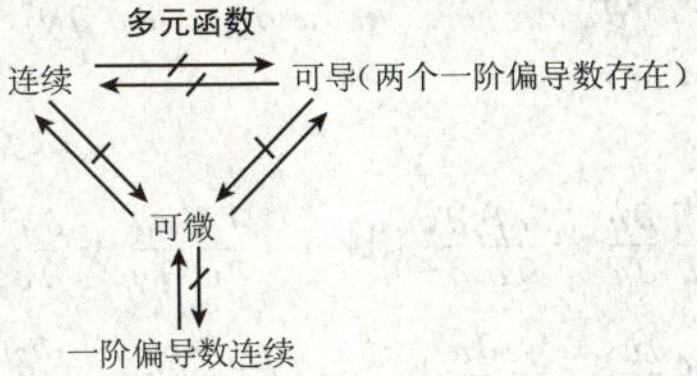

§2　多元函数的微分法

5.2.1　复合函数求导法则

如果函数 $u = \varphi(x,y)$,$v = \psi(x,y)$ 在点(x,y)有对 x,y 的偏导数,函数 $z = f(u,v)$ 在对应点有连续一阶偏导数,则复合函数 $z = f[\varphi(x,y),\psi(x,y)]$ 在点(x,y)有对 x,y 的偏导数,且

$$\frac{\partial z}{\partial x} = \frac{\partial f}{\partial u}\frac{\partial u}{\partial x} + \frac{\partial f}{\partial v}\frac{\partial v}{\partial x},\frac{\partial z}{\partial y} = \frac{\partial f}{\partial u}\frac{\partial u}{\partial y} + \frac{\partial f}{\partial v}\frac{\partial v}{\partial y}.$$

5.2.2 全微分形式不变性

设函数 $z=f(u,v)$ 和 $u=\varphi(x,y)$，$v=\psi(x,y)$ 都具有连续一阶偏导数，则复合函数 $z=f[\varphi(x,y),\psi(x,y)]$ 可微，且

$$\mathrm{d}z=\frac{\partial z}{\partial x}\mathrm{d}x+\frac{\partial z}{\partial y}\mathrm{d}y.$$

由复合函数求导法则知：$\frac{\partial z}{\partial x}=\frac{\partial f}{\partial u}\frac{\partial u}{\partial x}+\frac{\partial f}{\partial v}\frac{\partial v}{\partial x}$，$\frac{\partial z}{\partial y}=\frac{\partial f}{\partial u}\frac{\partial u}{\partial y}+\frac{\partial f}{\partial v}\frac{\partial v}{\partial y}$.

将 $\frac{\partial z}{\partial x}$ 和 $\frac{\partial z}{\partial y}$ 代入上式得：

$$\begin{aligned}\mathrm{d}z&=(\frac{\partial f}{\partial u}\frac{\partial u}{\partial x}+\frac{\partial f}{\partial v}\frac{\partial v}{\partial x})\mathrm{d}x+(\frac{\partial f}{\partial u}\frac{\partial u}{\partial y}+\frac{\partial f}{\partial v}\frac{\partial v}{\partial y})\mathrm{d}y\\&=\frac{\partial f}{\partial u}(\frac{\partial u}{\partial x}\mathrm{d}x+\frac{\partial u}{\partial y}\mathrm{d}y)+\frac{\partial f}{\partial v}(\frac{\partial v}{\partial x}\mathrm{d}x+\frac{\partial v}{\partial y}\mathrm{d}y)\\&=\frac{\partial f}{\partial u}\mathrm{d}u+\frac{\partial f}{\partial v}\mathrm{d}v=\frac{\partial z}{\partial u}\mathrm{d}u+\frac{\partial z}{\partial v}\mathrm{d}v.\end{aligned}$$

由此可见，无论是把 z 看作自变量 x 和 y 的函数，还是把 z 看作中间变量 u 和 v 的函数，它的微分 $\mathrm{d}z=\frac{\partial z}{\partial x}\mathrm{d}x+\frac{\partial z}{\partial y}\mathrm{d}y$ 和 $\mathrm{d}z=\frac{\partial z}{\partial u}\mathrm{d}u+\frac{\partial z}{\partial v}\mathrm{d}v$ 具有同样的形式. 这个性质叫**全微分形式不变性**.

5.2.3 高阶偏导数及混合偏导数与求导次序无关

(1) 高阶偏导数的概念

设函数 $z=f(x,y)$ 在区域 D 内具有偏导数，

$$\frac{\partial z}{\partial x}=f'_x(x,y),\frac{\partial z}{\partial y}=f'_y(x,y),$$

如果 $f'_x(x,y)$ 和 $f'_y(x,y)$ 的偏导数也存在,则称它们是函数 $z=f(x,y)$ 的二阶导数.二阶导数有以下四个

$$\frac{\partial^2 z}{\partial x^2}=\frac{\partial}{\partial x}(\frac{\partial z}{\partial x})=f''_{xx}(x,y),\frac{\partial^2 z}{\partial x\partial y}=\frac{\partial}{\partial y}(\frac{\partial z}{\partial x})=f''_{xy}(x,y),$$

$$\frac{\partial^2 z}{\partial y\partial x}=\frac{\partial}{\partial x}(\frac{\partial z}{\partial y})=f''_{yx}(x,y),\frac{\partial^2 z}{\partial y^2}=\frac{\partial}{\partial y}(\frac{\partial z}{\partial y})=f''_{yy}(x,y),$$

其中 $\frac{\partial^2 z}{\partial x\partial y}$ 和 $\frac{\partial^2 z}{\partial y\partial x}$ 称为混合偏导数.类似地可得到三阶、四阶,…,n 阶偏导数,二阶及二阶以上的偏导数统称为高阶偏导数.

(2) 混合偏导数与求导次序无关.

定理　若函数 $z=f(x,y)$ 的两个混合偏导数 $\frac{\partial^2 z}{\partial x\partial y}$ 和 $\frac{\partial^2 z}{\partial y\partial x}$ 在点 (x_0,y_0) 都连续,则在 (x_0,y_0) 点 $\frac{\partial^2 z}{\partial x\partial y}=\frac{\partial^2 z}{\partial y\partial x}$.

5.2.4　隐函数求导

(1) 由一个方程式确定的隐函数(一元函数)求导法

设 $F(x,y)$ 有连续一阶偏导数,且 $F'_y\neq 0$,则由方程 $F(x,y)=0$ 确定的函数 $y=y(x)$ 可导,且

$$\frac{\mathrm{d}y}{\mathrm{d}x}=-\frac{F'_x}{F'_y}.$$

(2) 由一个方程式确定的隐函数(二元函数)求导法

设 $F(x,y,z)$ 有连续一阶偏导数,且 $F'_z\neq 0$,$z=z(x,y)$ 由方程 $F(x,y,z)=0$ 所确定,则

$$\frac{\partial z}{\partial x}=-\frac{F'_x}{F'_z},\frac{\partial z}{\partial y}=-\frac{F'_y}{F'_z}.$$

(3) 由方程组所确定的隐函数(一元函数)求导法

设 $u=u(x),v=v(x)$ 由方程组 $\begin{cases}F(x,u,v)=0\\G(x,u,v)=0\end{cases}$ 所确定,要求 $\frac{\mathrm{d}u}{\mathrm{d}x}$ 和 $\frac{\mathrm{d}v}{\mathrm{d}x}$,可通过原方程组两端对 x 求导得到,即

$$\begin{cases}F'_x+F'_u\frac{\mathrm{d}u}{\mathrm{d}x}+F'_v\frac{\mathrm{d}v}{\mathrm{d}x}=0\\G'_x+G'_u\frac{\mathrm{d}u}{\mathrm{d}x}+G'_v\frac{\mathrm{d}v}{\mathrm{d}x}=0\end{cases},$$

然后从以上方程组中解出 $\frac{\mathrm{d}u}{\mathrm{d}x}$ 和 $\frac{\mathrm{d}v}{\mathrm{d}x}$.

(4) 由方程组所确定的隐函数(二元函数)求导法

设 $u=u(x,y),v=v(x,y)$ 由方程组 $\begin{cases}F(x,y,u,v)=0\\G(x,y,u,v)=0\end{cases}$ 所确定,若要求 $\frac{\partial u}{\partial x}$ 和 $\frac{\partial v}{\partial x}$,可先对原方程组两端对 x 求偏导得到,即

$$\begin{cases}F'_x+F'_u\frac{\partial u}{\partial x}+F'_v\frac{\partial v}{\partial x}=0\\G'_x+G'_u\frac{\partial u}{\partial x}+G'_v\frac{\partial v}{\partial x}=0\end{cases},$$

然后从中解出 $\frac{\partial u}{\partial x}$ 和 $\frac{\partial v}{\partial x}$. 同理可求得 $\frac{\partial u}{\partial y}$ 和 $\frac{\partial v}{\partial y}$.

§3　极值与最值

5.3.1　多元函数极值和极值点

定义　设函数 f 在点 $M_0(x_0,y_0)$ 的某邻域 $U_\delta(M_0)$ 内有定义，若对于任何点都有 $f(x,y)\leqslant f(x_0,y_0)$（或 $f(x,y)\geqslant f(x_0,y_0)$），$\forall(x,y)\in U_\delta(M_0)$，则称 $f(x,y)$ 在点 $M_0(x_0,y_0)$ 取得极大值（极小值）$f(x_0,y_0)$，极大值与极小值统称为极值. 点 $M_0(x_0,y_0)$ 称为 $f(x,y)$ 的极值点.

5.3.2　多元函数的驻点

定义　凡能使 $f'_x(x,y)=0,f'_y(x,y)=0$ 同时成立的点 (x,y) 称为函数 $f(x,y)$ 的驻点.

【注】　驻点 $\nLeftrightarrow$ 极值点.

5.3.3　多元函数取得极值的必要条件

定理　设函数 $f(x,y)$ 在点 $M_0(x_0,y_0)$ 的一阶偏导数存在，且在 (x_0,y_0) 取得极值，则

$$f'_x(x_0,y_0)=0,\quad f'_y(x_0,y_0)=0.$$

由此可见具有一阶偏导数的极值点一定是驻点，但驻点不一定是极值点.

5.3.4　多元函数取得极值的充分条件

定理　设函数 $z=f(x,y)$ 在点 (x_0,y_0) 的某邻域内有连续的二阶偏导数，且 $f'_x(x_0,y_0)=0,f'_y(x_0,y_0)=0$. 令 $f''_{xx}(x_0,y_0)=A,f''_{xy}(x_0,y_0)=B,f''_{yy}(x_0,y_0)=C$，则

(1) $AC-B^2>0$ 时，$f(x,y)$ 在 (x_0,y_0) 取极值 $\begin{cases}\text{当 } A>0 \text{ 时取极小值}\\ \text{当 } A<0 \text{ 时取极大值}\end{cases}$.

(2) $AC-B^2<0$ 时，$f(x,y)$ 在 (x_0,y_0) 无极值.

(3) $AC-B^2=0$ 时，则不能确定 $f(x,y)$ 在 (x_0,y_0) 是否有极值，还需进一步讨论（一般用极值定义）.

真题链接 [2020. 数三]

求函数 $f(x,y)=x^3+8y^3-xy$ 的极值.

答案 $\left(\frac{1}{6},\frac{1}{12}\right)$是 $f(x,y)$ 的极小值点,极小值为 $-\frac{1}{216}$.

5.3.5 函数 $f(x,y)$ 在条件 $\varphi(x,y)=0$ 条件下的极值

解决此类问题的一般方法是拉格朗日乘数法:

先构造拉格朗日函数 $F(x,y,\lambda)=f(x,y)+\lambda\varphi(x,y)$,然后解方程组

$$\begin{cases}\dfrac{\partial F}{\partial x}=\dfrac{\partial f}{\partial x}+\lambda\dfrac{\partial\varphi}{\partial x}=0\\\dfrac{\partial F}{\partial y}=\dfrac{\partial f}{\partial y}+\lambda\dfrac{\partial\varphi}{\partial y}=0,\\\dfrac{\partial F}{\partial\lambda}=\varphi(x,y)=0\end{cases}$$

所有满足此方程组的解(x,y,λ)中(x,y)是函数 $f(x,y)$ 在条件 $\varphi(x,y)=0$ 下的可能的极值点.

5.3.6 函数 $f(x,y,z)$ 在条件 $\varphi(x,y,z)=0,\psi(x,y,z)=0$ 条件下的极值

与上一条情况类似,构造拉格朗日函数

$$F(x,y,z,\lambda,\mu)=f(x,y,z)+\lambda\varphi(x,y,z)+\mu\psi(x,y,z),$$

以下与上一条情况类似(略).

§4　方向导数、梯度及多元微分几何应用(数一)

5.4.1　方向导数

定义　设 l 是 xOy 平面上以 $P_0(x_0,y_0)$ 为始点的射线，$\boldsymbol{e}$ 是与 l 同方向的单位向量，$P(x,y)$ 为 l 上一点，其中 $x=x_0+t\cos\alpha,y=y_0+t\cos\beta(t\geqslant 0)$，如果极限

$$\lim_{t\to 0^+}\frac{f(x_0+t\cos\alpha,y_0+t\cos\beta)-f(x_0,y_0)}{t}$$

存在，则称此极限为 $f(x,y)$ 在点 $P_0(x_0,y_0)$ 处沿方向 $\boldsymbol{l}$ 的方向导数，记作 $\left.\dfrac{\partial f}{\partial \boldsymbol{l}}\right|_{(x_0,y_0)}$.

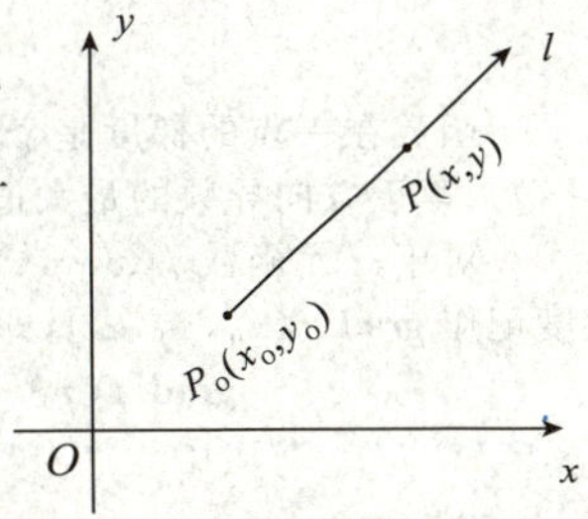

图 5-2

定理　如果函数 $f(x,y)$ 在点 $P_0(x_0,y_0)$ 处可微，那么函数在该点沿任一方向 $\boldsymbol{l}$ 的方向导数存在，且有

$$\left.\frac{\partial f}{\partial \boldsymbol{l}}\right|_{(x_0,y_0)}=f'_x(x_0,y_0)\cos\alpha+f'_y(x_0,y_0)\cos\beta,$$

其中 $\cos\alpha,\cos\beta$ 为方向 $\boldsymbol{l}$ 的方向余弦.

对于三元函数 $f(x,y,z)$，它在空间一点 $P_0(x_0,y_0,z_0)$ 沿方向 $\boldsymbol{e}_l=(\cos\alpha,\cos\beta,\cos\gamma)$ 的方向导数为

$$\left.\frac{\partial f}{\partial \boldsymbol{l}}\right|_{(x_0,y_0,z_0)}=\lim_{t\to 0^+}\frac{f(x_0+t\cos\alpha,y_0+t\cos\beta,z_0+t\cos\gamma)-f(x_0,y_0,z_0)}{t}.$$

如果函数 $f(x,y,z)$ 在点 $P_0(x_0,y_0,z_0)$ 可微，那么函数在这点沿着方向 $\boldsymbol{e}_l=(\cos\alpha,\cos\beta,\cos\gamma)$ 的方向导数为

$$\left.\frac{\partial f}{\partial \boldsymbol{l}}\right|_{(x_0,y_0,z_0)}=f'_x(x_0,y_0,z_0)\cos\alpha+f'_y(x_0,y_0,z_0)\cos\beta+f'_z(x_0,y_0,z_0)\cos\gamma.$$

5.4.2 梯度

定义 设函数 $f(x,y)$ 在区域 D 内有连续一阶偏导数，$P_0(x_0,y_0)\in D$，称向量

$$f'_x(x_0,y_0)\boldsymbol{i}+f'_y(x_0,y_0)\boldsymbol{j}$$

为函数 $f(x,y)$ 在点 $P_0(x_0,y_0)$ 处的梯度，记作 $\mathbf{grad}\ f(x_0,y_0)$. 显然

$$\left.\frac{\partial f}{\partial \boldsymbol{l}}\right|_{(x_0,y_0)}=\mathbf{grad}\ f(x_0,y_0)\cdot\boldsymbol{e}_l.$$

函数在一点的梯度是个向量，它的方向是函数在该点方向导数取得最大值的方向，它的模 $|\mathbf{grad}\ f(x_0,y_0)|$ 等于方向导数的最大值.

对于三元函数 $f(x,y,z)$ 在空间区域 G 内具有一阶连续偏导数，则对于 $P_0(x_0,y_0,z_0)\in G$，在这点的梯度记作 $\mathbf{grad}\ f(x_0,y_0,z_0)$，即

$$\mathbf{grad}\ f(x_0,y_0,z_0)=f'_x(x_0,y_0,z_0)\boldsymbol{i}+f'_y(x_0,y_0,z_0)\boldsymbol{j}+f'_z(x_0,y_0,z_0)\boldsymbol{k}.$$

真题链接 [2017. 数一]

函数 $f(x,y,z)=x^2y+z^2$ 在点 $(1,2,0)$ 处沿向量 $\boldsymbol{n}=(1,2,2)$ 的方向导数为

(A)12. (B)6. (C)4. (D)2.

答案 D

5.4.3 曲线的切线和法平面

(1) 设曲线 L 的方程为参数式：$\begin{cases} x = x(t) \\ y = y(t), \alpha \leqslant t \leqslant \beta, \\ z = z(t) \end{cases}$ 则该曲线在其上一点 $P_0(x_0, y_0, z_0)$（该点参数为 t_0）处的切向量为 $\boldsymbol{\tau} = \{x'(t_0), y'(t_0), z'(t_0)\}$，则

①$P_0(x_0, y_0, z_0)$ 点的切线方程为

$$\frac{x - x_0}{x'(t_0)} = \frac{y - y_0}{y'(t_0)} = \frac{z - z_0}{z'(t_0)}.$$

②$P_0(x_0, y_0, z_0)$ 点的法平面方程为

$$x'(t_0)(x - x_0) + y'(t_0)(y - y_0) + z'(t_0)(z - z_0) = 0.$$

(2) 设曲线 L 的方程为一般式：$\begin{cases} F(x, y, z) = 0 \\ G(x, y, z) = 0 \end{cases}$，则该曲线在点 $P_0(x_0, y_0, z_0)$ 处的切向量为曲面 $F(x, y, z) = 0$ 和 $G(x, y, z) = 0$ 在该点的法向量 $\boldsymbol{n}_1$ 和 $\boldsymbol{n}_2$ 的向量积，即切向量 $\boldsymbol{\tau} = \boldsymbol{n}_1 \times \boldsymbol{n}_2$，其中

$$\boldsymbol{n}_1 = \{F'_x(x_0, y_0, z_0), F'_y(x_0, y_0, z_0), F'_z(x_0, y_0, z_0)\},$$

$$\boldsymbol{n}_2 = \{G'_x(x_0, y_0, z_0), G'_y(x_0, y_0, z_0), G'_z(x_0, y_0, z_0)\}.$$

记 $\boldsymbol{n}_1 \times \boldsymbol{n}_2 = \{A, B, C\}$，则

①$P_0(x_0, y_0, z_0)$ 点的切线方程为

$$\frac{x - x_0}{A} = \frac{y - y_0}{B} = \frac{z - z_0}{C}.$$

②$P_0(x_0, y_0, z_0)$ 点的法平面方程为

$$A(x - x_0) + B(y - y_0) + C(z - z_0) = 0.$$

特别地，平面曲线的方程 $F(x, y) = 0$ 时，在点 $P_0(x_0, y_0)$ 处的切线与法线方程为

①$P_0(x_0,y_0)$ 处的切线方程为

$$F'_x(x_0,y_0)(x-x_0)+F'_y(x_0,y_0)(y-y_0)=0.$$

②$P_0(x_0,y_0)$ 处的法线方程为

$$F'_y(x_0,y_0)(x-x_0)-F'_x(x_0,y_0)(y-y_0)=0.$$

值得注意的是,关于曲线的切平面和法线问题,关键是曲面的法向量 $\boldsymbol{n}$;关于曲线的切线和法平面问题,关键是曲线的切线向量 $\boldsymbol{\tau}$. 因此会求 $\boldsymbol{n}$ 和 $\boldsymbol{\tau}$ 是关键.

5.4.4 曲面的切平面与法线

曲面方程常见的两种形式:$F(x,y,z)=0$ 或 $z=f(x,y)$,

(1) 设曲面 Σ 的方程为 $F(x,y,z)=0$,则该曲面在点 (x_0,y_0,z_0) 处的法向量为

$$\boldsymbol{n}=\{F'_x(x_0,y_0,z_0),F'_y(x_0,y_0,z_0),F'_z(x_0,y_0,z_0)\}.$$

过点 (x_0,y_0,z_0) 的法线方程为

$$\frac{x-x_0}{F'_x(x_0,y_0,z_0)}=\frac{y-y_0}{F'_y(x_0,y_0,z_0)}=\frac{z-z_0}{F'_z(x_0,y_0,z_0)}.$$

(2) 设曲面 Σ 的方程为 $z=f(x,y)$,则该曲面方程可改写成

$$f(x,y)-z=0.$$

由(1) 知,该曲面在点 (x_0,y_0,z_0) 处的法向量为

$$\boldsymbol{n}=\{f'_x(x_0,y_0),f'_y(x_0,y_0),-1\}.$$

切平面方程和法线方程与(1) 类似(略).

第六章　多元函数积分学

§1　含参量积分

6.1.1　含参量正常积分

设 $f(x,y)$ 为定义在区域 $G=\{(x,y)\mid c(x)\leqslant y\leqslant d(x),a\leqslant x\leqslant b\}$ 上的二元函数，其中 $c(x),d(x)$ 为定义在 $[a,b]$ 上的连续函数. 若对于 $[a,b]$ 上每一个固定的 x 值，$f(x,y)$ 作为 y 的函数在闭区间 $[c(x),d(x)]$ 上可积，则其积分值是 x 在 $[a,b]$ 上取值的函数，记作 $F(x)$ 时，就有

$$F(x)=\int_{c(x)}^{d(x)}f(x,y)\mathrm{d}y,x\in[a,b].$$

用积分形式定义的函数 $F(x)$，通常称为定义在 $[a,b]$ 上含**参量 x 的(正常)积分**或简称**含参量积分**.

6.1.2　含参量积分的性质

(1) 连续性

设二元函数 $f(x,y)$ 在区域 $G=\{(x,y)\mid c(x)\leqslant y\leqslant d(x),a\leqslant x\leqslant b\}$ 上连续，其中 $c(x),d(x)$ 为 $[a,b]$ 上的连续函数，则函数 $F(x)=\int_{c(x)}^{d(x)}f(x,y)\mathrm{d}y$ 在 $[a,b]$ 上连续.

(2) 可微性

设 $f(x,y),f_x(x,y)$ 在 $R=[a,b]\times[p,q]$ 上连续，$c(x),d(x)$ 为定义在 $[a,b]$ 上其值含于 $[p,q]$ 内的可微函数，则函数 $F(x)=\int_{c(x)}^{d(x)}f(x,y)\mathrm{d}y$ 在 $[a,b]$ 上可微且

$$F'(x) = \int_{c(x)}^{d(x)} f_x(x,y)\mathrm{d}y + f(x,d(x))d'(x) - f(x,c(x))c'(x).$$

6.1.3 累次积分

$f(x,y)$ 连续，同时存在两个求积顺序不同的积分

$$\int_a^b \left[\int_c^d f(x,y)\mathrm{d}y\right]\mathrm{d}x \text{ 与} \int_c^d \left[\int_a^b f(x,y)\mathrm{d}x\right]\mathrm{d}y$$

统称为累次积分（二次积分）. 为书写简便，将上面两积分记成

$$\int_a^b \mathrm{d}x \int_c^d f(x,y)\mathrm{d}y \text{ 与} \int_c^d \mathrm{d}y \int_a^b f(x,y)\mathrm{d}x.$$

§2 重积分

6.2.1 二重积分

设 $z = f(x,y)$ 是平面上有界闭区域 D 上的有界函数

$$\iint_D f(x,y)\mathrm{d}\sigma \xlongequal{\Delta} \lim_{d\to 0}\sum_{k=1}^{n} f(\xi_k,\eta_k)\Delta\sigma_k,$$

其中 d 为 n 个小区域直径的最大值，$\Delta\sigma_k$ 为第 k 个小区域的面积.

6.2.2 二重积分的几何意义

若函数 $f(x,y)$ 在区域 D 上连续且非负，则二重积分 $\iint_D f(x,y)\mathrm{d}\sigma$ 在几何上表示以区域 D 为底，曲面 $z = f(x,y)$ 为顶，侧面是以 D 的边界为准线、母线平行于 z 轴的柱面的曲顶柱体的体积.

6.2.3　二重积分的性质

(1) 比较定理：如果在 D 上，$f(x,y) \leqslant g(x,y)$，则

$$\iint\limits_D f(x,y)\mathrm{d}\sigma \leqslant \iint\limits_D g(x,y)\mathrm{d}\sigma.$$

(2) 估值定理：设 M,m 分别为连续函数 $f(x,y)$ 在闭区域 D 上的最大值和最小值，S 表示 D 的面积，则

$$mS \leqslant \iint\limits_D f(x,y)\mathrm{d}\sigma \leqslant MS.$$

(3) 中值定理：设函数 $f(x,y)$ 在闭区域 D 上连续，S 为 D 的面积，则在 D 上至少存在一点 (ξ,η)，使

$$\iint\limits_D f(x,y)\mathrm{d}\sigma = f(\xi,\eta)S.$$

6.2.4　二重积分的计算

计算二重积分常用的有以下三种方法：

(1) 在直角坐标下计算

在直角坐标下计算重积分关键是将重积分化为累次积分，累次积分有两种次序，累次积分的次序往往根据积分域和被积函数来确定.

1) 适合先 y 后 x 的积分域

若积分域 D 由不等式 $\begin{cases}\varphi_1(x) \leqslant y \leqslant \varphi_2(x) \\ a \leqslant x \leqslant b\end{cases}$ 确定，如图 6-1 所示，则该区域 D 上的二重积分适合化成先 y 后 x 的累次积分，且

$$\iint\limits_D f(x,y)\mathrm{d}\sigma = \int_a^b \mathrm{d}x \int_{\varphi_1(x)}^{\varphi_2(x)} f(x,y)\mathrm{d}y.$$

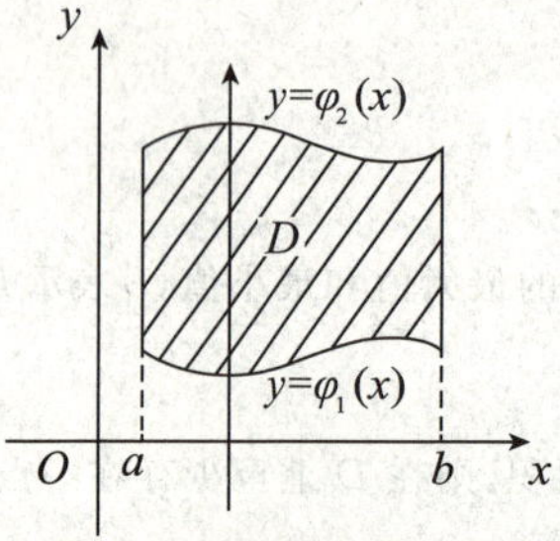

图 6-1

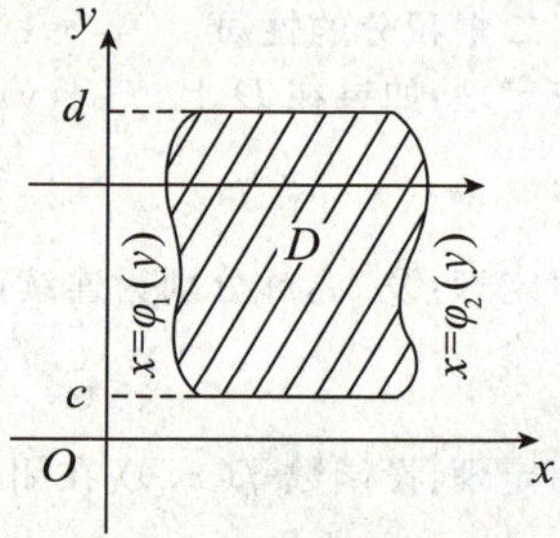

图 6-2

2）适合先 x 后 y 的积分域

若积分域 D 由不等式 $\begin{cases}\psi_1(y)\leqslant x\leqslant \psi_2(y)\\ c\leqslant y\leqslant d\end{cases}$ 确定，如图 6-2 所示，则该区域 D 上的二重积分适合化成先 x 后 y 的累次积分，且

$$\iint\limits_D f(x,y)\mathrm{d}\sigma=\int_c^b \mathrm{d}y\int_{\psi_1(y)}^{\psi_2(y)} f(x,y)\mathrm{d}x.$$

如果遇到更复杂的积分区域，总可利用平行两个坐标轴的直线将其化分成若干个以上两种区域进行计算.

(2) 在极坐标下计算

在极坐标下，一般是将二重积分化为先 ρ 后 θ 的累次积分，常见的有以下四种情况：

1）极点 O 在区域 D 之外，如图 6-3，则

$$\iint\limits_D f(x,y)\mathrm{d}\sigma=\int_\alpha^\beta \mathrm{d}\theta\int_{\rho_1(\theta)}^{\rho_2(\theta)} f(\rho\cos\theta,\rho\sin\theta)\rho\mathrm{d}\rho.$$

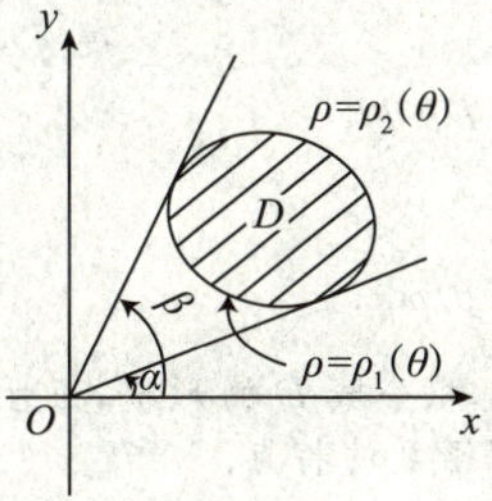

图 6-3

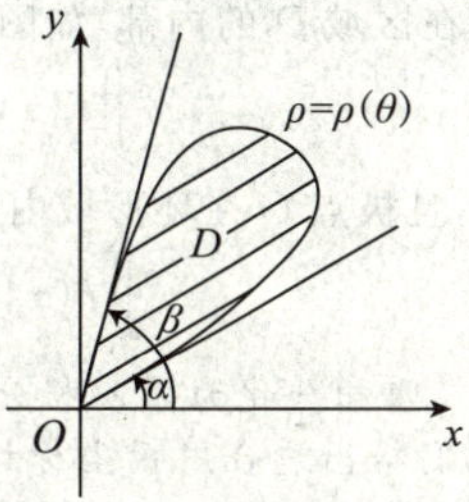

图 6-4

2）极点 O 在区域 D 的边界上，如图 6-4 所示，则

$$\iint\limits_{D} f(x,y)\mathrm{d}\sigma=\int_{\alpha}^{\beta}\mathrm{d}\theta\int_{0}^{\rho(\theta)} f(\rho\cos\theta,\rho\sin\theta)\rho\mathrm{d}\rho.$$

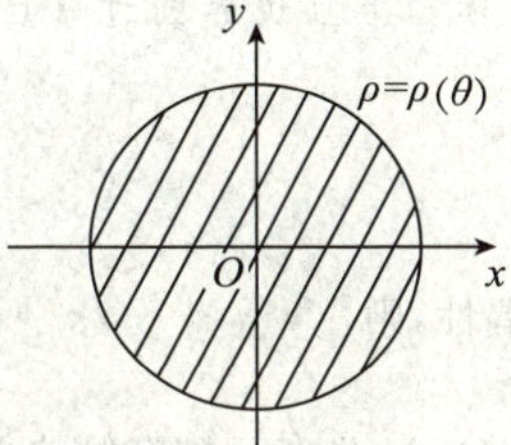

图 6-5

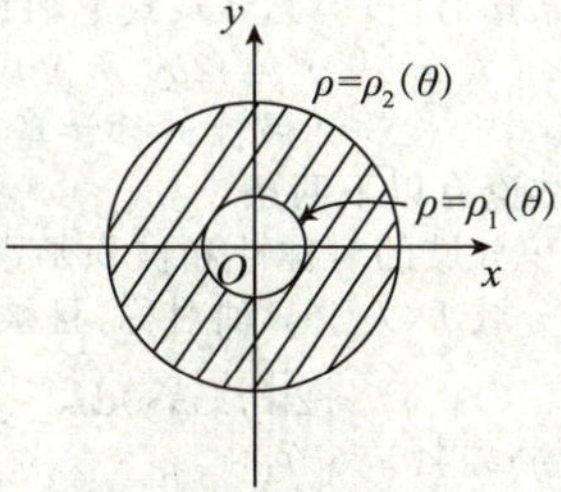

图 6-6

3）极点 O 在区域 D 的内部，如图 6-5 所示，则

$$\iint_D f(x,y)\mathrm{d}\sigma=\int_0^{2\pi}\mathrm{d}\theta\int_0^{\rho(\theta)}f(\rho\cos\theta,\rho\sin\theta)\rho\mathrm{d}\rho.$$

4）环形域，且极点 O 在环形域内部，如图 6-6 所示，则

$$\iint_D f(x,y)\mathrm{d}\sigma=\int_0^{2\pi}\mathrm{d}\theta\int_{\rho_1(\theta)}^{\rho_2(\theta)}f(\rho\cos\theta,\rho\sin\theta)\rho\mathrm{d}\rho.$$

【注】 将二重积分化为累次积分计算时，坐标系的选择不仅要看积分域 D 的形状，而且要看被积函数的形式，以下我们给出适合用极坐标计算的二重积分其积分域和被积函数的特点.

① 适合用极坐标计算的二重积分被积函数一般应具有以下形式：

$$f(\sqrt{x^2+y^2}),\quad f\left(\frac{y}{x}\right),\quad f\left(\frac{x}{y}\right),$$

之所以适合极坐标是由于它们在极坐标下都可化为 ρ 或 θ 的一元函数.

② 适合用极坐标计算的二重积分的积分域一般应具有以下形状：

中心在原点的圆域，圆环域或它们的一部分（如扇形）；中心在坐标轴上且边界圆过原点的圆域（如由 $x^2+y^2=2ax$ 或 $x^2+y^2=2by$ 所围成）或者它们的一部分.

(3) 利用对称性和奇偶性进行计算

常用的结论有以下两条：

1）利用积分域的对称性和被积函数的奇偶性

① 若积分域 D 关于 y 轴对称，且被积函数 $f(x,y)$ 关于 x 有奇偶性，则

$$\iint_D f(x,y)\mathrm{d}\sigma=\begin{cases}2\displaystyle\iint_{D_1}f(x,y)\mathrm{d}\sigma, & f(x,y)\text{ 关于 }x\text{ 为偶函数}\\ 0, & f(x,y)\text{ 关于 }x\text{ 为奇函数}\end{cases},$$其中 D_1 为 D 在 y 轴右侧的部分.

② 若积分域关于 x 轴对称，且被积函数 $f(x,y)$ 关于 y 有奇偶性，则

$$\iint_D f(x,y)\mathrm{d}\sigma=\begin{cases}2\iint_{D_1} f(x,y)\mathrm{d}\sigma, & f(x,y)\text{ 关于 } y \text{ 为偶函数}\\ 0, & f(x,y)\text{ 关于 } y \text{ 为奇函数}\end{cases}$$,其中 D_1 为 D 在 x 轴上方的部分.

2）利用变量的对称性

若积分域 D 关于直线 $y=x$ 对称，换言之，表示积分域 D 的等式或不等式中将 x 与 y 对调后原等式或不等式不变. 如，圆域 $x^2+y^2\leqslant R^2$，正方形域 $\begin{cases}0\leqslant x\leqslant 1\\ 0\leqslant y\leqslant 1\end{cases}$，则

$$\iint_D f(x,y)\mathrm{d}\sigma=\iint_D f(y,x)\mathrm{d}\sigma.$$

即：被积函数中 x 和 y 对调积分值不变.

6.2.5　计算二重积分的步骤

计算二重积分主要是三种方法，一般按下列步骤进行：

(1) 画出积分域 D 的草图，判定积分域是否有对称性，被积函数 $f(x,y)$ 是否有奇偶性，如果能用对称性，奇偶性计算或化简原积分就先进行计算或化简，否则进行下一步.

(2) 选择化为累次积分的坐标系.（主要根据积分域的形状和被积函数）

(3) 选择累次积分的积分次序.（主要根据积分域和被积函数）

(4) 确定累次积分的积分限并计算累次积分.

6.2.6　三重积分的定义（仅数一）

定义　设 $f(x,y,z)$ 是空间有界闭区域 Ω 上的有界函数，

$$\iiint_{\Omega} f(x,y,z)\mathrm{d}V \xlongequal{\Delta} \lim_{\lambda \to 0}\sum_{k=1}^{n} f(\xi_k,\eta_k,\zeta_k)\Delta v_k,$$

其中 λ 为 n 个小区域直径的最大值,(ξ_k,η_k,ζ_k) 为 Δv_k 上的任一点.

① 若 $f(x,y,z)=1$,$\iiint_{\Omega}\mathrm{d}V=$ 积分域 Ω 的体积.

② 若 $\mu=f(x,y,z)$ 为空间体 Ω 的体密度,则 $\iiint_{\Omega} f(x,y,z)\mathrm{d}V=$ 空间物体 Ω 的质量.

6.2.7 三重积分性质

由于三重积分性质与二重积分完全类似,也有相应的比较定理、估值定理和中值定理,这里不再重复.

6.2.8 三重积分计算

计算三重积分通常有以下四种方法:

(1) 在直角坐标下计算

在直角坐标下计算三重积分通常是两种思路,先一后二和先二后一(或先单积分后重积分和先重积分后单积分).

1) 先一后二的计算方法

设平行于 z 轴且穿过闭区域 Ω 的直线与 Ω 的边界曲面 S 相交不多于两点,Ω 在 xOy 面上投影域为 D,以 D 的边界为准线,作母线平行于 z 轴的柱面,这柱面与曲面 S 中分出上下两部分,它们方程分别为 $S_1:z=z_1(x,y)$,$S_2:z=z_2(x,y)$,其中 $z_1(x,y)\leqslant z_2(x,y)$,过 D 内任一点 (x,y) 作平行于 z 轴的直线通过曲面 S_1 进入 Ω 内,然后通过曲面 S_2 穿出 Ω 外,如图 6-7 所示,则

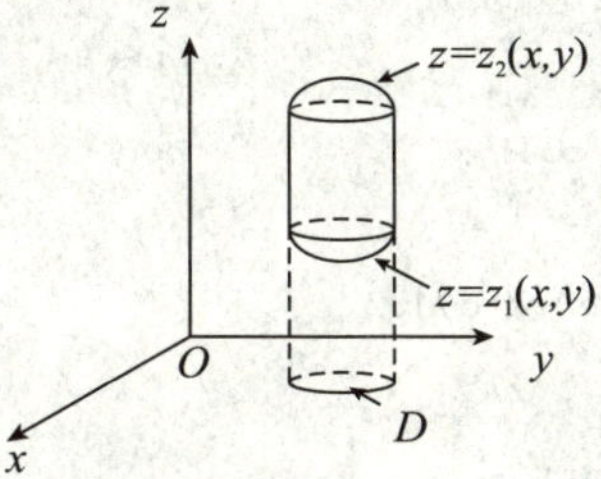

图 6-7

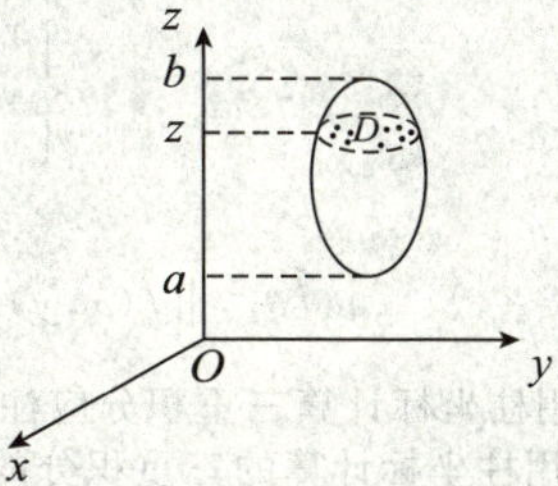

图 6-8

$$\iiint\limits_{\Omega} f(x,y,z)\mathrm{d}V=\iint\limits_{D}\mathrm{d}x\mathrm{d}y\int_{z_1(x,y)}^{z_2(x,y)} f(x,y,z)\mathrm{d}z.$$

2）先二后一的计算方法

设空间闭区域 $\Omega=\{(x,y,z)\mid(x,y)\in D_z,a\leqslant z\leqslant b\}$，其中 D_z 为坐标为 z 的平面截闭区域 Ω 所得到平面闭区域，如图 6-8 所示，则

$$\iiint\limits_{\Omega} f(x,y,z)\mathrm{d}V=\int_a^b\mathrm{d}z\iint\limits_{D_z} f(x,y,z)\mathrm{d}x\mathrm{d}y.$$

通常情况下，若 $f(x,y,z)$ 仅仅是 z 的一元函数，且 D_z 的面积容易算，此时用以上先对 x,y 作二重积分再对 z 作单积分较为简单.

(2) 在柱坐标下计算

柱坐标 (r,θ,z) 与直角坐标的关系

$$\begin{cases} x = r\cos\theta, & 0 \leqslant r < +\infty \\ y = r\sin\theta, & 0 \leqslant \theta \leqslant 2\pi \\ z = z, & -\infty < z < +\infty \end{cases},$$

$$\mathrm{d}V = r\mathrm{d}r\mathrm{d}\theta\mathrm{d}z,$$

$$\iiint\limits_{\Omega} f(x,y,z)\mathrm{d}V = \iiint\limits_{\Omega} f(r\cos\theta, r\sin\theta, z) r\mathrm{d}r\mathrm{d}\theta\mathrm{d}z.$$

是否选用柱坐标计算三重积分应注意以下两点：

1）适合用柱坐标计算的三重积分的被积函数一般应具有形式：

$$f(x,y,z) = \varphi(z) g(x^2 + y^2).$$

2）适合用柱坐标计算的三重积分的积分域一般应为柱体、锥体、柱面、锥面与其他曲面所围空间体.

（3）在球坐标下计算

球坐标(r,φ,θ)与直角坐标的关系

$$\begin{cases} x = r\sin\varphi\cos\theta, & 0 \leqslant r < +\infty \\ y = r\sin\varphi\sin\theta, & 0 \leqslant \varphi \leqslant \pi \\ z = r\cos\varphi, & 0 < \theta < 2\pi \end{cases},$$

$$\mathrm{d}V = r^2 \sin\varphi\mathrm{d}r\mathrm{d}\varphi\mathrm{d}\theta,$$

$$\iiint\limits_{\Omega} f(x,y,z)\mathrm{d}V = \iiint\limits_{\Omega} f(r\sin\varphi\cos\theta, r\sin\varphi\sin\theta, r\cos\varphi) r^2 \sin\varphi\mathrm{d}r\mathrm{d}\varphi\mathrm{d}\theta.$$

是否选用球坐标计算三重积分应注意以下两点：

1）适合用球坐标计算的三重积分的被积函数一般应具有形式：

$$f(x,y,z) = \varphi(x^2 + y^2 + z^2).$$

2）适合用球坐标计算的三重积分的积分域一般应为球体、半球体、锥面与球面所围空间体.

(4) 利用对称性和奇偶性进行计算

1) 利用积分域的对称性和被积函数的奇偶性

若积分域 Ω 关于 xOy 坐标面对称，且被积函数 $f(x,y,z)$ 关于 z 有奇偶性，则

$$\iiint\limits_{\Omega} f(x,y,z)\mathrm{d}V=\begin{cases}2\iiint\limits_{\Omega_1} f(x,y,z)\mathrm{d}V, & f(x,y,z)\text{ 关于 } z \text{ 是偶函数}\\ 0, & f(x,y,z)\text{ 关于 } z \text{ 是奇函数}\end{cases},$$

其中 Ω_1 为 Ω 在 xOy 面上侧的部分.

当积分域关于 yOz，xOz 坐标面对称且函数有相应奇偶性有完全类似结论.

2) 利用变量对称性

若将表示积分域 Ω 的方程中的 x 和 y 对调后方程不变，则将被积函数中 x 和 y 对调积分值不变，即

$$\iiint\limits_{\Omega} f(x,y,z)\mathrm{d}V=\iiint\limits_{\Omega} f(y,x,z)\mathrm{d}V.$$

当然还有其他情况，由于完全类似，不再重复.

真题链接　［2018. 数三］

设平面区域 D 由曲线 $y=\sqrt{3(1-x^2)}$ 与直线 $y=\sqrt{3}x$ 及 y 轴围成，计算二重积分 $\iint\limits_{D} x^2\mathrm{d}x\mathrm{d}y$.

答案　$\dfrac{\sqrt{3}}{32}\pi-\dfrac{\sqrt{3}}{16}$

§3 曲线积分（数一）

6.3.1 对弧长的线积分(第一类线积分)

设 L 为 xOy 面上的分段光滑曲线，$f(x,y)$ 为定义在 L 上的有界函数，则 $f(x,y)$ 在 L 上对弧长的线积分为 $\int_L f(x,y)\mathrm{d}s \xlongequal{\Delta} \lim\limits_{\lambda\to 0}\sum\limits_{i=1}^{n} f(\xi_i,\eta_i)\Delta S_i$，其中 ΔS_i 表示第 i 段小弧段长度，$\lambda = \max\limits_{1\leqslant i\leqslant n}\Delta S_i$.

6.3.2 性质

与积分路径方向无关，即 $\int_{L(\overset{\frown}{AB})} f(x,y)\mathrm{d}s = \int_{L(\overset{\frown}{BA})} f(x,y)\mathrm{d}s$.

6.3.3 计算

对弧长的线积分计算常用的有以下两种方法：

(1) 直接法

1) 若曲线 L 用参数方程 $\begin{cases} x = x(t) \\ y = y(t) \end{cases}$，$\alpha \leqslant t \leqslant \beta$，则

$$\int_L f(x,y)\mathrm{d}s = \int_\alpha^\beta f(x(t),y(t))\sqrt{x'^2(t)+y'^2(t)}\mathrm{d}t \text{（注意这里积分下限小，上限大）}.$$

2) 若曲线 L 用直角坐标 $y = y(x)$，$a \leqslant x \leqslant b$ 表示，则

$$\int_L f(x,y)\mathrm{d}s = \int_a^b f(x,y(x))\sqrt{1+y'^2(x)}\mathrm{d}x.$$

3) 若曲线 L 用极坐标方程 $\rho = \rho(\theta)$，$\alpha \leqslant \theta \leqslant \beta$ 给出，则

$$\int_L f(x,y)\mathrm{d}s = \int_\alpha^\beta f(\rho(\theta)\cos\theta,\rho(\theta)\sin\theta)\sqrt{\rho^2+\rho'^2}\mathrm{d}\theta.$$

(2) 利用奇偶性和对称性

1) 利用积分曲线的对称性和被积函数的奇偶性

若积分曲线 L 关于 y 轴对称，且被积函数 $f(x,y)$ 关于 x 有奇偶性，则

$$\int_L f(x,y)\mathrm{d}s=\begin{cases}2\int_{L_1} f(x,y)\mathrm{d}s, & \text{当 } f(x,y) \text{ 关于 } x \text{ 为偶函数} \\ 0, & \text{当 } f(x,y) \text{ 关于 } x \text{ 为奇函数}\end{cases},$$

其中 L_1 为 L 在 y 轴右侧的部分.

若积分曲线 L 关于 x 轴对称，且被积函数 $f(x,y)$ 关于 y 有奇偶性，则

$$\int_L f(x,y)\mathrm{d}s=\begin{cases}2\int_{L_1} f(x,y)\mathrm{d}s, & \text{当 } f(x,y) \text{ 关于 } y \text{ 为偶函数} \\ 0, & \text{当 } f(x,y) \text{ 关于 } y \text{ 为奇函数}\end{cases},$$

其中 L_1 为 L 在 x 轴上侧的部分.

2) 利用变量的对称性

若曲线 L 的方程中 x 和 y 对调方程不变，则 $\int_L f(x,y)\mathrm{d}s=\int_L f(y,x)\mathrm{d}s$.

以上只讨论了平面上对弧长的线积分，空间中对弧长的线积分完全类似.

6.3.4　对坐标的线积分(第二类线积分)

定义　设 L 为 xOy 面上从 A 到 B 的一段有向光滑曲线，$P(x,y)$，$Q(x,y)$ 为 L 上的有界函数，则 P,Q 沿 L 对坐标的线积分为

$$\int_{L(\overset{\frown}{AB})} P(x,y)\mathrm{d}x+Q(x,y)\mathrm{d}y \xlongequal{\Delta} \lim_{\lambda\to 0}\sum_{i=1}^{n}[P(\xi_i,\eta_i)\Delta x_i+Q(\xi_i,\eta_i)\Delta y_i],$$

其中 λ 为 n 个小弧段长度的最大值.

6.3.5 性质

与积分路径方向有关,即

$$\int_{L(\overset{\frown}{AB})} P\mathrm{d}x + Q\mathrm{d}y = -\int_{L(\overset{\frown}{BA})} P\mathrm{d}x + Q\mathrm{d}y.$$

6.3.6 计算

平面上对坐标线积分计算常用有以下四种方法.

(1) 直接法

设平面光滑曲线段 L:$\begin{cases} x = x(t) \\ y = y(t) \end{cases}$,$t \in [\alpha,\beta]$ 或 $t \in [\beta,\alpha]$,则

$$\int_L P\mathrm{d}x + Q\mathrm{d}y = \int_\alpha^\beta [P(x(t),y(t))x'(t) + Q(x(t),y(t))y'(t)]\mathrm{d}t,$$

这里下限 α 对应 L 的起点,上限 β 对应 L 的终点.

(2) 利用格林公式

设闭区域 D 由分段光滑曲线 L 围成,$P(x,y)$ 及 $Q(x,y)$ 在 D 上有连续一阶偏导数,则

$$\oint_L P\mathrm{d}x + Q\mathrm{d}y = \iint_D (\frac{\partial Q}{\partial x} - \frac{\partial P}{\partial y})\mathrm{d}x\mathrm{d}y,$$

其中 L 是 D 的取正向的边界曲线(所谓 L 的正向是指人沿 L 的某一方向前进时,区域 D 始终在他左侧).

【注】 应用格林公式一定要注意以下两点:

①$P(x,y)$,$Q(x,y)$ 在闭区域 D 上处处有连续一阶偏导数.

② 积分曲线 L 为闭曲线且取正向.

(3) 补线用格林公式

若要计算的线积分的积分曲线 $L(\overset{\frown}{AB})$ 不封闭，但直接法计算也不方便. 此时可补一条曲线 $L_1(\overset{\frown}{BA})$，使原曲线变成封闭曲线，则

$$\int_{L(\overset{\frown}{AB})} P\mathrm{d}x + Q\mathrm{d}y = \oint_{L(\overset{\frown}{AB})+L_1(\overset{\frown}{BA})} P\mathrm{d}x + Q\mathrm{d}y - \int_{L_1(\overset{\frown}{BA})} P\mathrm{d}x + Q\mathrm{d}y.$$

此时，对等式右端第一项用格林公式，第二项用直接法.

(4) 利用线积分与路径无关

这里有两个问题，首先是如何判定所要计算的线积分与路径无关；其次是如果要计算的线积分与路径无关，此时如何计算.

1) 线积分与路径无关的判定

定理　设 $P(x,y)$，$Q(x,y)$ 在单连通域 D 上有连续一阶偏导数，则以下四条等价：

① 线积分 $\int P\mathrm{d}x + Q\mathrm{d}y$ 与路径无关.

② $\oint_C P\mathrm{d}x + Q\mathrm{d}y = 0$，其中 C 为 D 中任一分段光滑闭曲线.

③ $\dfrac{\partial P}{\partial y} = \dfrac{\partial Q}{\partial x}$，$\forall (x,y) \in D$.

④ $P(x,y)\mathrm{d}x + Q(x,y)\mathrm{d}y = \mathrm{d}F(x,y)$.

2) 与路径无关的线积分计算

计算与路径无关的线积分常用的有以下两种方法：

① 改换路径：通常取平行于坐标轴的折线.

② 利用原函数：设 $F(x,y)$ 是 $P\mathrm{d}x+Q\mathrm{d}y$ 的原函数，即 $P\mathrm{d}x+Q\mathrm{d}y=\mathrm{d}F(x,y)$，则 $\int_{(A)}^{(B)}P\mathrm{d}x+Q\mathrm{d}y=F(x_2,y_2)-F(x_1,y_1)$，其中 L 的起点为 $A(x_1,y_1)$，终点为 $B(x_2,y_2)$.

注意，求原函数 $F(x,y)$ 常用的有两种方法，即偏积分和凑微分.

【注】 用以上四种方法计算坐标的线积分时考虑问题的基本思路是：

首先考察积分曲线 L 是否封闭，如果封闭，考虑用格林公式计算，如果不封闭，应考虑是否与路径无关，如果与路径无关，考虑用以上的(4)计算，如果不是与路径无关，这时要看直接法是否方便，如果方便就用直接法，否则就用补线的方法计算.

对空间的线积分 $\int_L P(x,y,z)\mathrm{d}x+Q(x,y,z)\mathrm{d}y+R(x,y,z)\mathrm{d}z$，定义、性质、计算方法都与平面线积分完全类似，在这不一一重复，这里只就空间线积分常用的两种计算方法进行讨论.

① 直接法：设空间曲线 $L:\begin{cases}x=x(t)\\y=y(t)\\z=z(t)\end{cases}$，$t\in[\alpha,\beta]$，则 $\int_L P\mathrm{d}x+Q\mathrm{d}y+R\mathrm{d}z=\int_\alpha^\beta[P(x(t),y(t),z(t))x'(t)+Q(x(t),y(t),z(t))y'(t)+R(x(t),y(t),z(t))z'(t)]\mathrm{d}t$.

② 利用斯托克斯公式：设 Γ 为分段光滑空间中的有向闭曲线，Σ 是以 Γ 为边界的分段光滑有向曲面，Γ 的方向与 Σ 符合右手法则，P,Q,R 在 Σ 上有连续一阶偏导数，则

$$\oint_\Gamma P\mathrm{d}x+Q\mathrm{d}y+R\mathrm{d}z=\iint_\Sigma\left(\frac{\partial R}{\partial y}-\frac{\partial Q}{\partial z}\right)\mathrm{d}y\mathrm{d}z+\left(\frac{\partial P}{\partial z}-\frac{\partial R}{\partial x}\right)\mathrm{d}z\mathrm{d}x+\left(\frac{\partial Q}{\partial x}-\frac{\partial P}{\partial y}\right)\mathrm{d}x\mathrm{d}y.$$

该式叫斯托克斯公式.

6.3.7　两类线积分的联系

$\int_L P\mathrm{d}x + Q\mathrm{d}y = \int_L (P\cos\alpha + Q\cos\beta)\mathrm{d}s$，其中 $\cos\alpha, \cos\beta$ 为有向曲线 L 的切线的方向余弦.

§4　曲面积分(数一)

6.4.1　对面积的面积分(第一类面积分)

设 Σ 为分片光滑曲面片，$f(x,y,z)$ 为定义在 Σ 上的有界函数，$f(x,y,z)$ 在 Σ 上对面积的面积分为

$$\iint_{\Sigma} f(x,y,z)\mathrm{d}S \xlongequal{\Delta} \lim_{\lambda\to 0}\sum_{i=1}^{n} f(\xi_i,\eta_i,\zeta_i)\Delta S_i$$，其中 ΔS_i 为第 i 个小曲面块的面积.

6.4.2　性质

第一类面积分与曲面 Σ 的侧的选取无关，即

$$\iint_{\Sigma} f(x,y,z)\mathrm{d}S = \iint_{-\Sigma} f(x,y,z)\mathrm{d}S,$$

其中 $-\Sigma$ 表示曲面 Σ 的另外一侧.

6.4.3　计算

对面积的面积分的计算常用的有以下两种方法：

(1) 直接法

设积分曲面 Σ 由方程 $z = z(x,y)$ 给出，Σ 在 xOy 面上的投影域为 D，函数 $z(x,y)$ 在 D 上有连续一阶偏导数，$f(x,y,z)$ 在 Σ 上连续，则

$$\iint\limits_{\Sigma} f(x,y,z)\mathrm{d}S = \iint\limits_{D} f(x,y,z(x,y))\sqrt{1+z_x^2+z_y^2}\,\mathrm{d}x\mathrm{d}y.$$

如果积分曲面 Σ 由方程 $x=x(y,z)$ 或 $y=y(x,z)$ 给出，也可类似地把对面积的曲面积分化为相应的二重积分.

(2) 利用奇偶性和对称性

1) 利用积分曲面的对称性和被积函数的奇偶性

若积分曲面 Σ 关于 xOy 坐标面对称，且被积函数 $f(x,y,z)$ 关于 z 有奇偶性，则

$$\iint\limits_{\Sigma} f(x,y,z)\mathrm{d}S = \begin{cases} 2\iint\limits_{\Sigma_1} f(x,y,z)\mathrm{d}S, & \text{当 } f(x,y,z) \text{ 关于 } z \text{ 为偶函数} \\ 0, & \text{当 } f(x,y,z) \text{ 关于 } z \text{ 为奇函数} \end{cases},$$

其中 Σ_1 为 Σ 在 xOy 坐标面以上的部分.

当积分曲面 Σ 关于 xOz 坐标面对称，且被积函数 $f(x,y,z)$ 关于 y 有奇偶性，或当积分曲面 Σ 关于 yOz 坐标面对称且被积函数 $f(x,y,z)$ 关于 x 有奇偶性有相应的结论.

2) 利用变量的对称性

如果积分曲面 Σ 方程中某两个变量对调其方程不变，则将被积函数中这两个变量对调积分值不变.

譬如 Σ 的方程中 x 和 y 对调方程不变，则 $\iint\limits_{\Sigma} f(x,y,z)\mathrm{d}S = \iint\limits_{\Sigma} f(y,x,z)\mathrm{d}S$.

6.4.4 对坐标的面积分(第二类面积分)

定义 设 Σ 为光滑有向曲面，$P(x,y,z)$，$Q(x,y,z)$，$R(x,y,z)$ 在 Σ 上有界，则

$$\iint_{\Sigma} P\mathrm{d}y\mathrm{d}z + Q\mathrm{d}z\mathrm{d}x + R\mathrm{d}x\mathrm{d}y \xlongequal{\Delta} \lim_{\lambda \to 0} \sum_{i=1}^{n} [P(\xi_i,\eta_i,\zeta_i)(\Delta S_i)_{yz} + Q(\xi_i,\eta_i,\zeta_i)(\Delta S_i)_{zx} + R(\xi_i,\eta_i,\zeta_i)(\Delta S_i)_{xy}],$$

其中$(\Delta S_i)_{yz}$ 表示有向曲面块 ΔS_i 在 yOz 坐标面上的投影．$(\Delta S_i)_{zx}$，$(\Delta S_i)_{xy}$ 类似．

6.4.5　第二类面积分的性质

积分与曲面的侧有关，即

$$\iint_{\Sigma} P\mathrm{d}y\mathrm{d}z + Q\mathrm{d}z\mathrm{d}x + R\mathrm{d}x\mathrm{d}y = -\iint_{-\Sigma} P\mathrm{d}y\mathrm{d}z + Q\mathrm{d}z\mathrm{d}x + R\mathrm{d}x\mathrm{d}y,$$其中 $-\Sigma$ 表示曲面 Σ 的另外一侧．

6.4.6　计算

对坐标的曲面积分的计算常用的有以下三种方法：

(1) 直接法

1) 设有向曲面 $\Sigma: x = x(y,z), (y,z) \in D_{yz}$，则

$$\iint_{\Sigma} P(x,y,z)\mathrm{d}y\mathrm{d}z = \pm \iint_{D_{yz}} P(x(y,z),y,z)\mathrm{d}y\mathrm{d}z.$$

若有向曲面 Σ 的法向量与 x 轴正向的夹角为锐角，即前侧，上式中取“+”号，否则取“−”号．

2) 设有向曲面 $\Sigma: y = y(z,x), (z,x) \in D_{zx}$，则

$$\iint_{\Sigma} P(x,y,z)\mathrm{d}z\mathrm{d}x = \pm \iint_{D_{zx}} Q(x,y(z,x),z)\mathrm{d}z\mathrm{d}x.$$

若有向曲面 Σ 的法向量与 y 轴正向的夹角为锐角，即前侧，上式中取“+”号，否则取“−”号．

3) 设有向曲面 $\Sigma: z = z(x,y), (x,y) \in D_{xy}$，则

$$\iint_{\Sigma} P(x,y,z)\mathrm{d}x\mathrm{d}y = \pm \iint_{D_{xy}} Q(x,y,z(x,y))\mathrm{d}x\mathrm{d}y.$$

按以上直接计算法计算形如

$$\iint_{\Sigma} P(x,y,z)\mathrm{d}y\mathrm{d}z + Q(x,y,z)\mathrm{d}z\mathrm{d}x + R(x,y,z)\mathrm{d}x\mathrm{d}y.$$

的积分，需分三项分别化成二重积分计算，往往计算量较大，如果整个曲面 Σ 可用方程 $z = z(x,y)$（或 $x = x(y,z)$，$y = y(x,z)$）表示，则可一次将以上面积分化为一个重积分计算，有如下结论：

若有向曲面 Σ 由方程 $z = z(x,y)$ 给出，Σ 在 xOy 面上的投影域为 D_{xy}，$z(x,y)$ 在 D_{xy} 上有连续一阶偏导数，$P(x,y,z)$，$Q(x,y,z)$，$R(x,y,z)$ 在 Σ 上连续，则

$$\iint_{\Sigma} P\mathrm{d}y\mathrm{d}z + Q\mathrm{d}z\mathrm{d}x + R\mathrm{d}x\mathrm{d}y = \pm \iint_{D_{xy}} [P(x,y,z(x,y))(-\frac{\partial z}{\partial x}) + Q(x,y,z(x,y))(-\frac{\partial z}{\partial y}) + R(x,y,z(x,y))]\mathrm{d}x\mathrm{d}y,$$

其中正负号由 Σ 的方向来决定，若 Σ 的法向量与 z 轴正向的夹角为锐角取“+”号，否则取“−”号，（即：上侧为正，下侧为负）.

若曲面 Σ 可用方程 $x = x(y,z)$ 或 $y = y(x,z)$ 表示，则有类似的结论.

（2）利用高斯公式

设空间闭区域 Ω 是由分片光滑的闭曲面 Σ 所围成，函数 $P(x,y,z)$，$Q(x,y,z)$，$R(x,y,z)$ 在 Ω 上的连续一阶偏导数，则

$$\oint\!\!\!\oint_{\Sigma} P\mathrm{d}y\mathrm{d}z + Q\mathrm{d}z\mathrm{d}x + R\mathrm{d}x\mathrm{d}y = \iiint_{\Omega} (\frac{\partial P}{\partial x} + \frac{\partial Q}{\partial y} + \frac{\partial R}{\partial z})\mathrm{d}V.$$

【注】 这里积分曲面 Σ 取外侧.

(3) 补面用高斯公式

若要计算的面积分的积分曲面 Σ 不封闭，且用直接法计算不方便，此时可补一块曲面 Σ_1，使原曲面变成封闭曲面，则 $\iint\limits_{\Sigma}=\oiint\limits_{\Sigma+\Sigma_1}-\iint\limits_{\Sigma_1}$. 等式右端第一项用高斯公式计算，第二项用直接法计算.

6.4.7　两类面积分的联系

$$\iint\limits_{\Sigma}P\,\mathrm{d}y\mathrm{d}z+Q\mathrm{d}z\mathrm{d}x+R\mathrm{d}x\mathrm{d}y=-\iint\limits_{\Sigma}(P\cos\alpha+Q\cos\beta+R\cos\gamma)\mathrm{d}S,$$

其中 $\cos\alpha,\cos\beta,\cos\gamma$ 为曲面 Σ 上点 $P(x,y,z)$ 处法线的方向余弦.

§5　场论初步（数一）

6.5.1　通量

设有向量场 $\boldsymbol{A}(x,y,z)=P(x,y,z)\boldsymbol{i}+Q(x,y,z)\boldsymbol{j}+R(x,y,z)\boldsymbol{k}$，则称沿场中某有向曲面 Σ 的某一侧的面积分 $\Phi=\iint\limits_{\Sigma}\boldsymbol{A}\cdot\mathrm{d}\boldsymbol{S}$ 为向量场穿过曲面 Σ 这一侧的通量.

$$\boldsymbol{A}=P\boldsymbol{i}+Q\boldsymbol{j}+R\boldsymbol{k},$$

$$\mathrm{d}\boldsymbol{S}=\mathrm{d}y\mathrm{d}z\boldsymbol{i}+\mathrm{d}z\mathrm{d}x\boldsymbol{j}+\mathrm{d}x\mathrm{d}y\boldsymbol{k},$$

$$\Phi=\iint\limits_{\Sigma}P\,\mathrm{d}y\mathrm{d}z+Q\mathrm{d}z\mathrm{d}x+R\mathrm{d}x\mathrm{d}y.$$

6.5.2 散度

设有向量场 $\boldsymbol{A}(x,y,z)=P(x,y,z)\boldsymbol{i}+Q(x,y,z)\boldsymbol{j}+R(x,y,z)\boldsymbol{k}$，向量场 $\boldsymbol{A}$ 在点 (x,y,z) 处的散度为

$$\mathrm{div}\boldsymbol{A}=\frac{\partial P}{\partial x}+\frac{\partial Q}{\partial y}+\frac{\partial R}{\partial z}.$$

6.5.3 旋度

设有向量场 $\boldsymbol{A}=P(x,y,z)\boldsymbol{i}+Q(x,y,z)\boldsymbol{j}+R(x,y,z)\boldsymbol{k}$，向量场 $\boldsymbol{A}$ 在点 (x,y,z) 处的旋度为

$$\mathrm{rot}\boldsymbol{A}=\begin{vmatrix}\boldsymbol{i} & \boldsymbol{j} & \boldsymbol{k}\\ \dfrac{\partial}{\partial x} & \dfrac{\partial}{\partial y} & \dfrac{\partial}{\partial z}\\ P & Q & R\end{vmatrix}.$$

真题链接 [2018. 数一]

设 $\boldsymbol{F}(x,y,z)=xy\boldsymbol{i}-yz\boldsymbol{j}+zx\boldsymbol{k}$，则 $\mathbf{rot}\,\boldsymbol{F}(1,1,0)=$ ________.

答案 $\boldsymbol{i}-\boldsymbol{k}$

§6　多元积分的应用

所求量＼几何形体	平面	空间体	曲线	曲面
几何度量	面积 $S=\iint\limits_{D}\mathrm{d}x\mathrm{d}y$	体积 $V=\iiint\limits_{\Omega}\mathrm{d}V$	弧长 $L=\int_{C}\mathrm{d}s$	面积 $S=\iint\limits_{\Sigma}\mathrm{d}S$
质量（ρ 为密度）	$m=\iint\limits_{D}\rho(x,y)\mathrm{d}x\mathrm{d}y$	$m=\iiint\limits_{\Omega}\rho(x,y,z)\mathrm{d}V$	$m=\int_{C}\rho(x,y,z)\mathrm{d}s$	$m=\iint\limits_{\Sigma}\rho(x,y,z)\mathrm{d}S$
质心	$\bar{x}=\dfrac{\iint\limits_{D}x\rho(x,y)\mathrm{d}x\mathrm{d}y}{\iint\limits_{D}\rho(x,y)\mathrm{d}x\mathrm{d}y}$ $\bar{y}=\dfrac{\iint\limits_{D}y\rho(x,y)\mathrm{d}x\mathrm{d}y}{\iint\limits_{D}\rho(x,y)\mathrm{d}x\mathrm{d}y}$	$\bar{x}=\dfrac{\iiint\limits_{\Omega}x\rho(x,y,z)\mathrm{d}V}{\iiint\limits_{\Omega}\rho(x,y,z)\mathrm{d}V}$ $\bar{y}=\dfrac{\iiint\limits_{\Omega}y\rho(x,y,z)\mathrm{d}V}{\iiint\limits_{\Omega}\rho(x,y,z)\mathrm{d}V}$ $\bar{z}=\dfrac{\iiint\limits_{\Omega}z\rho(x,y,z)\mathrm{d}V}{\iiint\limits_{\Omega}\rho(x,y,z)\mathrm{d}V}$	$\bar{x}=\dfrac{\int_{C}x\rho(x,y,z)\mathrm{d}s}{\int_{C}\rho(x,y,z)\mathrm{d}s}$ $\bar{y}=\dfrac{\int_{C}y\rho(x,y,z)\mathrm{d}s}{\int_{C}\rho(x,y,z)\mathrm{d}s}$ $\bar{z}=\dfrac{\int_{C}z\rho(x,y,z)\mathrm{d}s}{\int_{C}\rho(x,y,z)\mathrm{d}s}$	$\bar{x}=\dfrac{\iint\limits_{\Sigma}x\rho(x,y,z)\mathrm{d}S}{\iint\limits_{\Sigma}\rho(x,y,z)\mathrm{d}S}$ $\bar{y}=\dfrac{\iint\limits_{\Sigma}y\rho(x,y,z)\mathrm{d}S}{\iint\limits_{\Sigma}\rho(x,y,z)\mathrm{d}S}$ $\bar{z}=\dfrac{\iint\limits_{\Sigma}z\rho(x,y,z)\mathrm{d}S}{\iint\limits_{\Sigma}\rho(x,y,z)\mathrm{d}S}$

转动惯量	$I_x=\iint\limits_D y^2\rho(x,y)\mathrm{d}\sigma$ $I_y=\iint\limits_D x^2\rho(x,y)\mathrm{d}\sigma$	$I_x=\iiint\limits_\Omega(y^2+z^2)\cdot\rho(x,y,z)\mathrm{d}V$ $I_y=\iiint\limits_\Omega(x^2+z^2)\cdot\rho(x,y,z)\mathrm{d}V$ $I_z=\iiint\limits_\Omega(x^2+y^2)\cdot\rho(x,y,z)\mathrm{d}V$	$I_x=\int_C(y^2+z^2)\cdot\rho(x,y,z)\mathrm{d}s$ $I_y=\int_C(x^2+z^2)\cdot\rho(x,y,z)\mathrm{d}s$ $I_z=\int_C(x^2+y^2)\cdot\rho(x,y,z)\mathrm{d}s$	$I_x=\iint\limits_\Sigma(y^2+z^2)\cdot\rho(x,y,z)\mathrm{d}S$ $I_y=\iint\limits_\Sigma(x^2+z^2)\cdot\rho(x,y,z)\mathrm{d}S$ $I_z=\iint\limits_\Sigma(x^2+y^2)\cdot\rho(x,y,z)\mathrm{d}S$

上表将二重积分，三重积分，一类线积分及一类面积分在几何及物理上的应用已全部汇总起来，二类线积分和二类面积分各自有以下应用：

(1) 变力作功

设有力 $\boldsymbol{F}(x,y,z)=P\boldsymbol{i}+Q\boldsymbol{j}+R\boldsymbol{k}$，则力 $\boldsymbol{F}$ 沿曲线$\widehat{AB}$ 从 A 到 B 所作的功为

$$W=\int_{\widehat{AB}}P\mathrm{d}x+Q\mathrm{d}y+R\mathrm{d}z.$$

(2) 通量

设有向量场 $\boldsymbol{u}(x,y,z)=P\boldsymbol{i}+Q\boldsymbol{j}+R\boldsymbol{k}$，$\Sigma$ 为有向曲面，则向量场 $\boldsymbol{u}(x,y,z)$ 穿过曲面 Σ 的指定侧的通量为 $\Phi=\iint\limits_\Sigma P\mathrm{d}y\mathrm{d}z+Q\mathrm{d}z\mathrm{d}x+R\mathrm{d}x\mathrm{d}y.$

第七章　无穷级数(数一、三)

§1　常数项级数

7.1.1　级数的概念与性质

定义　设有数列$\{u_n\}$，则称$\sum_{n=1}^{\infty} u_n = u_1 + u_2 + \cdots + u_n + \cdots$为**无穷级数**. 令$S_n = u_1 + u_2 + \cdots + u_n (n=1, 2, \cdots)$，则称数列$\{S_n\}$为级数$\sum_{n=1}^{\infty} u_n$的**部分和数列**，如果部分和数列$S_n$有极限$S$，即

$$\lim_{n\to\infty} S_n = S,$$

则称级数$\sum_{n=1}^{\infty} u_n$收敛，这时极限S叫做级数$\sum_{n=1}^{\infty} u_n$的和. 如果$\{S_n\}$没有极限，则称级数$\sum_{n=1}^{\infty} u_n$发散.

若级数$\sum_{n=1}^{\infty} u_n$收敛于S，此时称$r_n = S - S_n = u_{n+1} + u_{n+2} + \cdots$为级数$\sum_{n=1}^{\infty} u_n$的**余部**.

显然，如果级数$\sum_{n=1}^{\infty} u_n$收敛，则$\lim_{n\to\infty} r_n = 0$.

7.1.2　级数的性质

(1) 设k为非零常数，则$\sum_{n=1}^{\infty} u_n$与$\sum_{n=1}^{\infty} ku_n$同敛散.

(2) 若 $\sum_{n=1}^{\infty} u_n$，$\sum_{n=1}^{\infty} v_n$ 分别收敛于 U、V，则 $\sum_{n=1}^{\infty}(u_n \pm v_n)$ 收敛于 $U \pm V$.

【注】 ① 若 $\sum_{n=1}^{\infty} u_n$ 和 $\sum_{n=1}^{\infty} v_n$ 中一个收敛，另一个发散，则 $\sum_{n=1}^{\infty}(u_n \pm v_n)$ 一定发散.

② 若 $\sum_{n=1}^{\infty} u_n$ 和 $\sum_{n=1}^{\infty} v_n$ 都发散，则 $\sum_{n=1}^{\infty}(u_n \pm v_n)$ 可能收敛，也可能发散.

(3) 改变级数前有限项不影响级数的敛散性.

(4) 收敛级数加括号仍收敛，且和不变.

【注】 ① 一个级数加括号以后收敛，原级数不一定收敛.

② 一个级数加括号以后发散，则原级数一定发散.

(5) 级数 $\sum_{n=1}^{\infty} u_n$ 收敛的必要条件是 $\lim_{n \to \infty} u_n = 0$.

【注】 若当 $n \to \infty$ 时，u_n 不以 0 为极限，则级数 $\sum_{n=1}^{\infty} u_n$ 发散.

7.1.3 级数的判敛

级数的判敛是根据级数类型不同分类给出的，通常把级数分为正项级数、交错级数和任意项级数三种类型.

(1) 正项级数 ($\sum_{n=1}^{\infty} u_n$，$u_n \geqslant 0$)

基本定理：正项级数 $\sum_{n=1}^{\infty} u_n$ 收敛 $\Leftrightarrow$ 部分和数列 S_n 有界.

1）比较判别法：

若 $0 \leqslant u_n \leqslant v_n$，则 $\sum\limits_{n=1}^{\infty} v_n$ 收敛 $\Rightarrow \sum\limits_{n=1}^{\infty} u_n$ 收敛；$\sum\limits_{n=1}^{\infty} u_n$ 发散 $\Rightarrow \sum\limits_{n=1}^{\infty} v_n$ 发散.

2）比较判别法的极限形式：设 $\lim\limits_{n \to \infty} \dfrac{u_n}{v_n} = l(0 \leqslant l \leqslant +\infty)$，

① 若 $0 < l < +\infty$，则 $\sum\limits_{n=1}^{\infty} u_n$ 与 $\sum\limits_{n=1}^{\infty} v_n$ 同敛散.

② 若 $l = 0$，则 $\sum\limits_{n=1}^{\infty} v_n$ 收敛 $\Rightarrow \sum\limits_{n=1}^{\infty} u_n$ 收敛.

③ 若 $l = +\infty$，则 $\sum\limits_{n=1}^{\infty} v_n$ 发散 $\Rightarrow \sum\limits_{n=1}^{\infty} u_n$ 发散.

3）比值判别法：设 $\lim\limits_{n \to \infty} \dfrac{u_{n+1}}{u_n} = \rho$，则 $\sum\limits_{n=1}^{\infty} u_n \begin{cases} \text{收敛}, & \rho < 1 \\ \text{发散}, & \rho > 1. \\ \text{不确定}, & \rho = 1 \end{cases}$

4）根值判别法：设 $\lim\limits_{n \to \infty} \sqrt[n]{u_n} = \rho$，则 $\sum\limits_{n=1}^{\infty} u_n \begin{cases} \text{收敛}, & \rho < 1 \\ \text{发散}, & \rho > 1. \\ \text{不确定}, & \rho = 1 \end{cases}$

5）积分判别法：设函数 $f(x)$ 在 $[1, +\infty)$ 上非负，连续，单调减，则正项级数 $\sum\limits_{n=1}^{\infty} f(n)$ 与反常积分 $\int_1^{+\infty} f(x)\mathrm{d}x$ 有相同的敛散性.

(2) 交错级数($\sum_{n=1}^{\infty}(-1)^{n-1}u_n, u_n > 0$)

莱布尼茨判别准则　若:(1) $u_n \geqslant u_{n+1}(n=1,2,\cdots)$;(2) $\lim\limits_{n\to\infty}u_n = 0$,则级数 $\sum_{n=1}^{\infty}(-1)^{n-1}u_n$ 收敛.

【注】 ①莱布尼茨判别准则是一个充分条件,即若 $\sum_{n=1}^{\infty}(-1)^{n-1}u_n$ 收敛,则不一定有 $u_n \geqslant u_{n+1}(n=1,2,\cdots)$ 成立.

②用莱布尼茨判别准则判定 $\sum_{n=1}^{\infty}(-1)^{n-1}u_n$ 是否收敛时,说明 $u_n \geqslant u_{n+1}$ 通常有以下三种方法:

1° 利用 $\dfrac{u_{n+1}}{u_n} \leqslant 1$;

2° 利用 $u_{n+1} - u_n \leqslant 0$;

3° 找一个可导函数 $f(x)$,使 $f(n) = u_n$,利用 $f'(x) < 0$ 说明 u_n 单调减,在考察 $\lim\limits_{n\to\infty}u_n = 0$ 时,也可用此方法,考察 $\lim\limits_{x\to+\infty}f(x) = 0$.

(3) 任意项级数($\sum_{n=1}^{\infty}u_n$, u_n 为任意实数)

1) 绝对收敛与条件收敛的概念

若级数 $\sum_{n=1}^{\infty}|u_n|$ 收敛,则称级数 $\sum_{n=1}^{\infty}u_n$ **绝对收敛**;

若级数 $\sum_{n=1}^{\infty}u_n$ 收敛,而级数 $\sum_{n=1}^{\infty}|u_n|$ 发散,则称级数 $\sum_{n=1}^{\infty}u_n$ **条件收敛**.

2）关于绝对收敛和条件收敛的基本结论.

① 绝对收敛的级数一定收敛，即 $\sum_{n=1}^{\infty}|u_n|$ 收敛 $\Rightarrow \sum_{n=1}^{\infty}u_n$ 收敛.

② 条件收敛的级数所有正项(或负项)构成的级数一定发散.

即：若级数 $\sum_{n=1}^{\infty}u_n$ 条件收敛，则 $\sum_{n=1}^{\infty}\frac{u_n+|u_n|}{2}$ 和 $\sum_{n=1}^{\infty}\frac{u_n-|u_n|}{2}$ 都发散.

§2　函数项级数

7.2.1　函数列

设 $f_1,f_2,\cdots,f_n,\cdots$ 是一列定义在同一数集 E 上的函数，称为定义在 E 上的函数列，可简单记作 $\{f_n(x)\}$ 或 $f_n,n=1,2,\cdots$.

设 $x_0\in E$，代入函数列 $\{f_n(x)\}$ 可得数列

$$f_1(x_0),f_2(x_0),\cdots,f_n(x_0),\cdots$$

若数列收敛，则称函数列在点 x_0 收敛，若数列发散，则称函数列在点 x_0 发散. 若函数列在数集 $D\subset E$ 上每一点都收敛，则称 $\{f_n(x)\}$ 在 D 上收敛.

7.2.2　一致收敛

设函数列 $\{f_n\}$ 与函数 f 定义在同一数集 D 上，若对任给的正数 ε，总存在某一正整数 N，使得当 $n>N$ 时，对一切 $x\in D$，都有 $|f_n(x)-f|<\varepsilon$，则称函数列 $\{f_n\}$ 在 D 上一致收敛于 f，记作 $f_n(x)\rightrightarrows f(x)\quad(n\to\infty)x\in D$.

7.2.3　函数项级数及收敛域

定义　设 $u_1(x),u_2(x),\cdots,u_n(x),\cdots$ 中每一个都是定义在区间 I 上的函数，则称

$$\sum_{n=1}^{\infty} u_n(x) = u_1(x) + u_2(x) + \cdots + u_n(x) + \cdots$$

为定义在区间 I 上的函数项级数.

若 $x_0 \in I$,常数项级数 $\sum\limits_{n=1}^{\infty} u_n(x_0)$ 收敛,则称 x_0 为 $\sum\limits_{n=1}^{\infty} u_n(x)$ 的**收敛点**,否则就称为**发散点**. 所有收敛点构成的集合称为**收敛域**.

7.2.4 和函数

定义 函数项级数在收敛域内每一点 x 都有和,其值与收敛点 x 对应,记为 $S(x)$,$S(x)$ 称为级数 $\sum\limits_{n=1}^{\infty} u_n(x)$ 的和函数,即 $S(x) = \sum\limits_{n=1}^{\infty} u_n(x)$.

7.2.5 函数项级数一致收敛

设 $\{S_n(x)\}$ 是函数项级数 $\sum u_n(x)$ 的部分和函数列. 若 $\{S_n(x)\}$ 在数集 D 上一致收敛于函数 $S(x)$,则称函数项级数 $\sum u_n(x)$ 在 D 上一致收敛于函数 $S(x)$,或称 $\sum u_n(x)$ 在 D 上一致收敛.

7.2.6 一致收敛的柯西准则

函数项级数 $\sum u_n(x)$ 在数集 D 上一致收敛 $\Leftrightarrow$ 对任给的正数 ε,总存在某正整数 N,使得当 $n > N$ 时,对一切 $x \in D$ 和一切正整数 P 都有 $|S_{n+P}(x) - S_n(x)| < \varepsilon$.

7.2.7 魏尔斯特拉斯判别法

设函数项级数 $\sum u_n(x)$ 定义在数集 D 上,$\sum M_n$ 为收敛的正项级数,若对一切 $x \in D$,有 $|u_n(x)| \leqslant M_n$,$n =$

$1,2,\cdots$,则函数项级数 $\sum u_n(x)$ 在 D 上一致收敛.

§3　幂级数

7.3.1　幂级数

定义　形如 $\sum_{n=0}^{\infty} a_n(x-x_0)^n$ 的函数项级数称为幂级数.当 $x_0=0$ 时,幂级数的形式便为 $\sum_{n=0}^{\infty} a_n x^n$.

7.3.2　阿贝尔定理

如果级数 $\sum_{n=0}^{\infty} a_n x^n$ 当 $x=x_0(x_0\neq 0)$ 时收敛,则当 $|x|<|x_0|$ 时 $\sum_{n=0}^{\infty} a_n x^n$ 绝对收敛;如果 $\sum_{n=0}^{\infty} a_n x^n$ 当 $x=x_0$ 时发散,则当 $|x|>|x_0|$ 时 $\sum_{n=0}^{\infty} a_n x^n$ 发散.

7.3.3　收敛区间

若存在 R,使 $\sum_{n=0}^{\infty} a_n x^n$ 在 $(-R,R)$ 内收敛,而当 $|x|>R$ 时 $\sum_{n=0}^{\infty} a_n x^n$ 发散,则称 R 为幂级数 $\sum_{n=0}^{\infty} a_n x^n$ 的收敛半径,$(-R,R)$ 称为 $\sum_{n=0}^{\infty} a_n x^n$ 的收敛区间.

定理 1　如果 $\lim\limits_{n\to\infty}\left|\frac{a_{n+1}}{a_n}\right|=\rho$,则 $R=\frac{1}{\rho}$.

定理 2　如果 $\lim\limits_{n\to\infty}\sqrt[n]{|a_n|}=\rho$,则 $R=\frac{1}{\rho}$.

真题链接 [2020. 数一]

设 R 为幂级数 $\sum\limits_{n=1}^{\infty} a_n x^n$ 的收敛半径，r 是实数，则

(A) 当 $\sum\limits_{n=1}^{\infty} a_{2n} r^{2n}$ 发散时，$|r| \geqslant R$.

(B) 当 $\sum\limits_{n=1}^{\infty} a_{2n} r^{2n}$ 收敛时，$|r| \leqslant R$.

(C) 当 $|r| \geqslant R$ 时，$\sum\limits_{n=1}^{\infty} a_{2n} r^{2n}$ 发散.

(D) 当 $|r| \leqslant R$ 时，$\sum\limits_{n=1}^{\infty} a_{2n} r^{2n}$ 收敛.

答案 A

7.3.4 幂级数的性质

(1) 四则运算性质

幂级数 $\sum\limits_{n=0}^{\infty} a_n x^n$ 的收敛半径为 R_1，和函数为 $S_1(x)$，而幂级数 $\sum\limits_{n=0}^{\infty} b_n x^n$ 的收敛半径为 R_2，和函数是

$S_2(x)$，令 $R=\min(R_1,R_2)$，则

①$\sum_{n=0}^{\infty}a_nx^n \pm \sum_{n=0}^{\infty}b_nx^n = \sum_{n=0}^{\infty}(a_n \pm b_n)x^n = S_1(x) \pm S_2(x),x \in (-R,R)$；

②$(\sum_{n=0}^{\infty}a_nx^n)(\sum_{n=0}^{\infty}b_nx^n) = \sum_{n=0}^{\infty}(a_0b_n + a_1b_{n-1} + \cdots + a_nb_0)x^n$

$$= S_1(x)S_2(x),x \in (-R,R);$$

③ 设 $b_0 \neq 0$，$\frac{S_1(x)}{S_2(x)} = \frac{\sum_{n=0}^{\infty}a_nx^n}{\sum_{n=0}^{\infty}b_nx^n} = c_0 + c_1x + \cdots + c_nx^n + \cdots$.

(2) 分析性质

设幂级数 $\sum_{n=0}^{\infty}a_nx^n$ 的收敛半径为 R，和函数为 $S(x)$，则

①$S(x)$ 在 $(-R,R)$ 上连续.

②$S(x)$ 在 $(-R,R)$ 上可导，且可逐项求导，即 $S'(x) = \sum_{n=0}^{\infty}na_nx^{n-1}$.

③$S(x)$ 在 $(-R,R)$ 内可积，且可逐项积分，即

$$\int_0^x S(t)\mathrm{d}t = \sum_{n=0}^{\infty}\int_0^x a_nt^n\mathrm{d}t = \sum_{n=0}^{\infty}\frac{a_n}{n+1}x^{n+1}.$$

7.3.5 泰勒级数

设 $f(x)$ 在 $x=x_0$ 处任意阶可导，则幂级数

$$\sum_{n=0}^{\infty}\frac{f^{(n)}(x_0)}{n!}(x-x_0)^n=f(x_0)+f'(x_0)(x-x_0)+\frac{f''(x_0)}{2!}(x-x_0)^2+\cdots+\frac{f^{(n)}(x_0)}{n!}(x-x_0)^n+\cdots$$

称为 $f(x)$ 在 $x=x_0$ 处的泰勒级数.

7.3.6 泰勒级数的收敛定理

定理 设 $f(x)$ 在 $x=x_0$ 处任意阶可导，则泰勒级数 $\sum\limits_{n=0}^{\infty}\frac{f^{(n)}(x_0)}{n!}(x-x_0)^n$ 收敛于 $f(x)$ 的充要条件是 $\lim\limits_{n\to\infty}R_n(x)=0$，其中 $R_n(x)=\frac{f^{(n+1)}[x_0+\theta(x-x_0)]}{(n+1)!}(x-x_0)^{n+1}$，$0<\theta<1$.

7.3.7 麦克劳林级数

当 $x_0=0$ 时，级数 $\sum\limits_{n=0}^{\infty}\frac{f^{(n)}(0)}{n!}x^n=f(0)+f'(0)x+\frac{f''(0)}{2!}x^2+\cdots+\frac{f^{(n)}(0)}{n!}x^n+\cdots$ 称为 $f(x)$ 的麦克劳林级数.

7.3.8 几个常用函数的麦克劳林级数

(1) $\frac{1}{1-x}=1+x+x^2+\cdots+x^n+\cdots,x\in(-1,1)$；

(2) $\frac{1}{1+x}=1-x+x^2+\cdots+(-1)^nx^n+\cdots,x\in(-1,1)$；

(3) $\mathrm{e}^x=1+x+\frac{x^2}{2!}+\cdots+\frac{x^n}{n!}+\cdots,x\in(-\infty,+\infty)$；

(4) $\sin x = x - \frac{x^3}{3!} + \cdots + \frac{(-1)^n x^{2n+1}}{(2n+1)!} + \cdots, x \in (-\infty, +\infty)$;

(5) $\cos x = 1 - \frac{x^2}{2!} + \cdots + \frac{(-1)^n x^{2n}}{(2n)!} + \cdots, x \in (-\infty, +\infty)$;

(6) $\ln(1+x) = x - \frac{x^2}{2} + \cdots + \frac{(-1)^{n-1} x^n}{n} + \cdots, x \in (-1, 1]$;

(7) $(1+x)^\alpha = 1 + \alpha x + \frac{\alpha(\alpha-1)}{2!}x^2 + \cdots + \frac{\alpha(\alpha-1)\cdots(\alpha-n+1)}{n!}x^n + \cdots$,

$x \in (-1,1)$（区间端点收敛是否与 α 值有关）.

真题链接　［2018. 数一］

$\sum\limits_{n=0}^{\infty}(-1)^n \frac{2n+3}{(2n+1)!} =$

(A) $\sin 1 + \cos 1$.　(B) $2\sin 1 + \cos 1$.　(C) $2\sin 1 + 2\cos 1$.　(D) $2\sin 1 + 3\cos 1$.

答案　B

§4 傅里叶级数（数一）

7.4.1 三角函数及其正交性

三角函数系$\{1,\cos x,\sin x,\cos 2x,\sin 2x,\cdots,\cos nx,\sin nx,\cdots\}$在区间$[-\pi,\pi]$上正交，是指该函数系中任何两个不同函数积在$[-\pi,\pi]$上的积分为零，即

$$\int_{-\pi}^{\pi}\cos nx\,\mathrm{d}x=0,\int_{-\pi}^{\pi}\sin nx\,\mathrm{d}x=0,n=1,2,\cdots$$

$$\int_{-\pi}^{\pi}\sin nx\cos mx\,\mathrm{d}x=0,m,n=1,2,\cdots$$

$$\int_{-\pi}^{\pi}\cos mx\cos nx\,\mathrm{d}x=\int_{-\pi}^{\pi}\sin mx\sin nx\,\mathrm{d}x=0,m,n=1,2,\cdots,m\neq n.$$

7.4.2 傅里叶级数

称
$$a_n=\frac{1}{\pi}\int_{-\pi}^{\pi}f(x)\cos nx\,\mathrm{d}x,n=0,1,2,\cdots$$

$$b_n=\frac{1}{\pi}\int_{-\pi}^{\pi}f(x)\sin nx\,\mathrm{d}x,n=1,2,\cdots$$

为 $f(x)$ 的傅里叶系数.

以 $f(x)$ 的傅里叶系数为系数的三角级数

$$\frac{a_0}{2}+\sum_{n=1}^{\infty}(a_n\cos nx+b_n\sin nx)$$

称为函数 $f(x)$ 的傅里叶级数,记为

$$f(x) \sim \frac{a_0}{2} + \sum_{n=1}^{\infty}(a_n \cos nx + b_n \sin nx).$$

7.4.3　收敛性定理(狄里克雷定理)

定理　设 $f(x)$ 是以 2π 为周期的周期函数,且在 $[-\pi,\pi]$ 上满足则 $f(x)$ 的傅里叶级数在 $[-\pi,\pi]$ 上处处收敛,且收敛于

(1) $f(x)$,当 x 为 $f(x)$ 的连续点;

(2) $\dfrac{f(x-0)+f(x+0)}{2}$,当 x 为 $f(x)$ 的间断点;

(3) $\dfrac{f(-\pi+0)+f(\pi-0)}{2}$,当 $x=\pm\pi$.

7.4.4　周期为 2π 的函数的傅里叶展开

将周期为 2π 的函数展开为傅里叶级数分以下两步进行:

第一步:计算傅里叶系数 a_n,b_n,并写出傅里叶级数.

第二步:利用收敛性定理确定其傅里叶级数在 $[-\pi,\pi]$ 上收敛的情况.

关于傅里叶系数的计算通常有以下三种情况:

(1) $[-\pi,\pi]$ 上展开

$$\begin{cases} a_n = \dfrac{1}{\pi}\displaystyle\int_{-\pi}^{\pi} f(x)\cos nx\,dx, & n=0,1,2,\cdots \\ b_n = \dfrac{1}{\pi}\displaystyle\int_{-\pi}^{\pi} f(x)\sin nx\,dx, & n=1,2,\cdots \end{cases}.$$

(2)[$-\pi,\pi$]上奇偶函数的展开

1) $f(x)$ 为奇函数：

$$\begin{cases} a_n = 0, & n = 0,1,\cdots \\ b_n = \dfrac{2}{\pi}\displaystyle\int_0^{\pi} f(x)\sin nx\,\mathrm{d}x, & n = 1,2,\cdots \end{cases},$$

2) $f(x)$ 为偶函数：

$$\begin{cases} a_n = \dfrac{2}{\pi}\displaystyle\int_0^{\pi} f(x)\cos nx\,\mathrm{d}x, & n = 0,1,2,\cdots \\ b_n = 0, & n = 1,2,\cdots \end{cases}.$$

(3) 在[$0,\pi$]上展为正弦或展为余弦级数

1) 展为正弦：

$$\begin{cases} a_n = 0, & n = 0,1,2,\cdots \\ b_n = \dfrac{2}{\pi}\displaystyle\int_0^{\pi} f(x)\sin nx\,\mathrm{d}x, & n = 1,2,\cdots \end{cases},$$

2) 展为余弦：

$$\begin{cases} a_n = \dfrac{2}{\pi}\displaystyle\int_0^{\pi} f(x)\cos nx\,\mathrm{d}x, & n = 0,1,2,\cdots \\ b_n = 0, & n = 1,2,\cdots \end{cases}.$$

7.4.5 周期为 $2l$ 的函数的傅里叶展开

展开与周期为 2π 的函数相类似(略).

关于傅里叶系数的计算通常有以下三种情况：

(1)$[-l,l]$ 上展开

$$\begin{cases} a_n = \dfrac{1}{l}\displaystyle\int_{-l}^{l} f(x)\cos\dfrac{n\pi x}{l}\mathrm{d}x, & n = 0,1,2,\cdots \\ b_n = \dfrac{1}{l}\displaystyle\int_{-l}^{l} f(x)\sin\dfrac{n\pi x}{l}\mathrm{d}x, & n = 1,2,\cdots \end{cases}.$$

(2)$[-l,l]$ 上奇偶函数的展开

1)$f(x)$ 为奇函数：

$$\begin{cases} a_n = 0, & n = 0,1,2,\cdots \\ b_n = \dfrac{2}{l}\displaystyle\int_{0}^{l} f(x)\sin\dfrac{n\pi x}{l}\mathrm{d}x, & n = 1,2,\cdots \end{cases},$$

2)$f(x)$ 为偶函数：

$$\begin{cases} a_n = \dfrac{2}{l}\displaystyle\int_{0}^{l} f(x)\cos\dfrac{n\pi x}{l}\mathrm{d}x, & n = 0,1,2,\cdots \\ b_n = 0, & n = 1,2,\cdots \end{cases}.$$

(3) 在$[0,l]$ 上展为正弦或展为余弦级数

1) 展为正弦：

$$\begin{cases} a_n = 0, & n = 0,1,2,\cdots \\ b_n = \dfrac{2}{l}\displaystyle\int_{0}^{l} f(x)\sin\dfrac{n\pi x}{l}\mathrm{d}x, & n = 1,2,\cdots \end{cases},$$

2) 展为余弦：

$$\begin{cases} a_n = \dfrac{2}{l}\displaystyle\int_{0}^{l} f(x)\cos\dfrac{n\pi x}{l}\mathrm{d}x, & n = 0,1,2,\cdots \\ b_n = 0, & n = 1,2,\cdots \end{cases}.$$

第八章　微分方程与差分方程

§1　微分方程

8.1.1　微分方程、阶、解

定义　凡表示未知函数、未知函数的导数与自变量之间的关系的方程，叫做**微分方程**. 未知函数为一元的叫**常微分方程**. 未知函数为二元及以上的叫**偏微分方程**.

微分方程中所出现的未知函数的最高阶导数的阶数，叫做**微分方程的阶**.

方程

$$y^{(n)} = f(x, y, y', \cdots, y^{(n-1)}) \tag{8.1}$$

或

$$F(x, y, y', \cdots, y^{(n)}) = 0 \tag{8.2}$$

称 n 阶微分方程，其中 $x, y, y', \cdots, y^{(n-1)}$ 可以没有，但必须含有 $y^{(n)}$，$n = 1$ 时称一阶微分方程.

设 $y = \varphi(x)$ 在区间 (a, b) 上连续且有直到 n 阶的导数，使

$$\varphi^{(n)}(x) \equiv f(x, \varphi(x), \varphi'(x), \cdots, \varphi^{(n-1)}(x)),$$

或

$$F(x, \varphi(x), \varphi'(x), \cdots, \varphi^{(n)}(x)) \equiv 0,$$

则称 $y = \varphi(x)$ 为该微分方程在区间 (a, b) 上的一个解.

8.1.2　通解、初始条件、特解

如果含有 n 个独立的任意常数的函数

$$y = \varphi(x, C_1, \cdots, C_n), a < x < b$$

是 n 阶微分方程(8.1)(或方程(8.2))的解,则称它为该微分方程的**通解**.不含任意常数的解称**特解**.条件

$$y(x_0) = y_0, y'(x_0) = y'_0, \cdots, y^{(n-1)}(x_0) = y_0^{(n-1)}$$

称为 n 阶微分方程的**初始条件**(也称初值条件),其中 $y_0, y'_0, \cdots, y_0^{(n-1)}$ 为 n 个给定的数.一般,由初始条件确定通解中的任意常数就得到相应的一个特解.

8.1.3　变量可分离的微分方程

微分方程 $\frac{\mathrm{d}y}{\mathrm{d}x} = h(x)g(y)$ 称变量可分离的方程,分离变量

$$\frac{\mathrm{d}y}{g(y)} = h(x)\mathrm{d}x, \tag{8.3}$$

两边积分便得通解

$$\int \frac{\mathrm{d}y}{g(y)} = \int h(x)\mathrm{d}x + C.$$

【注】　在解微分方程时约定,套上积分号后立即将任意常数 C 添上以免将来忘记.此点约定与不定积分不一样,做不定积分时总是要到积分做完后才添常数 C.

8.1.4　齐次微分方程

微分方程可化成形如

$$\frac{\mathrm{d}y}{\mathrm{d}x} = \varphi\left(\frac{y}{x}\right), \tag{8.4}$$

则称(8.4)为齐次微分方程.其解法是,命 $y = ux$ 以新的未知函数 u 代替原未知函数 y,得

$$u + x\frac{\mathrm{d}u}{\mathrm{d}x} = \varphi(u), x\frac{\mathrm{d}u}{\mathrm{d}x} = \varphi(u) - u.$$

分离变量,积分,得

$$\int \frac{\mathrm{d}u}{\varphi(u)-u} = \int \frac{\mathrm{d}x}{x} + C = \ln|x| + C.$$

求出积分后,再以 $\frac{y}{x}$ 代替 u,便得所给齐次方程的通解.

8.1.5 一阶线性微分方程

微分方程 $y' + p(x)y = q(x)$ 称一阶线性微分方程. 它的通解是

$$y = \mathrm{e}^{-\int p(x)\mathrm{d}x}\left[\int q(x)\mathrm{e}^{\int p(x)\mathrm{d}x}\mathrm{d}x + C\right]. \tag{8.5}$$

上式中的两个 $\int p(x)\mathrm{d}x$ 表示同一个原函数,其中不必再添任意常数.

8.1.6 伯努利方程

方程 $y' + p(x)y = q(x)y^n$(其中 $n \neq 0, n \neq 1$) 称伯努利方程.

原式化为 $y^{-n}\frac{\mathrm{d}y}{\mathrm{d}x} + p(x)y^{1-n} = q(x)$. 命 $z = y^{1-n}$,得

$$\frac{1}{1-n} \times \frac{\mathrm{d}z}{\mathrm{d}x} + p(x)z = q(x),$$

求出此方程的通解公式,然后再代回为 y ,便得原微分方程的通解.

8.1.7 全微分方程

若存在二元函数 $u(x,y)$,使

$$\mathrm{d}u(x,y) = P(x,y)\mathrm{d}x + Q(x,y)\mathrm{d}y,$$

则称微分方程
$$P(x,y)\mathrm{d}x+Q(x,y)\mathrm{d}y=0 \tag{8.6}$$
为全微分方程，它的通解为
$$u(x,y)=C.$$
方程(8.6)为全微分方程的充要条件是
$$\frac{\partial P}{\partial y}=\frac{\partial Q}{\partial x},(x,y)\in D.$$
可以由视察法找$u(x,y)$，或者在路径无关条件下找$u(x,y)$，或者区域D为边平行于坐标轴的矩形条件下，由折线法公式找$u(x,y)$.

8.1.8　$y''=f(x)$型可降阶二阶方程

做两次积分就可得到它的通解
$$y=\int\left(\int f(x)\mathrm{d}x\right)\mathrm{d}x+C_1x+C_2.$$

8.1.9　$y''=f(x,y')$型(缺y)的可降阶二阶方程

命$p=y',y''=\frac{\mathrm{d}p}{\mathrm{d}x}$，从而化为
$$\frac{\mathrm{d}p}{\mathrm{d}x}=f(x,p).$$
如果从它可解得$p=\varphi(x,C_1)$，则得原方程的通解为$y=\int\varphi(x,C_1)\mathrm{d}x+C_2$.

8.1.10　$y''=f(y,y')$型(缺x)的可降阶二阶方程

命$p=y',y''=\frac{\mathrm{d}p}{\mathrm{d}x}=\frac{\mathrm{d}p}{\mathrm{d}y}\cdot\frac{\mathrm{d}y}{\mathrm{d}x}=p\frac{\mathrm{d}p}{\mathrm{d}y}$，从而化为

$$p \cdot \frac{\mathrm{d}p}{\mathrm{d}y} = f(y,p).$$

如果能解出

$$p = \psi(y, C_1),$$

再由 $p = \dfrac{\mathrm{d}y}{\mathrm{d}x}$ 代入,解得

$$\int \frac{\mathrm{d}y}{\psi(y, C_1)} = \int \mathrm{d}x + C_2 = x + C_2,$$

做出左边积分,便得原微分方程的通解.

【注】 必须注意后两种方程解法的区别.作变量变换 $y' = p$ 之后,对于前面的,$y'' = \dfrac{\mathrm{d}p}{\mathrm{d}x}$,而对于后面的,$y'' = \dfrac{\mathrm{d}p}{\mathrm{d}x} = \dfrac{\mathrm{d}p}{\mathrm{d}y} \cdot \dfrac{\mathrm{d}y}{\mathrm{d}x} = p\dfrac{\mathrm{d}p}{\mathrm{d}y}$.

§2 高阶线性微分方程

8.2.1 二阶及高阶线性微分方程

定义 方程

$$y^{(n)} + a_1(x)y^{(n-1)} + \cdots + a_{n-1}(x)y' + a_n(x)y = f(x),(f(x) \not\equiv 0) \tag{8.7}$$

称为 n 阶线性非齐次微分方程,$f(x)$ 称为自由项.方程

$$y^{(n)} + a_1(x)y^{(n-1)} + \cdots + a_{n-1}(x)y' + a_n(x)y = 0 \tag{8.8}$$

称为 n 阶线性齐次微分方程.若其中的 $a_i(x)(i = 1,2,\cdots,n)$ 与前一方程的完全一样,则称后一方程为前一

方程对应的齐次方程.

以上(8.7)及(8.8)中,均设 $a_i(x)(i=1,2,\cdots,n)$ 与 $f(x)$ 在某区间 (a,b) 内连续.

8.2.2　线性相关与线性无关

定义　设 $y_1(x),\cdots,y_m(x)$ 是定义在某区间 (a,b) 内的 m 个函数,如果存在不全为零的 m 个常数 $k_1,\cdots,k_m$,使得

$$k_1y_1(x)+\cdots+k_my_m(x)\equiv 0 \tag{8.9}$$

成立,则称这 m 个函数 $y_1(x),\cdots,y_m(x)$ 在该区间内**线性相关**,否则称 $y_1(x),\cdots,y_m(x)$ 在该区间内**线性无关**. 即由(8.9)只能推出 $k_1=\cdots=k_m=0$,则称 $y_1(x),\cdots,y_m(x)$ 在该区间内线性无关. 以后"在区间 (a,b) 内"几个字常省去.

两个函数 $y_1(x)$ 与 $y_2(x)$ 线性无关等价于 $y_1(x)$ 与 $y_2(x)$ 之比不为常数.

8.2.3　齐次线性方程与非齐次线性方程的解之间的关系

(1) 设 $y^*(x)$ 为(8.7)的一个解,$Y(x)$ 为(8.7)所对应的(8.8)的一个解,则 $y=Y(x)+y^*(x)$ 为(8.7)的解.

(2) 设 y_1^* 与 $y_2^*(x)$ 为(8.7)的两个解,则 $y=y_1^*(x)-y_2^*(x)$ 为(8.7)所对应的(8.8)的解.

8.2.4　齐次线性方程的解的叠加

定理　设 $y_1(x),\cdots,y_m(x)$ 是齐次线性方程(8.8)的 m 个解,则它们的线性组合 $y=\sum\limits_{i=1}^{m}C_iy_i$ 也是(8.8)的解,其中 $C_i(i=1,\cdots,m)$ 是 m 个常数.

8.2.5　齐次线性方程的通解结构

定理　设 $y_i(x)(i=1,2,\cdots,n)$ 为 n 阶齐次线性方程(8.8)的 n 个线性无关的解,$C_i(i=1,2,\cdots,n)$

为 n 个任意常数,则

$$y = \sum_{i=1}^{n} C_i y_i(x)$$

为(8.8) 的通解.

8.2.6 非齐次线性方程的通解结构

定理 设 $y^*(x)$ 为(8.7) 的一个解,$Y(x)$ 为(8.7) 对应的(8.8) 的通解,则

$$y = Y(x) + y^*(x)$$

为(8.7) 的通解.

8.2.7 自由项为 $f(x) = f_1(x) + f_2(x)$ 的解的叠加原理

定理 设 y_i^* 为

$$y^{(n)} + a_1(x)y^{(n-1)} + \cdots + a_{n-1}(x)y' + a_n(x)y = f_i(x)$$

的解($i = 1,2$),则 $y_1^*(x) + y_2^*(x)$ 为

$$y^{(n)} + a_1(x)y^{(n-1)} + \cdots + a_{n-1}(x)y' + a_n(x)y = f_1(x) + f_2(x)$$

的解.

8.2.8 二阶常系数线性齐次方程的通解求法及公式

定理 二阶常系数线性齐次方程可写成

$$y'' + py' + qy = 0, \tag{8.10}$$

其中 p,q 是常数.方程

$$r^2 + pr + q = 0 \tag{8.11}$$

称为方程(8.10) 对应的**特征方程**.它的根 r 称为**特征根**.按特征根的不同情况,方程(8.10) 对应的**通解如**

下表：

特征方程 $r^2+pr+q=0$ 的根	微分方程 $y''+py'+qy=0$ 的通解
一对不相等的实根 $r_1\neq r_2$	$y=C_1e^{r_1x}+C_2e^{r_2x}$
一对相等的实根 $r_1=r_2$	$y=(C_1+C_2x)e^{r_1x}$
一对共轭复根 $r_{1,2}=\alpha\pm\beta\mathrm{i},\beta>0$	$y=e^{\alpha x}(C_1\cos\beta x+C_2\sin\beta x)$

8.2.9　某些特殊自由项的二阶常系数线性非齐次微分方程的解法

类型 1　方程 $y''+py'+qy=P_m(x)e^{ax}$ 的解法(其中 $P_m(x)$ 为 x 的 m 次已知多项式)：

第一步，写出对应的齐次微分方程的通解 $Y(x)$.

第二步，求该非齐次微分方程的特解 $y^*(x)$，命之如下：

$$y^*(x)=x^kQ_m(x)e^{ax},$$

其中 $Q_m(x)$ 为 x 的 m 次多项式，系数待定，

$$k=\begin{cases}0, & \text{当 } a \text{ 不是特征根时}\\ 1, & \text{当 } a \text{ 为单重特征根时.}\\ 2, & \text{当 } a \text{ 为二重特征根时}\end{cases}$$

类型 2　方程 $y''+py'+qy=P_m(x)e^{ax}\cos bx$ 或 $y''+py'+qy=Q_m(x)e^{ax}\sin bx$ 或 $y''+py'+qy=P_m(x)e^{ax}\cos bx+Q_m(x)e^{ax}\sin bx$ 的解法(其中 $P_m(x)$，$Q_m(x)$ 为 x 的 m 次已知多项式)：

第一步，写出对应的齐次微分方程的通解 $Y(x)$.

第二步，求该非齐次微分方程的特解 $y^*(x)$，命之如下：

$$y^*(x)=x^k(R_m(x)e^{ax}\cos bx+S_m(x)e^{ax}\sin bx),$$

其中 $R_m(x)$，$S_m(x)$ 为 x 的 m 次多项式，系数待定，

$$k=\begin{cases}0, & \text{当 } a+ib \text{ 不是特征根时} \\ 1, & \text{当 } a+ib \text{ 为单重特征根时}\end{cases}.$$

8.2.10 欧拉方程的解法

方程
$$x^2\frac{d^2y}{dx^2}+a_1x\frac{dy}{dx}+a_2y=f(x) \tag{8.12}$$
称为欧拉方程，其中 a_1 与 a_2 为已知常数，$f(x)$ 为 x 的已知函数. 它的解法是：

若 $x>0$，命 $x=e^t$ 作自变量变换，有 $t=\ln x$，从而 $\frac{dt}{dx}=\frac{1}{x}$，

$$\frac{dy}{dx}=\frac{dy}{dt}\cdot\frac{dt}{dx}=\frac{1}{x}\frac{dy}{dt},$$

$$\frac{d^2y}{dx^2}=\frac{d}{dx}\left(\frac{1}{x}\frac{dy}{dt}\right)=-\frac{1}{x^2}\frac{dy}{dt}+\frac{1}{x}\frac{d}{dx}\left(\frac{dy}{dt}\right)=-\frac{1}{x^2}\frac{dy}{dt}+\frac{1}{x^2}\frac{d^2y}{dt^2},$$

方程(8.12) 化为
$$\frac{d^2y}{dt^2}+(a_1-1)\frac{dy}{dt}+a_2y=f(e^t).$$
它是常系数线性微分方程，解之再还原为 x 便可.

若 $x<0$，命 $x=-e^t$，可依类似处理.

§3 差分方程(数三)

8.3.1 差分的概念

定义在整数集 $Z=\{t\mid t=0,\pm1,\pm2,\cdots\}$ 上的函数 $y_t=f(t)$，则

$\Delta y_t = y_{t+1} - y_t = f(t+1) - f(t)$，称为 $f(t)$ 在 t 的一阶差分；

$\Delta^2 y_t = \Delta y_{t+1} - \Delta y_t = (y_{t+2} - y_{t+1}) - (y_{t+1} - y_t) = y_{t+2} - 2y_{t+1} + y_t$，称为 $f(t)$ 在 t 的二阶差分（f 在 $t+1$ 与 t 两点的一阶差分之差）.

……

一般说来，n 阶差分可表成相继的 $n+1$ 个点函数值的线性组合，其系数是整数.

8.3.2　差分方程的定义

联系自变量 t，未知函数 $y_t = f(t)$ 及它的差分 $\Delta y_t, \Delta^2 y_t, \cdots$ 的函数方程，称为差分方程，出现在差分方程中的最高阶差分的阶数，称为差分方程的阶.

差分方程的定义又可写成：含自变量 t 以及两个或两个以上未知函数的值 $y_t, y_{t+1}, \cdots$ 的函数方程称为差分方程. 出现在方程中未知函数值的下标的最大差称为差分的阶.

8.3.3　差分方程的解、通解和特解

解：代入差分方程使其成为恒等式的函数.

通解：含有任意常数的个数等于差分方程的阶数的解.

特解：给通解中任意常数以确定值的解.

8.3.4　一阶常系数线性差分方程

一阶常系数线性差分方程的一般形式是

$$y_{t+1} + ay_t = f(t), t = 0,1,2,3,\cdots \tag{8.13}$$

$a \neq 0$ 为常数，$f(t)$ 为已知函数.

$f(t) \equiv 0$ 时称为齐次的，$f(t) \not\equiv 0$ 时称为非齐次的，当 $f(t) \not\equiv 0$ 时，称

$$y_{t+1} + ay_t = 0, t = 0,1,2,\cdots \tag{8.14}$$

为式(8.18)的相应的齐次方程.

设 y_t^* 是式(8.18)的一个特解，$\bar{y}_t$ 是式(8.19)的一个非零特解，则

$$y_t = C\bar{y}_t + y_t^*$$

是式(8.18)的通解，C 是任意常数.

8.3.5 迭代法求通解

取 $y_0 = 1$，由式(8.19) $\Rightarrow y_1 = -ay_0 = -a \Rightarrow y_2 = -ay_1 = (-a)^2 \quad \cdots$ $\Rightarrow y_t = (-a)^t \Rightarrow$ 式(8.19)的通解 $y_t = C(-a)^t$.

再解式(8.18)，只需求式(8.18)的一个特解.

取 $y_0 = 0$，在式(8.18)中令 $t = 0 \Rightarrow y_1 = -ay_0 + f(0) = f(0)$ $\Rightarrow y_2 = -ay_1 + f(1) = -af(0) + f(1) \Rightarrow y_3 = -ay_2 + f(2)$

$$y_3 = (-a)^2 f(0) - af(1) + f(2)$$

$$\cdots$$

$$y_t = (-a)^{t-1} f(0) + (-a)^{t-2} f(1) + (-a)^{t-3} f(2) + \cdots + f(t-1)$$

$$t = 1,2,\cdots$$

这表明：

$$\begin{cases} y_t^* = (-a)^{t-1} f(0) + (-a)^{t-2} f(1) + (-a)^{t-3} f(2) + \cdots + f(t-1) \\ t = 1,2,\cdots \\ y_0^* = 0 \end{cases}$$

是式(8.18)的一个特解，因此得式(8.18)的通解 $y_t = C(-a)^t + y_t^*$.

迭代法对求解齐次方程式(8.19)是方便的，对非齐次方程有时会不方便.

8.3.6 待定系数法求特解

与待定系数法求解线性常微分方程的特解类似,用待定系数法求式(8.18)的特解的关键是:按 $f(t)$ 的形式及它与 a 的关系,选取特解的适当形式,代入式(8.18)然后定出其中的参数.

下面列出 $f(t)$ 的形式与特解类型的对照表.

$f(t)$	$f(t)$ 与方程系数 a 的关系	特解的形式
$P_n(t)b^t$	$a+b\neq 0$	$Q_n(t)b^t$
($P_n(t)$ 为 n 次多项式,b 为常数)	$a+b=0$	$tQ_n(t)b^t$($Q_n(t)$ 为 n 次多项式)
特例 $b=1$		
$P_n(t)$	$a\neq -1$	$Q_n(t)$
	$a=-1$	$tQ_n(t)$
$M\cos\omega t+N\sin\omega t(0<\omega<2\pi,\omega\neq\pi)$		$A\cos\omega t+B\sin\omega t$

当 $f(t)$ 是多项式,指数函数、正弦、余弦函数,以及它们的和与积时,用待定系数法求式(8.18)的特解是更为简便而有效.

真题链接 [2017,数三]

差分方程 $y_{t+1}-2y_t=2^t$ 通解为 $y_t=$ ______.

答案 $C2^t+\dfrac{1}{2}t2^t$

第二篇 线性代数

第一章 行列式

1.1 排列

n 个不同的元素排成一列，叫做这 n 个元素的**全排列**. n 个自然数排列是指由 n 个数 $1,2,\cdots,n$ 所构成的一个有序数组，通常用 $j_1,j_2,\cdots,j_n$ 表示 n 阶排列，显然 n 阶排列共有 $n!$ 个.

一个排列中，如果一个大的数排在小的数之前，就称这两个数构成一个**逆序**. 一个排列的逆序总数称为这个排列的**逆序数**. 用 $\tau(j_1j_2\cdots j_n)$ 表示排列 $j_1j_2\cdots j_n$ 的逆序数.

如果一个排列的逆序数是偶数，则称这个排列为**偶排列**，否则称为**奇排列**.

1.2 n 阶行列式的概念

n 阶行列式

$$\begin{vmatrix} a_{11} & a_{12} & \cdots & a_{1n} \\ a_{21} & a_{22} & \cdots & a_{2n} \\ \vdots & \vdots & & \vdots \\ a_{n1} & a_{n2} & \cdots & a_{nn} \end{vmatrix}$$

是所有取自不同行不同列的 n 个元素的乘积

$$a_{1j_1}a_{2j_2}\cdots a_{nj_n}$$

的代数和，这里 $j_1j_2\cdots j_n$ 是 $1,2,\cdots,n$ 的一个排列. 当 $j_1j_2\cdots j_n$ 是偶排列时，该项的前面带正号；当 $j_1j_2\cdots j_n$ 是奇排列时，该项的前面带负号，即

$$\begin{vmatrix} a_{11} & a_{12} & \cdots & a_{1n} \\ a_{21} & a_{22} & \cdots & a_{2n} \\ \vdots & \vdots & & \vdots \\ a_{n1} & a_{n2} & \cdots & a_{nn} \end{vmatrix} = \sum_{j_1j_2\cdots j_n}(-1)^{\tau(j_1j_2\cdots j_n)}a_{1j_1}a_{2j_2}\cdots a_{nj_n}, \tag{1.1}$$

这里 $\sum\limits_{j_1j_2\cdots j_n}$ 表示对所有 n 阶排列求和. 式(1.1) 称为 n 阶行列式的**完全展开式**.

特别地，2 阶与 3 阶行列式的完全展开式：

$$\begin{vmatrix} a & b \\ c & d \end{vmatrix} = ad - bc.$$

$$\begin{vmatrix} a_{11} & a_{12} & a_{13} \\ a_{21} & a_{22} & a_{23} \\ a_{31} & a_{32} & a_{33} \end{vmatrix} = a_{11}a_{22}a_{33} + a_{12}a_{23}a_{31} + a_{13}a_{21}a_{32} - a_{13}a_{22}a_{31} - a_{12}a_{21}a_{33} - a_{11}a_{23}a_{32}.$$

1.3　转置行列式

若将行列式

$$D = \begin{vmatrix} a_{11} & a_{12} & \cdots & a_{1n} \\ a_{21} & a_{22} & \cdots & a_{2n} \\ \vdots & \vdots & & \vdots \\ a_{n1} & a_{n2} & \cdots & a_{nn} \end{vmatrix},$$

的行列对换,记

$$D^{\mathrm{T}}=\begin{vmatrix} a_{11} & a_{21} & \cdots & a_{n1} \\ a_{12} & a_{22} & \cdots & a_{n2} \\ \vdots & \vdots & & \vdots \\ a_{1n} & a_{2n} & \cdots & a_{nn} \end{vmatrix},$$

称行列式 D^{T} 为行列式 D 的转置行列式.

1.4 行列式的性质

① 经过转置行列式的值不变,即 $D=D^{\mathrm{T}}$. 由此可知行列式行的性质与列的性质是对等的.

② 两行(或列)互换位置,行列式的值变号.

特别地,两行(或列)相同,行列式的值为 0.

③ 某行(或列)如有公因子 k,则可把 k 提出行列式记号外.(亦即用数 k 乘行列式 $|\boldsymbol{A}|$ 等于用 k 乘它的某行(或列)).

特别地:ⅰ)某行(或列)的元素全为 0,行列式的值为 0.

ⅱ)若两行(或列)的元素对应成比例,行列式的值为 0.

④ 如果行列式某行(或列)是两个元素之和,则可把行列式拆成两个行列式之和.

$$\begin{vmatrix} a_{11} & a_{12} & \cdots & (a_{1i}+b_{1i}) & \cdots & a_{1n} \\ a_{21} & a_{22} & \cdots & (a_{2i}+b_{2i}) & \cdots & a_{2n} \\ \vdots & \vdots & & \vdots & & \vdots \\ a_{n1} & a_{n2} & \cdots & (a_{ni}+b_{ni}) & \cdots & a_{nn} \end{vmatrix}=$$

$$\begin{vmatrix} a_{11} & a_{12} & \cdots & a_{1i} & \cdots & a_{1n} \\ a_{21} & a_{22} & \cdots & a_{2i} & \cdots & a_{2n} \\ \vdots & \vdots & & \vdots & & \vdots \\ a_{n1} & a_{n2} & \cdots & a_{ni} & \cdots & a_{nn} \end{vmatrix} + \begin{vmatrix} a_{11} & a_{12} & \cdots & b_{1i} & \cdots & a_{1n} \\ a_{21} & a_{22} & \cdots & b_{2i} & \cdots & a_{2n} \\ \vdots & \vdots & & \vdots & & \vdots \\ a_{n1} & a_{n2} & \cdots & b_{ni} & \cdots & a_{nn} \end{vmatrix}.$$

⑤ 把某行(或列)的 k 倍加到另一行(或列),行列式的值不变.

$$\begin{vmatrix} a_{11} & \cdots & a_{1i} & \cdots & a_{1j} & \cdots & a_{1n} \\ a_{21} & \cdots & a_{2i} & \cdots & a_{2j} & \cdots & a_{2n} \\ \vdots & & \vdots & & \vdots & & \vdots \\ a_{n1} & \cdots & a_{ni} & \cdots & a_{nj} & \cdots & a_{nn} \end{vmatrix} = \begin{vmatrix} a_{11} & \cdots & (a_{1i}+ka_{1j}) & \cdots & a_{1j} & \cdots & a_{1n} \\ a_{21} & \cdots & (a_{2i}+ka_{2j}) & \cdots & a_{2j} & \cdots & a_{2n} \\ \vdots & & \vdots & & \vdots & & \vdots \\ a_{n1} & \cdots & (a_{ni}+ka_{nj}) & \cdots & a_{nj} & \cdots & a_{nn} \end{vmatrix} (i \neq j).$$

1.5　代数余子式

在 n 阶行列式

$$D = \begin{vmatrix} a_{11} & a_{12} & \cdots & a_{1n} \\ a_{21} & a_{22} & \cdots & a_{2n} \\ \vdots & \vdots & & \vdots \\ a_{n1} & a_{n2} & \cdots & a_{nn} \end{vmatrix}$$

中划去 a_{ij} 所在的第 i 行、第 j 列的元素,由剩下的元素按原来的位置排法构成的一个 $n-1$ 阶的行列式

$$\begin{vmatrix} a_{11} & \cdots & a_{1,j-1} & a_{1,j+1} & \cdots & a_{1n} \\ \vdots & & \vdots & \vdots & & \vdots \\ a_{i-1,1} & \cdots & a_{i-1,j-1} & a_{i-1,j+1} & \cdots & a_{i-1,n} \\ a_{i+1,1} & \cdots & a_{i+1,j-1} & a_{i+1,j+1} & \cdots & a_{i+1,n} \\ \vdots & & \vdots & \vdots & & \vdots \\ a_{n1} & \cdots & a_{n,j-1} & a_{n,j+1} & \cdots & a_{nn} \end{vmatrix},$$

称其为 a_{ij} 的**余子式**，记为 M_{ij}；称 $(-1)^{i+j}M_{ij}$ 为 a_{ij} 的**代数余子式**，记为 A_{ij}，即

$$A_{ij}=(-1)^{i+j}M_{ij}.$$

1.6 行列式按行（或列）展开公式

n 阶行列式的值等于它的任何一行（列）元素，与其对应的代数余子式乘积之和，即

$$|\boldsymbol{A}|=a_{i1}A_{i1}+a_{i2}A_{i2}+\cdots+a_{in}A_{in}=\sum_{k=1}^{n}a_{ik}A_{ik},\quad i=1,2,\cdots,n. \tag{1.2}$$

$$|\boldsymbol{A}|=a_{1j}A_{1j}+a_{2j}A_{2j}+\cdots+a_{nj}A_{nj}=\sum_{k=1}^{n}a_{kj}A_{kj},\quad j=1,2,\cdots,n. \tag{1.3}$$

公式(1.2)称 $|\boldsymbol{A}|$ 按第 i 行展开的展开式，公式(1.3)称 $|\boldsymbol{A}|$ 按第 j 列展开的展开式.

1.7 几个常用的特殊行列式

(1) 上(下)三角形行列式

$$\begin{vmatrix} a_{11} & a_{12} & \cdots & a_{1n} \\ & a_{22} & \cdots & a_{2n} \\ & & \ddots & \vdots \\ & & & a_{nn} \end{vmatrix}=\begin{vmatrix} a_{11} & & & \\ a_{21} & a_{22} & & \\ \vdots & \vdots & \ddots & \\ a_{n1} & a_{n2} & \cdots & a_{nn} \end{vmatrix}=a_{11}a_{22}\cdots a_{nn}. \tag{1.4}$$

(2) 关于副对角线的行列式

$$\begin{vmatrix} a_{11} & a_{12} & \cdots & a_{1,n-1} & a_{1n} \\ a_{21} & a_{22} & \cdots & a_{2,n-1} & 0 \\ \vdots & \vdots & & \vdots & \vdots \\ a_{n1} & 0 & \cdots & 0 & 0 \end{vmatrix}=\begin{vmatrix} 0 & \cdots & 0 & a_{1n} \\ 0 & \cdots & a_{2,n-1} & a_{2n} \\ \vdots & & \vdots & \vdots \\ a_{n1} & \cdots & a_{n,n-1} & a_{nn} \end{vmatrix}$$

$$=(-1)^{\frac{n(n-1)}{2}}a_{1n}a_{2,n-1}\cdots a_{n1}. \tag{1.5}$$

(3) 两个特殊的拉普拉斯展开式

如果 $\boldsymbol{A}$ 和 $\boldsymbol{B}$ 分别是 n 阶和 m 阶矩阵，则

$$\begin{vmatrix} a_{11} & \cdots & a_{1n} & c_{11} & \cdots & c_{1m} \\ \vdots & & \vdots & \vdots & & \vdots \\ a_{n1} & \cdots & a_{nn} & c_{n1} & \cdots & c_{nm} \\ 0 & \cdots & 0 & b_{11} & \cdots & b_{1m} \\ \vdots & & \vdots & \vdots & & \vdots \\ 0 & \cdots & 0 & b_{m1} & \cdots & b_{mm} \end{vmatrix} = \begin{vmatrix} a_{11} & \cdots & a_{1n} & 0 & \cdots & 0 \\ \vdots & & \vdots & \vdots & & \vdots \\ a_{n1} & \cdots & a_{nn} & 0 & \cdots & 0 \\ c_{11} & \cdots & c_{1n} & b_{11} & \cdots & b_{1m} \\ \vdots & & \vdots & \vdots & & \vdots \\ c_{m1} & \cdots & c_{mn} & b_{m1} & \cdots & b_{mm} \end{vmatrix}$$

$$= \begin{vmatrix} a_{11} & \cdots & a_{1n} \\ \vdots & & \vdots \\ a_{n1} & \cdots & a_{nn} \end{vmatrix} \times \begin{vmatrix} b_{11} & \cdots & b_{1m} \\ \vdots & & \vdots \\ b_{m1} & \cdots & b_{mm} \end{vmatrix}.$$

$$\begin{vmatrix} c_{11} & \cdots & c_{1m} & a_{11} & \cdots & a_{1n} \\ \vdots & & \vdots & \vdots & & \vdots \\ c_{n1} & \cdots & c_{nm} & a_{n1} & \cdots & a_{nn} \\ b_{11} & \cdots & b_{1m} & 0 & \cdots & 0 \\ \vdots & & \vdots & \vdots & & \vdots \\ b_{m1} & \cdots & b_{mm} & 0 & \cdots & 0 \end{vmatrix} = \begin{vmatrix} 0 & \cdots & 0 & a_{11} & \cdots & a_{1n} \\ \vdots & & \vdots & \vdots & & \vdots \\ 0 & \cdots & 0 & a_{n1} & \cdots & a_{nn} \\ b_{11} & \cdots & b_{1m} & c_{11} & \cdots & c_{1n} \\ \vdots & & \vdots & \vdots & & \vdots \\ b_{m1} & \cdots & b_{mm} & c_{m1} & \cdots & c_{mn} \end{vmatrix}$$

$$= (-1)^{mn} \begin{vmatrix} a_{11} & \cdots & a_{1n} \\ \vdots & & \vdots \\ a_{n1} & \cdots & a_{nn} \end{vmatrix} \times \begin{vmatrix} b_{11} & \cdots & b_{1m} \\ \vdots & & \vdots \\ b_{m1} & \cdots & b_{mm} \end{vmatrix}.$$

(4) 范德蒙行列式

$$\begin{vmatrix} 1 & 1 & \cdots & 1 \\ x_1 & x_2 & \cdots & x_n \\ x_1^2 & x_2^2 & \cdots & x_n^2 \\ \vdots & \vdots & & \vdots \\ x_1^{n-1} & x_2^{n-1} & \cdots & x_n^{n-1} \end{vmatrix} = \prod_{1 \leqslant j < i \leqslant n} (x_i - x_j).$$

1.8 代数余子式性质的补充

行列式的任一行(列)元素与另一行(列)相应元素的代数余子式两两乘积之和为 0,即

$$\sum_{k=1}^{n} a_{ik} A_{jk} = a_{i1} A_{j1} + a_{i2} A_{j2} + \cdots + a_{in} A_{jn} = 0, \quad i \neq j.$$

$$\sum_{k=1}^{n} a_{ki} A_{kj} = a_{1i} A_{1j} + a_{2i} A_{2j} + \cdots + a_{ni} A_{nj} = 0, \quad i \neq j.$$

1.9 克拉默法则

若 n 个方程 n 个未知数的线性方程组

$$\begin{cases} a_{11} x_1 + a_{12} x_2 + \cdots + a_{1n} x_n = b_1 \\ a_{21} x_1 + a_{22} x_2 + \cdots + a_{2n} x_n = b_2 \\ \quad \vdots \qquad\quad \vdots \qquad\qquad\qquad \vdots \\ a_{n1} x_1 + a_{n2} x_2 + \cdots + a_{nn} x_n = b_n \end{cases}$$

的系数行列式

$$D=\begin{vmatrix} a_{11} & a_{12} & \cdots & a_{1n} \\ a_{21} & a_{22} & \cdots & a_{2n} \\ \vdots & \vdots & & \vdots \\ a_{n1} & a_{n2} & \cdots & a_{nn} \end{vmatrix}\neq 0,$$

则方程组有唯一解 $x_1=\dfrac{D_1}{D},x_2=\dfrac{D_2}{D},\cdots,x_n=\dfrac{D_n}{D}$,其中

$$D_j=\sum_{i=1}^{n}b_iA_{ij}=\begin{vmatrix} a_{11} & \cdots & a_{1j-1} & b_1 & a_{1j+1} & \cdots & a_{1n} \\ a_{21} & \cdots & a_{2j-1} & b_2 & a_{2j+1} & \cdots & a_{2n} \\ \vdots & & \vdots & \vdots & \vdots & & \vdots \\ a_{n1} & \cdots & a_{nj-1} & b_n & a_{nj+1} & \cdots & a_{nn} \end{vmatrix}.$$

推论 1　若齐次线性方程组

$$\begin{cases} a_{11}x_1+a_{12}x_2+\cdots+a_{1n}x_n=0 \\ a_{21}x_1+a_{22}x_2+\cdots+a_{2n}x_n=0 \\ \quad\vdots \qquad\qquad \vdots \qquad\qquad\qquad \vdots \\ a_{n1}x_1+a_{n2}x_2+\cdots+a_{nn}x_n=0 \end{cases}$$

的系数行列式不为 0,则方程组只有零解.

推论 2　若齐次线性方程组

$$\begin{cases} a_{11}x_1+a_{12}x_2+\cdots+a_{1n}x_n=0 \\ a_{21}x_1+a_{22}x_2+\cdots+a_{2n}x_n=0 \\ \quad\vdots \qquad\qquad \vdots \qquad\qquad\qquad \vdots \\ a_{n1}x_1+a_{n2}x_2+\cdots+a_{nn}x_n=0 \end{cases}$$

有非零解,则系数行列式 $|\boldsymbol{A}|=0$.

技巧点拨

行列式 $|\boldsymbol{A}|$ 是否为零的判定

若 $\boldsymbol{A}=(\boldsymbol{\alpha}_1,\boldsymbol{\alpha}_2,\cdots,\boldsymbol{\alpha}_n)$ 是 n 阶矩阵，那么行列式 $|\boldsymbol{A}|=0$.

$\Leftrightarrow$ 矩阵 $\boldsymbol{A}$ 不可逆.

$\Leftrightarrow$ 秩 $r(\boldsymbol{A})<n$.

$\Leftrightarrow$ $\boldsymbol{A}\boldsymbol{x}=\boldsymbol{0}$ 有非零解.

$\Leftrightarrow$ 0 是矩阵 $\boldsymbol{A}$ 的特征值.

$\Leftrightarrow$ $\boldsymbol{A}$ 的列（行）向量线性相关.

因此，判断行列式是否为零的问题，常用的思路有：① 用秩；② 用齐次方程组是否有非零解；③ 用特征值能否为零；④ 反证法.

行列式是一个数，若 $|\boldsymbol{A}|=-|\boldsymbol{A}|$，则亦能得出 $|\boldsymbol{A}|=0$ 的结论.

第二章　矩　阵

§1　矩阵的概念及运算

2.1.1　矩阵的概念

定义　$m \times n$ 个数排成如下 m 行 n 列的一个表格

$$\begin{bmatrix} a_{11} & a_{12} & \cdots & a_{1n} \\ a_{21} & a_{22} & \cdots & a_{2n} \\ \vdots & \vdots & & \vdots \\ a_{m1} & a_{m2} & \cdots & a_{mn} \end{bmatrix}$$

称为是一个 $m \times n$ **矩阵**，当 $m = n$ 时，矩阵 $\boldsymbol{A}$ 称为 n **阶矩阵**或叫 n **阶方阵**.

如果一个矩阵的所有元素都是 0，即

$$\begin{bmatrix} 0 & 0 & \cdots & 0 \\ 0 & 0 & \cdots & 0 \\ \vdots & \vdots & & \vdots \\ 0 & 0 & \cdots & 0 \end{bmatrix},$$

则称这个矩阵是**零矩阵**，可简记为 $\boldsymbol{O}$.

两个矩阵 $\boldsymbol{A}=[a_{ij}]_{m\times n}$，$\boldsymbol{B}=[b_{ij}]_{s\times t}$，如果 $m=s$，$n=t$，则称 $\boldsymbol{A}$ 与 $\boldsymbol{B}$ 是**同型矩阵**.

两个同型矩阵 $\boldsymbol{A}=[a_{ij}]_{m\times n}$，$\boldsymbol{B}=[b_{ij}]_{m\times n}$，如果对应的元素都相等，即 $a_{ij}=b_{ij}(i=1,2,\cdots,m;j=1,2,\cdots,n)$，则称矩阵 $\boldsymbol{A}$ 与 $\boldsymbol{B}$ **相等**，记作 $\boldsymbol{A}=\boldsymbol{B}$.

n 阶方阵 $\boldsymbol{A}=[a_{ij}]_{n\times n}$ 的元素所构成的行列式

$$\begin{vmatrix} a_{11} & a_{12} & \cdots & a_{1n} \\ a_{21} & a_{22} & \cdots & a_{2n} \\ \vdots & \vdots & & \vdots \\ a_{n1} & a_{n2} & \cdots & a_{nn} \end{vmatrix}$$

称为 n 阶矩阵 $\boldsymbol{A}$ 的行列式，记成 $|\boldsymbol{A}|$ 或 $\det\boldsymbol{A}$.

【注】 矩阵 $\boldsymbol{A}$ 是一个表格，而行列式 $|\boldsymbol{A}|$ 是一个数，这里的概念与符号不要混淆. $\boldsymbol{A}=\boldsymbol{O}$ 与 $|\boldsymbol{A}|=0$ 是不同的，不能搞错. 当 $\boldsymbol{A}\neq\boldsymbol{O}$ 时有可能 $|\boldsymbol{A}|=0$.

2.1.2 矩阵加法

两个同型矩阵可以相加，且

$$\boldsymbol{A}+\boldsymbol{B}=[a_{ij}]_{m\times n}+[b_{ij}]_{m\times n}=[a_{ij}+b_{ij}]_{m\times n}.$$

2.1.3 数量乘法(简称数乘)

设 k 是数，$\boldsymbol{A}=[a_{ij}]_{m\times n}$ 是矩阵，则定义数与矩阵的乘法为

$$k\boldsymbol{A}=k[a_{ij}]_{m\times n}=[ka_{ij}]_{m\times n}.$$

2.1.4 矩阵乘法

设 $\boldsymbol{A}$ 是一个 $m\times s$ 矩阵，$\boldsymbol{B}$ 是一个 $s\times n$ 矩阵($\boldsymbol{A}$ 的列数 $=\boldsymbol{B}$ 的行数)，则 $\boldsymbol{A}$，$\boldsymbol{B}$ 可乘，且乘积 $\boldsymbol{AB}$ 是一个 $m\times n$ 矩阵. 记成 $\boldsymbol{C}=\boldsymbol{AB}=[c_{ij}]_{m\times n}$，其中 $\boldsymbol{C}$ 的第 i 行、第 j 列元素 c_{ij} 是 $\boldsymbol{A}$ 的第 i 行 s 个元素和 $\boldsymbol{B}$ 的第 j 列的 s 个

对应元素两两乘积之和，即

$$c_{ij}=\sum_{k=1}^{s}a_{ik}b_{kj}=a_{i1}b_{1j}+a_{i2}b_{2j}+\cdots+a_{is}b_{sj}.$$

矩阵的乘法可图示如下：

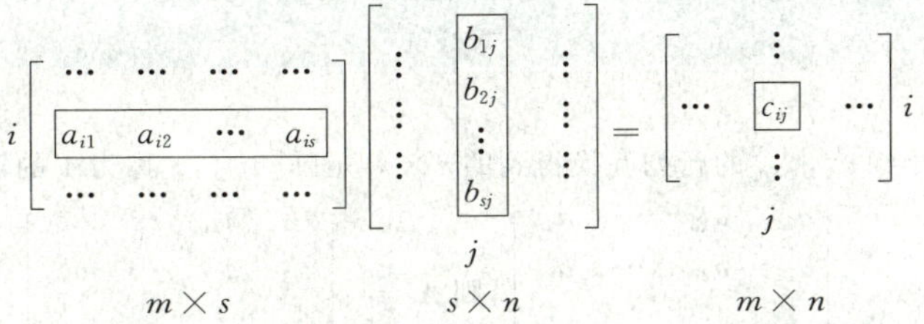

特别地，设 $\boldsymbol{A}$ 是一个 n 阶方阵，则记 $\overbrace{\boldsymbol{A}\times\boldsymbol{A}\cdots\boldsymbol{A}}^{k个}=\boldsymbol{A}^k$ 称为 $\boldsymbol{A}$ 的 k 次幂.

技巧点拨

① 若 $\boldsymbol{A}$ 是 n 阶矩阵，$\boldsymbol{A}^{\mathrm{T}}$ 是 $\boldsymbol{A}$ 的转置矩阵，则 $|\boldsymbol{A}^{\mathrm{T}}|=|\boldsymbol{A}|$；

② 若 $\boldsymbol{A}$ 是 n 阶矩阵，则 $|k\boldsymbol{A}|=k^n|\boldsymbol{A}|$；

③(行列式乘法公式) 若 $\boldsymbol{A}$、$\boldsymbol{B}$ 都是 n 阶矩阵，则 $|\boldsymbol{AB}|=|\boldsymbol{A}||\boldsymbol{B}|$，特别地 $|\boldsymbol{A}^2|=|\boldsymbol{A}|^2$；

④ 若 $\boldsymbol{A}$ 是 n 阶矩阵，$\boldsymbol{A}^*$ 是 $\boldsymbol{A}$ 的伴随矩阵，则 $|\boldsymbol{A}^*|=|\boldsymbol{A}|^{n-1}$；

⑤ 若 $\boldsymbol{A}$ 是 n 阶可逆矩阵，$\boldsymbol{A}^{-1}$ 是 $\boldsymbol{A}$ 的逆矩阵，则 $|\boldsymbol{A}^{-1}|=|\boldsymbol{A}|^{-1}$；

⑥ 若 $\boldsymbol{A}$ 是 n 阶矩阵，$\lambda_i(i=1,2,\cdots,n)$ 是 $\boldsymbol{A}$ 的特征值，则 $|\boldsymbol{A}|=\prod_{i=1}^{n}\lambda_i$；

⑦ 若矩阵 $\boldsymbol{A}$ 和 $\boldsymbol{B}$ 相似 $\boldsymbol{A}\sim\boldsymbol{B}$，则 $|\boldsymbol{A}|=|\boldsymbol{B}|$；

⑧ 一般情况 $|\boldsymbol{A}+\boldsymbol{B}|\neq|\boldsymbol{A}|+|\boldsymbol{B}|$，$|\boldsymbol{A}-\boldsymbol{B}|\neq|\boldsymbol{A}|-|\boldsymbol{B}|$，$|k\boldsymbol{A}|\neq k|\boldsymbol{A}|$.

2.1.5 转置矩阵

将 $m\times n$ 型矩阵 $\boldsymbol{A}=[a_{ij}]_{m\times n}$ 的行列互换得到的 $n\times m$ 矩阵 $[a_{ji}]_{n\times m}$ 称为 $\boldsymbol{A}$ 的**转置矩阵**，记为 $\boldsymbol{A}^{\mathrm{T}}$，即若

$$\boldsymbol{A}=\begin{bmatrix} a_{11} & a_{12} & \cdots & a_{1n} \\ a_{21} & a_{22} & \cdots & a_{2n} \\ \vdots & \vdots & & \vdots \\ a_{m1} & a_{m2} & \cdots & a_{mn} \end{bmatrix}, \text{则 } \boldsymbol{A}^{\mathrm{T}}=\begin{bmatrix} a_{11} & a_{21} & \cdots & a_{m1} \\ a_{12} & a_{22} & \cdots & a_{m2} \\ \vdots & \vdots & & \vdots \\ a_{1n} & a_{2n} & \cdots & a_{mn} \end{bmatrix}.$$

2.1.6 矩阵的运算

矩阵的加法和数乘，称为矩阵的线性运算，$\boldsymbol{A},\boldsymbol{B},\boldsymbol{C}$ 是同型矩阵，则满足

(1) 线性运算的性质

加法交换律：$\boldsymbol{A}+\boldsymbol{B}=\boldsymbol{B}+\boldsymbol{A}$.

加法结合律：$(\boldsymbol{A}+\boldsymbol{B})+\boldsymbol{C}=\boldsymbol{A}+(\boldsymbol{B}+\boldsymbol{C})$.

存在零矩阵：$\boldsymbol{A}+\boldsymbol{O}=\boldsymbol{A}$.

存在负矩阵：$\boldsymbol{A}+(-\boldsymbol{A})=\boldsymbol{O}$.

数与矩阵乘法的结合律：$k(m\boldsymbol{A})=(km)\boldsymbol{A}=m(k\boldsymbol{A})$.

分配律：$(k+m)\boldsymbol{A}=k\boldsymbol{A}+m\boldsymbol{A}$.

分配律：$k(\boldsymbol{A}+\boldsymbol{B})=k\boldsymbol{A}+k\boldsymbol{B}, 1\boldsymbol{A}=\boldsymbol{A}, 0\boldsymbol{A}=\boldsymbol{O}$.

(2) 乘法

$\boldsymbol{A},\boldsymbol{B},\boldsymbol{C}$ 满足可乘条件：

$$(\boldsymbol{AB})\boldsymbol{C}=\boldsymbol{A}(\boldsymbol{BC}),$$

$$\boldsymbol{A}(\boldsymbol{B}+\boldsymbol{C})=\boldsymbol{AB}+\boldsymbol{AC},$$

$$(\boldsymbol{B}+\boldsymbol{C})\boldsymbol{A}=\boldsymbol{BA}+\boldsymbol{CA},$$

$$\boldsymbol{EA}=\boldsymbol{AE}=\boldsymbol{A}(\boldsymbol{E}\text{ 是可乘的单位阵})$$

$$\boldsymbol{AO}=\boldsymbol{O},\boldsymbol{OA}=\boldsymbol{O}.$$

注意 $\boldsymbol{AB}\neq\boldsymbol{BA}$.

(3) 转置

$$(\boldsymbol{A}+\boldsymbol{B})^{\mathrm{T}}=\boldsymbol{A}^{\mathrm{T}}+\boldsymbol{B}^{\mathrm{T}},$$

$$(k\boldsymbol{A})^{\mathrm{T}}=k\boldsymbol{A}^{\mathrm{T}},$$

$$(\boldsymbol{AB})^{\mathrm{T}}=\boldsymbol{B}^{\mathrm{T}}\boldsymbol{A}^{\mathrm{T}},$$

$$(\boldsymbol{A}^{\mathrm{T}})^{\mathrm{T}}=\boldsymbol{A}.$$

(4) 伴随矩阵的运算

$$\boldsymbol{AA}^{*}=\boldsymbol{A}^{*}\boldsymbol{A}=|\boldsymbol{A}|\boldsymbol{E},$$

$$(k\boldsymbol{A})^{*}=k^{n-1}\boldsymbol{A}^{*},$$

$$(\boldsymbol{A}^{*})^{-1}=(\boldsymbol{A}^{-1})^{*}=\frac{1}{|\boldsymbol{A}|}\boldsymbol{A}(|\boldsymbol{A}|\neq 0),$$

$$(\boldsymbol{A}^{*})^{\mathrm{T}}=(\boldsymbol{A}^{\mathrm{T}})^{*};$$

$$|\boldsymbol{A}^*|=|\boldsymbol{A}|^{n-1},$$

$$(\boldsymbol{A}^*)^*=|\boldsymbol{A}|^{n-2}\boldsymbol{A}(n\geqslant 2).$$

(5) 方阵的幂

$$(\boldsymbol{A}^k)^l=\boldsymbol{A}^{kl},$$

$$\boldsymbol{A}^k\boldsymbol{A}^l=\boldsymbol{A}^{k+l},$$

设$f(x)=a_0+a_1x+a_2x^2+\cdots+a_nx^n$,则 $f(\boldsymbol{A})=a_0\boldsymbol{E}+a_1\boldsymbol{A}+a_2\boldsymbol{A}^2+\cdots+a_n\boldsymbol{A}^n$.

注意 $(\boldsymbol{AB})^k=(\boldsymbol{AB})(\boldsymbol{AB})\cdots(\boldsymbol{AB})\neq\boldsymbol{A}^k\boldsymbol{B}^k$.

$(\boldsymbol{A}+\boldsymbol{B})^2=\boldsymbol{A}^2+\boldsymbol{AB}+\boldsymbol{BA}+\boldsymbol{B}^2\neq\boldsymbol{A}^2+2\boldsymbol{AB}+\boldsymbol{B}^2$.

$(\boldsymbol{A}+\boldsymbol{B})(\boldsymbol{A}-\boldsymbol{B})=\boldsymbol{A}^2-\boldsymbol{AB}+\boldsymbol{BA}-\boldsymbol{B}^2\neq\boldsymbol{A}^2-\boldsymbol{B}^2$.

2.1.7 特殊矩阵

设 $\boldsymbol{A}$ 是 n 阶矩阵.

(1) **单位阵**:主对角元素为 1,其余元素为 0 的矩阵称为单位阵,记成 $\boldsymbol{E}_n$(有时也记为$\boldsymbol{I}$).

(2) **数量阵**:数 k 与单位阵 $\boldsymbol{E}$ 的积 $k\boldsymbol{E}$ 称为数量阵.

(3) **对角阵**:非对角元素都是0的矩阵(即 $\forall i\neq j$ 恒有$a_{ij}=0$)称为对角阵,记成$\boldsymbol{\Lambda}$. $\boldsymbol{\Lambda}=\mathrm{diag}[a_1,a_2,\cdots,a_n]$.

(4) **上(下)三角阵**:当 $i>j(i<j)$ 时,有 $a_{ij}=0$ 的矩阵称为上(下)三角阵.

(5) **对称阵**:满足 $\boldsymbol{A}^{\mathrm{T}}=\boldsymbol{A}$,即 $a_{ij}=a_{ji}$ 的矩阵称为对称阵.

(6) **反对称阵**:满足 $\boldsymbol{A}^{\mathrm{T}}=-\boldsymbol{A}$,即 $a_{ij}=-a_{ji},a_{ii}=0$ 的矩阵称为反对称阵.

(7) **正交阵**:$\boldsymbol{A}^{\mathrm{T}}\boldsymbol{A}=\boldsymbol{AA}^{\mathrm{T}}=\boldsymbol{E}$ 的矩阵称为正交阵. 即 $\boldsymbol{A}^{\mathrm{T}}=\boldsymbol{A}^{-1}$.

(8) **初等矩阵**:单位矩阵经过一次初等变换所得到的矩阵.

(9) **伴随矩阵**:由矩阵 $\boldsymbol{A}$ 的行列式 $|\boldsymbol{A}|$ 所有的代数余子式所构成的形如

$$\begin{bmatrix} A_{11} & A_{21} & \cdots & A_{n1} \\ A_{12} & A_{22} & \cdots & A_{n2} \\ \vdots & \vdots & & \vdots \\ A_{1n} & A_{2n} & \cdots & A_{nn} \end{bmatrix}$$

的矩阵称为矩阵 $\boldsymbol{A}$ 的伴随矩阵,记为 $\boldsymbol{A}^*$.

§2　可逆矩阵

2.2.1　可逆矩阵

设 $\boldsymbol{A}$ 是 n 阶矩阵,如果存在 n 阶矩阵 $\boldsymbol{B}$ 使得

$$\boldsymbol{AB} = \boldsymbol{BA} = \boldsymbol{E}(\text{单位矩阵})$$

成立,则称 $\boldsymbol{A}$ 是**可逆矩阵**或**非奇异矩阵**,$\boldsymbol{B}$ 是 $\boldsymbol{A}$ 的**逆矩阵**,记成 $\boldsymbol{A}^{-1} = \boldsymbol{B}$.

2.2.2　n 阶矩阵 A 可逆的性质

(1) 存在 n 阶矩阵 $\boldsymbol{B}$,使 $\boldsymbol{AB} = \boldsymbol{E}$(或 $\boldsymbol{BA} = \boldsymbol{E}$).

(2) $|\boldsymbol{A}| \neq 0$,或秩 $r(\boldsymbol{A}) = n$,或 $\boldsymbol{A}$ 的列(行)向量线性无关.

(3) 齐次方程组 $\boldsymbol{Ax} = \boldsymbol{0}$ 只有零解.

(4) $\forall \boldsymbol{b}$,非齐次线性方程组 $\boldsymbol{Ax} = \boldsymbol{b}$ 总有唯一解.

(5) 矩阵 $\boldsymbol{A}$ 的特征值全不为 0.

2.2.3　逆矩阵的运算性质

若 $k \neq 0$,则 $(k\boldsymbol{A})^{-1} = \dfrac{1}{k}\boldsymbol{A}^{-1}$;若 $\boldsymbol{A}, \boldsymbol{B}$ 可逆,则 $(\boldsymbol{AB})^{-1} = \boldsymbol{B}^{-1}\boldsymbol{A}^{-1}$;

若 $\boldsymbol{A}^{\mathrm{T}}$ 可逆，则 $(\boldsymbol{A}^{\mathrm{T}})^{-1}=(\boldsymbol{A}^{-1})^{\mathrm{T}}$；$(\boldsymbol{A}^{-1})^{-1}=\boldsymbol{A}$；$|\boldsymbol{A}^{-1}|=\dfrac{1}{|\boldsymbol{A}|}$.

注意　即使 $\boldsymbol{A},\boldsymbol{B}$ 可逆，$(\boldsymbol{A}+\boldsymbol{B})^{-1}\neq\boldsymbol{A}^{-1}+\boldsymbol{B}^{-1}$.

2.2.4　求逆矩阵的主要方法

(1) 用公式

若 $|\boldsymbol{A}|\neq 0$，则 $\boldsymbol{A}^{-1}=\dfrac{1}{|\boldsymbol{A}|}\boldsymbol{A}^{*}$.

(2) 初等变换法

$$(\boldsymbol{A}\vdots\boldsymbol{E})\xrightarrow{\text{初等行变换}}(\boldsymbol{E}\vdots\boldsymbol{A}^{-1}),$$

$$\begin{bmatrix}\boldsymbol{A}\\ \cdots\\ \boldsymbol{E}\end{bmatrix}\xrightarrow{\text{初等列变换}}\begin{bmatrix}\boldsymbol{E}\\ \cdots\\ \boldsymbol{A}^{-1}\end{bmatrix}.$$

(3) 用定义

对于 $\boldsymbol{A}$ 求 $\boldsymbol{B}$，使 $\boldsymbol{AB}=\boldsymbol{E}$ 或 $\boldsymbol{BA}=\boldsymbol{E}$，则 $\boldsymbol{A}$ 可逆，且 $\boldsymbol{A}^{-1}=\boldsymbol{B}$.

(4) 用分块矩阵

设 $\boldsymbol{B},\boldsymbol{C}$ 都是可逆矩阵，则

$$\begin{bmatrix}\boldsymbol{B}&\boldsymbol{O}\\ \boldsymbol{O}&\boldsymbol{C}\end{bmatrix}^{-1}=\begin{bmatrix}\boldsymbol{B}^{-1}&\boldsymbol{O}\\ \boldsymbol{O}&\boldsymbol{C}^{-1}\end{bmatrix};\begin{bmatrix}\boldsymbol{O}&\boldsymbol{B}\\ \boldsymbol{C}&\boldsymbol{O}\end{bmatrix}^{-1}=\begin{bmatrix}\boldsymbol{O}&\boldsymbol{C}^{-1}\\ \boldsymbol{B}^{-1}&\boldsymbol{O}\end{bmatrix}.$$

(5) 可逆矩阵的运算性质

若 n 阶矩阵 $\boldsymbol{A},\boldsymbol{B}$ 可逆，则其乘积 $\boldsymbol{AB}$ 可逆，且 $(\boldsymbol{AB})^{-1}=\boldsymbol{B}^{-1}\boldsymbol{A}^{-1}$.

§3　初等变换、初等矩阵

2.3.1　初等变换

设 $\boldsymbol{A}$ 是 $m \times n$ 矩阵，

(1) 用某个非零常数 $k(k \neq 0)$ 乘 $\boldsymbol{A}$ 的某行(列)的每个元素；

(2) 互换 $\boldsymbol{A}$ 的某两行(列)的位置；

(3) 将 $\boldsymbol{A}$ 的某行(列)元素的 k 倍加到另一行(列)，

称为矩阵的三种初等行(列)变换，且分别称为初等**倍乘**、**互换**、**倍加**行(列)变换，统称**初等变换**.

2.3.2　初等矩阵

由单位矩阵经一次初等变换得到的矩阵称为初等矩阵，它们分别是(以三阶为例)

(1) **倍乘初等矩阵**，记

$$\boldsymbol{E}_2(k) = \begin{bmatrix} 1 & 0 & 0 \\ 0 & k & 0 \\ 0 & 0 & 1 \end{bmatrix},$$

$\boldsymbol{E}_2(k)$ 表示由单位阵 $\boldsymbol{E}$ 的第 2 行(或第 2 列)乘 $k(k \neq 0)$ 倍得到的矩阵.

(2) **互换初等矩阵**，记

$$\boldsymbol{E}_{12} = \begin{bmatrix} 0 & 1 & 0 \\ 1 & 0 & 0 \\ 0 & 0 & 1 \end{bmatrix},$$

E_{12} 表示由单位阵 E 的第 1,2 行(或 1,2 列)互换得到的矩阵.

(3) **倍加初等矩阵**,记

$$E_{13}(k)=\begin{bmatrix}1&0&0\\0&1&0\\k&0&1\end{bmatrix},$$

$E_{13}(k)$ 表示由单位阵 E 的第 1 行的 k 倍加到第 3 行得到的矩阵. 当看成列变换时,应是 E 的第 3 列的 k 倍加到第 1 列得到的矩阵.

初等矩阵均是可逆阵,其逆矩阵仍是初等矩阵,且

$$E_i^{-1}(k)=E_i(\frac{1}{k});$$

$$E_{ij}^{\ -1}=E_{ij};$$

$$E_{ij}^{-1}(k)=E_{ij}(-k).$$

2.3.3　初等矩阵的作用

(1)A 左乘(右乘)初等矩阵,相当于对 A 作相应的初等行(列)变换. 用初等矩阵 P 左乘 A,所得 PA 矩阵就是矩阵 A 作了一次和矩阵 P 同样的行变换(若右乘就是相应的列变换).

(2) 当 A 是可逆阵时,则 A 可作一系列初等行变换化成单位阵,即存在初等矩阵$P_1,P_2,\cdots,P_N$,使得

$$P_N\cdots P_2P_1A=E.$$

(3)n 阶矩阵 A 可逆的充分必要条件是 A 可表示成一系列初等矩阵的乘积,即

$$A=P_1P_2\cdots P_N,\text{其中 } P_i(i=1,2,\cdots,N) \text{ 是初等矩阵.}$$

(4)$\boldsymbol{A}$ 是 $m\times n$ 阶非零矩阵(假设第 1 列非零),则经过有限次的初等变换可化成如下的阶梯形矩阵

$$\begin{bmatrix} a_{11} & a_{12} & \cdots & a_{1s} & \cdots & a_{1n} \\ 0 & a_{22} & \cdots & a_{2s} & \cdots & a_{2n} \\ \vdots & \vdots & & \vdots & \vdots & \\ 0 & 0 & \cdots & a_{rs} & \cdots & a_{ns} \\ 0 & 0 & \cdots & 0 & \cdots & 0 \\ \vdots & \vdots & & \vdots & \vdots & \\ 0 & 0 & \cdots & 0 & \cdots & 0 \end{bmatrix} = \boldsymbol{U},$$

即存在初等矩阵 $\boldsymbol{P}_i(i=1,2,\cdots,N)$ 使得 $\boldsymbol{U}=\boldsymbol{P}_N\cdots\boldsymbol{P}_2\boldsymbol{P}_1\boldsymbol{A}$.

2.3.4　等价矩阵

矩阵 $\boldsymbol{A}$ 经过有限次初等变换变成矩阵 $\boldsymbol{B}$,则称 $\boldsymbol{A}$ 与 $\boldsymbol{B}$ 等价,记成 $\boldsymbol{A}\cong\boldsymbol{B}$. 若 $\boldsymbol{A}\cong\begin{bmatrix}\boldsymbol{E}_r & \boldsymbol{O}\\ \boldsymbol{O} & \boldsymbol{O}\end{bmatrix}$,则后者称为 $\boldsymbol{A}$ 的等价标准形,$\boldsymbol{A}$ 的等价标准形是与 $\boldsymbol{A}$ 等价的所有矩阵中的最简矩阵.

2.3.5　矩阵等价的性质

(1) 反射性:$\boldsymbol{A}\cong\boldsymbol{A}$.

(2) 对称性:若 $\boldsymbol{A}\cong\boldsymbol{B}$,则 $\boldsymbol{B}\cong\boldsymbol{A}$.

(3) 传递性:若 $\boldsymbol{A}\cong\boldsymbol{B}$,$\boldsymbol{B}\cong\boldsymbol{C}$,则 $\boldsymbol{A}\cong\boldsymbol{C}$.

2.3.6　矩阵等价的充要条件

同型矩阵 $\boldsymbol{A}$,$\boldsymbol{B}$ 等价,即 $\boldsymbol{A}\cong\boldsymbol{B}\Leftrightarrow r(\boldsymbol{A})=r(\boldsymbol{B})$.

§4 矩阵的秩

2.4.1 子式

在 $m\times n$ 矩阵 $\mathbf{A}$ 中，任取 k 行与 k 列($k\leqslant m,k\leqslant n$)，位于这些行与列的交叉点上的 k^2 个元素按其在原来矩阵 $\mathbf{A}$ 中的次序可构成一个 k 阶行列式，称其为矩阵 $\mathbf{A}$ 的一个 k 阶子式.

2.4.2 矩阵的秩

设 $\mathbf{A}$ 是 $m\times n$ 矩阵，若 $\mathbf{A}$ 中存在 r 阶子式不等于零，r 阶以上子式均等于零，则称矩阵 $\mathbf{A}$ 的秩为 r，记成 $r(\mathbf{A})$，零矩阵的秩规定为 0.

2.4.3 初等变换与秩的关系

(1) 初等变换不改变行列式的非零性.

(2) 初等变换不改变矩阵的秩，即

$$r(\mathbf{A}_{m\times n})=r(\boldsymbol{P}_1\mathbf{A})=r(\boldsymbol{A}\boldsymbol{Q}_1)=r(\boldsymbol{P}_1\boldsymbol{A}\boldsymbol{Q}_1)=r(\boldsymbol{P}\boldsymbol{A})=r(\boldsymbol{A}\boldsymbol{Q})=r(\boldsymbol{P}\boldsymbol{A}\boldsymbol{Q}),$$

其中 $\boldsymbol{P}_1$ 为 m 阶初等矩阵，$\boldsymbol{Q}_1$ 为 n 阶初等矩阵，$\boldsymbol{P}$ 是 m 阶可逆矩阵，$\boldsymbol{Q}$ 是 n 阶可逆矩阵.

2.4.4 求秩的主要方法

(1) 用定义

由小到大逐个检查各阶子式是否为 0. 若 $\mathbf{A}$ 的全体元素为零，则 $r(\mathbf{A})=0$. 若有非零元素，则 $r(\mathbf{A})\geqslant 1$，检查全体二阶子式，若存在一个二阶子式不等于 0，则 $r(\mathbf{A})\geqslant 2$；若全体二阶子式全为 0，则 $r(\mathbf{A})=1,\cdots$. 若存在一个 r 阶子式不等于 0，所有 $r+1$ 阶子式全为零，则 $r(\mathbf{A})=r$.

(2) 初等变换

利用初等变换(行、列以及行列混合变换)化成阶梯形矩阵，阶梯形矩阵中台阶的个数即是矩阵的秩.

2.4.5　秩的性质

(1) 秩 $r(\boldsymbol{A}) = r \Leftrightarrow$ 矩阵 $\boldsymbol{A}$ 中非零子式的最高阶数是 r.

$r(\boldsymbol{A}) < r \Leftrightarrow \boldsymbol{A}$ 中每一个 r 阶子式全为 0.

$r(\boldsymbol{A}) \geqslant r \Leftrightarrow \boldsymbol{A}$ 中有 r 阶子式不为 0.

特别地，$r(\boldsymbol{A}) = 0 \Leftrightarrow \boldsymbol{A} = \boldsymbol{O}$；$\boldsymbol{A} \neq \boldsymbol{O} \Leftrightarrow \mathrm{r}(\boldsymbol{A}) \geqslant 1$.

(2) 若 $\boldsymbol{A}$ 是 n 阶矩阵，$r(\boldsymbol{A}) = n \Leftrightarrow |\boldsymbol{A}| \neq 0 \Leftrightarrow \boldsymbol{A}$ 可逆，

$$r(\boldsymbol{A}) < n \Leftrightarrow |\boldsymbol{A}| = 0 \Leftrightarrow \boldsymbol{A}\text{ 不可逆}.$$

(3) 若 $\boldsymbol{A}$ 是 $m \times n$ 矩阵，则 $r(\boldsymbol{A}) \leqslant \min(m,n)$.

(4) $r(\boldsymbol{A}) = r(\boldsymbol{A}^{\mathrm{T}})$.

(5) 当 $k \neq 0$ 时，$r(k\boldsymbol{A}) = r(\boldsymbol{A})$.

(6) $r(\boldsymbol{A}+\boldsymbol{B}) \leqslant r(\boldsymbol{A}) + r(\boldsymbol{B})$.

(7) $r(\boldsymbol{AB}) \leqslant \min(r(\boldsymbol{A}), r(\boldsymbol{B}))$,

$r(\boldsymbol{AB}) \geqslant r(\boldsymbol{A}) + r(\boldsymbol{B}) - \boldsymbol{B}$ 的行数.

(8) 若 $\boldsymbol{A}$ 可逆，则 $r(\boldsymbol{AB}) = r(\boldsymbol{B})$，$r(\boldsymbol{BA}) = r(\boldsymbol{B})$.

(9) 若 $\boldsymbol{A}$ 是 $m \times n$ 矩阵，$\boldsymbol{B}$ 是 $n \times s$ 矩阵，$\boldsymbol{AB} = \boldsymbol{O}$，则 $r(\boldsymbol{A}) + r(\boldsymbol{B}) \leqslant n$.

(10) $r\begin{pmatrix} \boldsymbol{A} & \boldsymbol{O} \\ \boldsymbol{O} & \boldsymbol{B} \end{pmatrix} = r(\boldsymbol{A}) + r(\boldsymbol{B})$.

(11) $r(\boldsymbol{A}) + r(\boldsymbol{B}) \leqslant r\begin{pmatrix} \boldsymbol{A} & \boldsymbol{O} \\ \boldsymbol{C} & \boldsymbol{B} \end{pmatrix} \leqslant r(\boldsymbol{A}) + r(\boldsymbol{B}) + r(\boldsymbol{C})$.

$$(12)r(\mathbf{A}^*)=\begin{cases}n & \Leftrightarrow & r(\mathbf{A})=n \\ 1 & \Leftrightarrow & r(\mathbf{A})=n-1 \\ 0 & \Leftrightarrow & r(\mathbf{A})<n-1\end{cases}$$，其中 $\mathbf{A}^*$ 为 $\mathbf{A}$ 的伴随矩阵.

(13)$\mathbf{A}_{m\times n}\boldsymbol{x}=\mathbf{0}$，则 $r(\mathbf{A})$ + 线性无关解向量个数 $=n$（n 是未知量个数）.

§5 分块矩阵

2.5.1 分块矩阵的概念

将矩阵用若干纵线和横线分成许多小块，每一小块称为原矩阵的子矩阵（或子块），把子块看成原矩阵的一个元素，则原矩阵叫分块矩阵.

由于不同的需要，同一个矩阵可以用不同的方法分块，构成不同的分块矩阵.

$$\mathbf{A}=\begin{bmatrix}a_{11} & a_{12} & \cdots & a_{1n} \\ \hdashline a_{21} & a_{22} & \cdots & a_{2n} \\ \hdashline \vdots & \vdots & & \vdots \\ \hdashline a_{m1} & a_{m2} & \cdots & a_{mn}\end{bmatrix}=\begin{bmatrix}\boldsymbol{\alpha}_1 \\ \boldsymbol{\alpha}_2 \\ \vdots \\ \boldsymbol{\alpha}_m\end{bmatrix}$$，其中 $\boldsymbol{\alpha}_i=[a_{i1},a_{i2},\cdots,a_{in}]$，$i=1,2,\cdots,m$，是 $\mathbf{A}$ 的子矩阵，$\mathbf{A}$ 是以行分块的分块阵.

$$\mathbf{B}=\left[\begin{array}{c:c:c:c}b_{11} & b_{12} & \cdots & b_{1n} \\ b_{21} & b_{22} & \cdots & b_{2n} \\ \vdots & \vdots & & \vdots \\ b_{m1} & b_{m2} & \cdots & b_{mn}\end{array}\right]=[\boldsymbol{\beta}_1,\boldsymbol{\beta}_2,\cdots,\boldsymbol{\beta}_n]$$，其中 $\boldsymbol{\beta}_j=[b_{1j},b_{2j},\cdots,b_{mj}]^{\mathrm{T}}$，$j=1,2,\cdots,n$，是 $\mathbf{B}$ 的子矩阵，$\mathbf{B}$ 是以列分块的分块阵.

2.5.2 分块矩阵的运算

对矩阵适当地分块处理(要保证相对应子块的运算能够合理进行),就有如下运算法则

(1) 分块矩阵的加法

$$\begin{bmatrix} A_1 & A_2 \\ A_3 & A_4 \end{bmatrix}+\begin{bmatrix} B_1 & B_2 \\ B_3 & B_4 \end{bmatrix}=\begin{bmatrix} A_1+B_1 & A_2+B_2 \\ A_3+B_3 & A_4+B_4 \end{bmatrix}.$$

(2) 分块矩阵的乘法

$$\begin{bmatrix} A & B \\ C & D \end{bmatrix}\begin{bmatrix} X & Y \\ Z & W \end{bmatrix}=\begin{bmatrix} AX+BZ & AY+BW \\ CX+DZ & CY+DW \end{bmatrix}.$$

(3) 分块矩阵的转置

$$\begin{bmatrix} A & B \\ C & D \end{bmatrix}^{\mathrm{T}}=\begin{bmatrix} A^{\mathrm{T}} & C^{\mathrm{T}} \\ B^{\mathrm{T}} & D^{T} \end{bmatrix}.$$

(4) 若 B,C 分别是 m 阶与 s 阶矩阵,则

$$\begin{bmatrix} B & O \\ O & C \end{bmatrix}^{n}=\begin{bmatrix} B^n & O \\ O & C^n \end{bmatrix}.$$

(5) 分块矩阵的逆

若 B,C 分别是 m 阶与 n 阶可逆矩阵,则

$$\begin{bmatrix} B & O \\ O & C \end{bmatrix}^{-1}=\begin{bmatrix} B^{-1} & O \\ O & C^{-1} \end{bmatrix},\begin{bmatrix} O & B \\ C & O \end{bmatrix}^{-1}=\begin{bmatrix} O & C^{-1} \\ B^{-1} & O \end{bmatrix}.$$

若 $A=\begin{bmatrix} B & O \\ C & D \end{bmatrix}$,则 A 可逆,且 $A^{-1}=\begin{bmatrix} B^{-1} & O \\ -D^{-1}CB^{-1} & D^{-1} \end{bmatrix}$,其中 B,D 可逆.

(6) 矩阵按列分块

若 $\boldsymbol{A}$ 是 $m\times n$ 矩阵，$\boldsymbol{B}$ 是 $n\times s$ 矩阵且 $\boldsymbol{AB}=\boldsymbol{O}$，对 $\boldsymbol{B}$ 和 $\boldsymbol{O}$ 矩阵按列分块有

$$\boldsymbol{AB}=\boldsymbol{A}[\boldsymbol{B}_1,\boldsymbol{B}_2,\cdots,\boldsymbol{B}_s]=[\boldsymbol{AB}_1,\boldsymbol{AB}_2,\cdots,\boldsymbol{AB}_s]=[\boldsymbol{0},\boldsymbol{0},\cdots,\boldsymbol{0}]$$

$$\boldsymbol{AB}_i=\boldsymbol{0}\quad(i=1,2,\cdots,s).$$

即 $\boldsymbol{B}$ 的列向量是齐次方程组 $\boldsymbol{Ax}=\boldsymbol{0}$ 的解.

(7) 矩阵按行分块

若 $\boldsymbol{AB}=\boldsymbol{C}$，其中 $\boldsymbol{A}$ 是 $m\times n$ 矩阵，$\boldsymbol{B}$ 是 $n\times s$ 矩阵，则对 $\boldsymbol{B},\boldsymbol{C}$ 按行分块有

$$\begin{bmatrix} a_{11} & a_{12} & \cdots & a_{1n} \\ a_{21} & a_{22} & \cdots & a_{2n} \\ \vdots & \vdots & & \vdots \\ a_{m1} & a_{m2} & \cdots & a_{mn} \end{bmatrix}\begin{bmatrix} \boldsymbol{\beta}_1 \\ \boldsymbol{\beta}_2 \\ \vdots \\ \boldsymbol{\beta}_n \end{bmatrix}=\begin{bmatrix} \boldsymbol{\alpha}_1 \\ \boldsymbol{\alpha}_2 \\ \vdots \\ \boldsymbol{\alpha}_m \end{bmatrix},$$

即

$$\begin{cases} a_{11}\boldsymbol{\beta}_1+a_{12}\boldsymbol{\beta}_2+\cdots+a_{1n}\boldsymbol{\beta}_n=\boldsymbol{\alpha}_1 \\ a_{21}\boldsymbol{\beta}_1+a_{22}\boldsymbol{\beta}_2+\cdots+a_{2n}\boldsymbol{\beta}_n=\boldsymbol{\alpha}_2 \\ \quad\vdots \qquad\quad \vdots \qquad\qquad\quad \vdots \\ a_{m1}\boldsymbol{\beta}_1+a_{m2}\boldsymbol{\beta}_2+\cdots+a_{mn}\boldsymbol{\beta}_n=\boldsymbol{\alpha}_m \end{cases},$$

可见矩阵 $\boldsymbol{AB}$ 的行向量 $\boldsymbol{\alpha}_1,\boldsymbol{\alpha}_2,\cdots,\boldsymbol{\alpha}_m$ 可由 $\boldsymbol{B}$ 的行向量 $\boldsymbol{\beta}_1,\boldsymbol{\beta}_2,\cdots,\boldsymbol{\beta}_n$ 线性表出.

类似地，对矩阵 $\boldsymbol{A},\boldsymbol{C}$ 按列分块，有

$$[\boldsymbol{\gamma}_1,\boldsymbol{\gamma}_2,\cdots,\boldsymbol{\gamma}_n]\begin{bmatrix} b_{11} & b_{12} & \cdots & b_{1s} \\ b_{21} & b_{22} & \cdots & b_{2s} \\ \vdots & \vdots & & \vdots \\ b_{n1} & b_{n2} & \cdots & b_{ns} \end{bmatrix}=[\boldsymbol{\delta}_1,\boldsymbol{\delta}_2,\cdots,\boldsymbol{\delta}_s],$$

由此得
$$\begin{cases} b_{11}\boldsymbol{\gamma}_1 + b_{21}\boldsymbol{\gamma}_2 + \cdots + b_{n1}\boldsymbol{\gamma}_n = \boldsymbol{\delta}_1 \\ b_{12}\boldsymbol{\gamma}_1 + b_{22}\boldsymbol{\gamma}_2 + \cdots + b_{n2}\boldsymbol{\gamma}_n = \boldsymbol{\delta}_2 \\ \quad\vdots \qquad\qquad \vdots \qquad\qquad\qquad \vdots \\ b_{1s}\boldsymbol{\gamma}_1 + b_{2s}\boldsymbol{\gamma}_2 + \cdots + b_{ns}\boldsymbol{\gamma}_n = \boldsymbol{\delta}_s \end{cases},$$
即矩阵 $\boldsymbol{AB}$ 的列向量可由 $\boldsymbol{A}$ 的列向量线性表出.

(8) 分块矩阵的行列式

$\boldsymbol{A}$ 是 n 阶矩阵，$\boldsymbol{B}$ 是 m 阶矩阵，
$$\begin{vmatrix} \boldsymbol{A} & \boldsymbol{O} \\ \boldsymbol{O} & \boldsymbol{B} \end{vmatrix} = \begin{vmatrix} \boldsymbol{A} & \boldsymbol{O} \\ \boldsymbol{C} & \boldsymbol{B} \end{vmatrix} = \begin{vmatrix} \boldsymbol{A} & \boldsymbol{C} \\ \boldsymbol{O} & \boldsymbol{B} \end{vmatrix} = |\boldsymbol{A}||\boldsymbol{B}|,$$
$$\begin{vmatrix} \boldsymbol{O} & \boldsymbol{A} \\ \boldsymbol{B} & \boldsymbol{O} \end{vmatrix} = \begin{vmatrix} \boldsymbol{C} & \boldsymbol{A} \\ \boldsymbol{B} & \boldsymbol{O} \end{vmatrix} = \begin{vmatrix} \boldsymbol{O} & \boldsymbol{A} \\ \boldsymbol{B} & \boldsymbol{C} \end{vmatrix} = (-1)^{m \times n}|\boldsymbol{A}||\boldsymbol{B}|.$$

真题链接 【2018. 数一、二、三】

设 $\boldsymbol{A},\boldsymbol{B}$ 为 n 阶矩阵，记 $r(\boldsymbol{X})$ 为矩阵 $\boldsymbol{X}$ 的秩，$(\boldsymbol{X}\quad\boldsymbol{Y})$ 表示分块矩阵，则

(A) $r(\boldsymbol{A}\quad\boldsymbol{AB}) = r(\boldsymbol{A})$.　　(B) $r(\boldsymbol{A}\quad\boldsymbol{BA}) = r(\boldsymbol{A})$.

(C) $r(\boldsymbol{A}\quad\boldsymbol{B}) = \max\{r(\boldsymbol{A}),r(\boldsymbol{B})\}$.　　(D) $r(\boldsymbol{A}\quad\boldsymbol{B}) = r(\boldsymbol{A}^{\mathrm{T}}\quad\boldsymbol{B}^{\mathrm{T}})$.

答案 A

第三章　向　量

§1　向量组的线性相关性

3.1.1　n 维向量

数域 P 上的 n 个数排成一个有序数组$[a_1,a_2,\cdots,a_n]$称为数域 P 上的 n 维向量，一般用希腊字母 $\boldsymbol{\alpha},\boldsymbol{\beta},\boldsymbol{\gamma}$ 等表示. $\boldsymbol{\alpha}=[a_1,a_2,\cdots,a_n]$称为 n 维行向量，$\boldsymbol{\alpha}^{\mathrm{T}}=[a_1,a_2,\cdots,a_n]^{\mathrm{T}}$ 称为 n 维列向量，其中 a_i 称为向量 $\boldsymbol{\alpha}$（或 $\boldsymbol{\alpha}^{\mathrm{T}}$）的第 i 个分量. $\mathbf{0}=[0,0,\cdots,0]$ 称为零向量，$-\boldsymbol{\alpha}=[-a_1,-a_2,\cdots,-a_n]$ 称为 $\boldsymbol{\alpha}=[a_1,a_2,\cdots,a_n]$ 的负向量.

3.1.2　向量的基本运算

相等　$\boldsymbol{\alpha}=\boldsymbol{\beta}\Leftrightarrow\boldsymbol{\alpha},\boldsymbol{\beta}$ 同维，且对应分量 $a_i=b_i,i=1,2,\cdots,n$.

加法　$\boldsymbol{\alpha}+\boldsymbol{\beta}=[a_1+b_1,a_2+b_2,\cdots,a_n+b_n]$.

数乘　$k\boldsymbol{\alpha}=[ka_1,ka_2,\cdots,ka_n]$.

向量的加法和数乘统称为向量的线性运算.

3.1.3　向量线性运算的性质

(1) $\boldsymbol{\alpha}+\boldsymbol{\beta}=\boldsymbol{\beta}+\boldsymbol{\alpha}$.

(2) $(\boldsymbol{\alpha}+\boldsymbol{\beta})+\boldsymbol{\gamma}=\boldsymbol{\alpha}+(\boldsymbol{\beta}+\boldsymbol{\gamma})$.

(3) $\boldsymbol{\alpha}+\mathbf{0}=\boldsymbol{\alpha}$.

(4)$\boldsymbol{\alpha}+(-\boldsymbol{\alpha})=\mathbf{0}$.

(5)$1\cdot\boldsymbol{\alpha}=\boldsymbol{\alpha}$.

(6)$k(l\boldsymbol{\alpha})=l(k\boldsymbol{\alpha})=(kl)\boldsymbol{\alpha}$.

(7)$k(\boldsymbol{\alpha}+\boldsymbol{\beta})=k\boldsymbol{\alpha}+k\boldsymbol{\beta}$.

(8)$(k+l)\boldsymbol{\alpha}=k\boldsymbol{\alpha}+l\boldsymbol{\alpha}$.

3.1.4　线性组合

m 个 n 维向量 $\boldsymbol{\alpha}_1,\boldsymbol{\alpha}_2,\cdots,\boldsymbol{\alpha}_m$ 及 m 个数 $k_1,k_2,\cdots,k_m$,则向量

$$k_1\boldsymbol{\alpha}_1+k_2\boldsymbol{\alpha}_2+\cdots+k_m\boldsymbol{\alpha}_m$$

称为向量 $\boldsymbol{\alpha}_1,\boldsymbol{\alpha}_2,\cdots,\boldsymbol{\alpha}_m$ 的一个线性组合,其中 $k_1,k_2,\cdots,k_m$ 称为线性组合系数.

3.1.5　线性表出

若 $\boldsymbol{\beta}$ 能表示成 $\boldsymbol{\alpha}_1,\boldsymbol{\alpha}_2,\cdots,\boldsymbol{\alpha}_m$ 的线性组合,即

$$\boldsymbol{\beta}=k_1\boldsymbol{\alpha}_1+k_2\boldsymbol{\alpha}_2+\cdots+k_m\boldsymbol{\alpha}_m,$$

则称 $\boldsymbol{\beta}$ 能由 $\boldsymbol{\alpha}_1,\boldsymbol{\alpha}_2,\cdots,\boldsymbol{\alpha}_m$ 线性表出.

3.1.6　线性相关

对 m 个 n 维向量 $\boldsymbol{\alpha}_1,\boldsymbol{\alpha}_2,\cdots,\boldsymbol{\alpha}_m$,若存在不全为零的数 $k_1,k_2,\cdots,k_m$,使得

$$k_1\boldsymbol{\alpha}_1+k_2\boldsymbol{\alpha}_2+\cdots+k_m\boldsymbol{\alpha}_m=\mathbf{0}$$

成立,则称向量组 $\boldsymbol{\alpha}_1,\boldsymbol{\alpha}_2,\cdots,\boldsymbol{\alpha}_m$ 线性相关.

显然含有零向量,相等向量或成比例向量的向量组是线性相关的;单个向量时,零向量是线性相关的.

3.1.7　线性无关

m 个 n 维向量 $\boldsymbol{\alpha}_1,\boldsymbol{\alpha}_2,\cdots,\boldsymbol{\alpha}_m$ 不是线性相关的,则称 $\boldsymbol{\alpha}_1,\boldsymbol{\alpha}_2,\cdots,\boldsymbol{\alpha}_m$ 线性无关,即不存在不全为零的数 k_1,

$k_2,\cdots,k_m$，使得

$$k_1\boldsymbol{\alpha}_1+k_2\boldsymbol{\alpha}_2+\cdots+k_m\boldsymbol{\alpha}_m=\mathbf{0}$$

或对任意不全为零的数 $k_1,k_2,\cdots,k_m$，均有

$$k_1\boldsymbol{\alpha}_1+k_2\boldsymbol{\alpha}_2+\cdots+k_m\boldsymbol{\alpha}_m\neq\mathbf{0}$$

或仅当 $k_1=k_2=\cdots=k_m=0$ 时才有

$$k_1\boldsymbol{\alpha}_1+k_2\boldsymbol{\alpha}_2+\cdots+k_m\boldsymbol{\alpha}_m=\mathbf{0}$$

成立，则称 $\boldsymbol{\alpha}_1,\boldsymbol{\alpha}_2,\cdots,\boldsymbol{\alpha}_m$ 线性无关.

向量组 $\boldsymbol{\varepsilon}_1=[1,0,\cdots,0]$，$\boldsymbol{\varepsilon}_2=[0,1,0,\cdots,0]$，$\cdots$，$\boldsymbol{\varepsilon}_n=[0,0,\cdots,0,1]$ 是线性无关的，单个向量是非零向量时是线性无关的；两个向量不成比例时是线性无关的.

3.1.8 线性相关、线性无关的判定

(1) 向量组 $\boldsymbol{\alpha}_1,\boldsymbol{\alpha}_2,\cdots,\boldsymbol{\alpha}_s(s\geqslant 2)$ 线性相关(无关) $\Leftrightarrow$ 至少有一个向量 $\boldsymbol{\alpha}_i$(任意一个向量 $\boldsymbol{\alpha}_i$，$i=1,2,\cdots,s$) 可以(不可以) 由其余向量线性表出.

(2) 向量组 $\boldsymbol{\alpha}_1,\boldsymbol{\alpha}_2,\cdots,\boldsymbol{\alpha}_m(\boldsymbol{\alpha}_j=[a_{1j},a_{2j},\cdots,a_{nj}]^{\mathrm{T}},j=1,2,\cdots,m)$ 线性相关(无关) $\Leftrightarrow$ 以 $\boldsymbol{\alpha}_j$ 为列向量的齐次线性方程组

$$\boldsymbol{\alpha}_1x_1+\boldsymbol{\alpha}_2x_2+\cdots\boldsymbol{\alpha}_mx_m=\mathbf{0},$$

即

$$\begin{cases}a_{11}x_1+a_{12}x_2+\cdots+a_{1m}x_m=0\\a_{21}x_1+a_{22}x_2+\cdots+a_{2m}x_m=0\\\cdots\cdots\\a_{n1}x_1+a_{n2}x_2+\cdots+a_{nm}x_m=0\end{cases}$$

有非零解(仅有零解).

(3)$\boldsymbol{\alpha}_1,\boldsymbol{\alpha}_2,\cdots,\boldsymbol{\alpha}_r$ 及 $\boldsymbol{\alpha}_1,\boldsymbol{\alpha}_2,\cdots,\boldsymbol{\alpha}_r,\cdots,\boldsymbol{\alpha}_s$(其中 $s\geqslant r$),称 $\boldsymbol{\alpha}_1,\boldsymbol{\alpha}_2,\cdots,\boldsymbol{\alpha}_r$ 是 $\boldsymbol{\alpha}_1,\boldsymbol{\alpha}_2,\cdots,\boldsymbol{\alpha}_s$ 的部分组,$\boldsymbol{\alpha}_1,\boldsymbol{\alpha}_2,\cdots,\boldsymbol{\alpha}_s$ 是整体组,则任何部分组 $\boldsymbol{\alpha}_1,\boldsymbol{\alpha}_2,\cdots,\boldsymbol{\alpha}_r$ 相关 $\Rightarrow$ 整体组 $\boldsymbol{\alpha}_1,\boldsymbol{\alpha}_2,\cdots,\boldsymbol{\alpha}_r,\cdots,\boldsymbol{\alpha}_s$ 相关,整体组 $\boldsymbol{\alpha}_1,\boldsymbol{\alpha}_2,\cdots,\boldsymbol{\alpha}_r,\cdots,\boldsymbol{\alpha}_s$ 无关 $\Rightarrow$ 任何部分组 $\boldsymbol{\alpha}_1,\boldsymbol{\alpha}_2,\cdots,\boldsymbol{\alpha}_r$ 无关,反之都不成立.

(4)向量组

$$\boldsymbol{\alpha}_1=\begin{bmatrix}a_{11}\\a_{21}\\\vdots\\a_{r1}\end{bmatrix},\boldsymbol{\alpha}_2=\begin{bmatrix}a_{12}\\a_{22}\\\vdots\\a_{r2}\end{bmatrix},\cdots,\boldsymbol{\alpha}_m=\begin{bmatrix}a_{1m}\\a_{2m}\\\vdots\\a_{rm}\end{bmatrix}$$

及

$$\widetilde{\boldsymbol{\alpha}}_1=\begin{bmatrix}a_{11}\\a_{21}\\\vdots\\a_{r1}\\\vdots\\a_{s1}\end{bmatrix},\widetilde{\boldsymbol{\alpha}}_2=\begin{bmatrix}a_{12}\\a_{22}\\\vdots\\a_{r2}\\\vdots\\a_{s2}\end{bmatrix},\cdots,\widetilde{\boldsymbol{\alpha}}_m=\begin{bmatrix}a_{1m}\\a_{2m}\\\vdots\\a_{rm}\\\vdots\\a_{sm}\end{bmatrix},$$

其中 $s\geqslant r$,则称 $\widetilde{\boldsymbol{\alpha}}_1,\widetilde{\boldsymbol{\alpha}}_2,\cdots,\widetilde{\boldsymbol{\alpha}}_m$ 为向量组 $\boldsymbol{\alpha}_1,\boldsymbol{\alpha}_2,\cdots,\boldsymbol{\alpha}_m$ 的延伸组(或称 $\boldsymbol{\alpha}_1,\boldsymbol{\alpha}_2,\cdots,\boldsymbol{\alpha}_m$ 是 $\widetilde{\boldsymbol{\alpha}}_1,\widetilde{\boldsymbol{\alpha}}_2,\cdots,\widetilde{\boldsymbol{\alpha}}_m$ 的缩短组)则

$$\boldsymbol{\alpha}_1,\boldsymbol{\alpha}_2,\cdots,\boldsymbol{\alpha}_m\text{ 线性无关}\Rightarrow\widetilde{\boldsymbol{\alpha}}_1,\widetilde{\boldsymbol{\alpha}}_2,\cdots,\widetilde{\boldsymbol{\alpha}}_m\text{ 线性无关;}$$

$$\widetilde{\boldsymbol{\alpha}}_1,\widetilde{\boldsymbol{\alpha}}_2,\cdots,\widetilde{\boldsymbol{\alpha}}_m\text{ 线性相关}\Rightarrow\boldsymbol{\alpha}_1,\boldsymbol{\alpha}_2,\cdots,\boldsymbol{\alpha}_m\text{ 线性相关,}$$

反之均不成立.

(5) 若向量组 $\boldsymbol{\alpha}_1,\boldsymbol{\alpha}_2,\cdots,\boldsymbol{\alpha}_s$ 线性无关,而向量组 $\boldsymbol{\alpha}_1,\boldsymbol{\alpha}_2,\cdots,\boldsymbol{\alpha}_s,\boldsymbol{\beta}$ 线性相关,则 $\boldsymbol{\beta}$ 可由 $\boldsymbol{\alpha}_1,\boldsymbol{\alpha}_2,\cdots,\boldsymbol{\alpha}_s$ 线性表出,且表出法唯一.

(6) 设有两个向量组(Ⅰ)$\boldsymbol{\alpha}_1,\boldsymbol{\alpha}_2,\cdots,\boldsymbol{\alpha}_s$,(Ⅱ)$\boldsymbol{\beta}_1,\boldsymbol{\beta}_2,\cdots,\boldsymbol{\beta}_t$,

若 $\boldsymbol{\beta}_i(i=1,2,\cdots,t)$ 均可由(Ⅰ)线性表出,且 $t>s$,则(Ⅱ)$\boldsymbol{\beta}_1,\boldsymbol{\beta}_2,\cdots,\boldsymbol{\beta}_t$ 线性相关;

若 $\boldsymbol{\beta}_i(i=1,2,\cdots,t)$ 均可由(Ⅰ)线性表出,且 $\boldsymbol{\beta}_1,\boldsymbol{\beta}_2,\cdots,\boldsymbol{\beta}_t$ 线性无关,则 $t\leqslant s$.

§2　极大线性无关组、秩

3.2.1　极大线性无关组

向量组 $\boldsymbol{\alpha}_{i_1},\boldsymbol{\alpha}_{i_2},\cdots,\boldsymbol{\alpha}_{i_r}(1\leqslant i_r\leqslant s)$ 是向量组 $\boldsymbol{\alpha}_1,\boldsymbol{\alpha}_2,\cdots,\boldsymbol{\alpha}_s$ 的部分组,满足条件

(1)$\boldsymbol{\alpha}_{i_1},\boldsymbol{\alpha}_{i_2},\cdots,\boldsymbol{\alpha}_{i_r}$ 线性无关;

(2) 向量组中任一向量 $\boldsymbol{\alpha}_i(1\leqslant i\leqslant s)$ 均可由 $\boldsymbol{\alpha}_{i_1},\boldsymbol{\alpha}_{i_2},\cdots,\boldsymbol{\alpha}_{i_r}$ 线性表出.

则称向量组 $\boldsymbol{\alpha}_{i_1},\boldsymbol{\alpha}_{i_2},\cdots,\boldsymbol{\alpha}_{i_r}$ 是向量组 $\boldsymbol{\alpha}_1,\boldsymbol{\alpha}_2,\cdots,\boldsymbol{\alpha}_s$ 的极大线性无关组.

条件(2)的等价说法是:$\boldsymbol{\alpha}_{i_1},\boldsymbol{\alpha}_{i_2},\cdots,\boldsymbol{\alpha}_{i_r}$ 中加入任一向量 $\boldsymbol{\alpha}_i(1\leqslant i\leqslant s)$,则向量组$\boldsymbol{\alpha}_{i_1},\boldsymbol{\alpha}_{i_2},\cdots,\boldsymbol{\alpha}_{i_r},\boldsymbol{\alpha}_i$ 线性相关.

向量组的极大无关组一般不唯一,但极大无关组的向量个数是一样的.只有一个零向量组成的向量组没有极大线性无关组,一个线性无关向量组的极大线性无关组就是该向量组本身.

3.2.2　向量组的秩

向量组的极大线性无关组的向量个数称为向量组的秩,记为$r(\boldsymbol{\alpha}_1,\boldsymbol{\alpha}_2,\cdots,\boldsymbol{\alpha}_s)$.

3.2.3　等价向量组

设向量组

$$(\mathrm{I})\boldsymbol{\alpha}_1,\boldsymbol{\alpha}_2,\cdots,\boldsymbol{\alpha}_s,(\mathrm{II})\boldsymbol{\beta}_1,\boldsymbol{\beta}_2,\cdots,\boldsymbol{\beta}_t,$$

若(Ⅰ)中的每个向量 $\boldsymbol{\alpha}_i, i=1,2,\cdots,s$，均可由(Ⅱ)线性表出，则称(Ⅰ)可由(Ⅱ)线性表出；若向量组(Ⅰ)(Ⅱ)可以相互表出，则称向量组(Ⅰ)(Ⅱ)是等价向量，记成(Ⅰ)$\cong$(Ⅱ).

向量组和它的极大线性无关组是等价向量组.

一个向量组中各极大无关组之间是等价向量组，且向量个数相同.

3.2.4　向量组的秩与矩阵的关系

设 $\boldsymbol{A}$ 是 $m\times n$ 矩阵，将 $\boldsymbol{A}$ 以行及列分块，得

$$\boldsymbol{A}_{m\times n}=\begin{bmatrix}\boldsymbol{\alpha}_1\\\boldsymbol{\alpha}_2\\\vdots\\\boldsymbol{\alpha}_m\end{bmatrix}=[\boldsymbol{\beta}_1,\boldsymbol{\beta}_2,\cdots,\boldsymbol{\beta}_n],$$

则 $r(\boldsymbol{\alpha}_1,\boldsymbol{\alpha}_2,\cdots,\boldsymbol{\alpha}_m)$ 称为 $\boldsymbol{A}$ 的行秩，$r(\boldsymbol{\beta}_1,\boldsymbol{\beta}_2,\cdots,\boldsymbol{\beta}_n)$ 称为 $\boldsymbol{A}$ 的列秩. 且 $r(\boldsymbol{A})$($\boldsymbol{A}$ 矩阵的秩) $=\boldsymbol{A}$ 的行秩 $=\boldsymbol{A}$ 的列秩.

3.2.5　初等行变换变行向量组为等价向量组

若

$$\boldsymbol{A}=\begin{bmatrix}\boldsymbol{\alpha}_1\\\boldsymbol{\alpha}_2\\\vdots\\\boldsymbol{\alpha}_m\end{bmatrix}\xrightarrow{\text{初等行变换}}\boldsymbol{B}=\begin{bmatrix}\boldsymbol{\beta}_1\\\boldsymbol{\beta}_2\\\vdots\\\boldsymbol{\beta}_m\end{bmatrix},$$

则
$$\{\boldsymbol{\alpha}_1,\boldsymbol{\alpha}_2,\cdots,\boldsymbol{\alpha}_m\}\cong\{\boldsymbol{\beta}_1,\boldsymbol{\beta}_2,\cdots,\boldsymbol{\beta}_m\}.$$

记录行变换的过程,则对应的部分行向量组也是等价向量组.

3.2.6 初等行变换后相应的列向量组有相同的线性相关性

若
$$\boldsymbol{A}=[\boldsymbol{\alpha}_1,\boldsymbol{\alpha}_2,\cdots,\boldsymbol{\alpha}_n]\xrightarrow{\text{初等行变换}}\boldsymbol{B}=[\boldsymbol{\beta}_1,\boldsymbol{\beta}_2,\cdots,\boldsymbol{\beta}_n],$$

则部分向量组 $\boldsymbol{\alpha}_{i1},\boldsymbol{\alpha}_{i2},\cdots,\boldsymbol{\alpha}_{ir}$ 线性相关(或无关) $\Leftrightarrow$ 对应的部分向量组$[\boldsymbol{\beta}_{i1},\boldsymbol{\beta}_{i2},\cdots,\boldsymbol{\beta}_{rn}]$线性相关(或无关).

3.2.7 向量组秩与线性表示的关系

设向量组(Ⅰ)$\boldsymbol{\alpha}_1,\boldsymbol{\alpha}_2,\cdots,\boldsymbol{\alpha}_s$,(Ⅱ)$\boldsymbol{\beta}_1,\boldsymbol{\beta}_2,\cdots,\boldsymbol{\beta}_t$.

(1) 若 $\boldsymbol{\alpha}_i(i=1,2,\cdots,s)$ 可由(Ⅱ)$\boldsymbol{\beta}_1,\boldsymbol{\beta}_2\cdots,\boldsymbol{\beta}_t$ 线性表出,则
$$r(\boldsymbol{\alpha}_1,\boldsymbol{\alpha}_2,\cdots,\boldsymbol{\alpha}_s)\leqslant r(\boldsymbol{\beta}_1,\boldsymbol{\beta}_2\cdots,\boldsymbol{\beta}_t).$$

(2)(Ⅰ)(Ⅱ)可以相互表出 $\Leftrightarrow\{\boldsymbol{\alpha}_1,\boldsymbol{\alpha}_2,\cdots,\boldsymbol{\alpha}_s\}\cong\{\boldsymbol{\beta}_1,\boldsymbol{\beta}_2,\cdots,\boldsymbol{\beta}_t\}\Rightarrow r(\boldsymbol{\alpha}_1,\boldsymbol{\alpha}_2,\cdots,\boldsymbol{\alpha}_s)=r(\boldsymbol{\beta}_1,\boldsymbol{\beta}_2,\cdots,\boldsymbol{\beta}_t)$,反之不成立.

3.2.8 向量组的极大线性无关组、秩的求法

将向量组处理成列向量组,合并成矩阵,做初等行变换,化成阶梯形矩阵,设
$$\boldsymbol{A}=(\boldsymbol{\alpha}_1,\boldsymbol{\alpha}_2,\cdots,\boldsymbol{\alpha}_s)\rightarrow\boldsymbol{B}=(\boldsymbol{\beta}_1,\boldsymbol{\beta}_2,\cdots,\boldsymbol{\beta}_s)$$

则

(1)$\boldsymbol{\alpha}_1,\boldsymbol{\alpha}_2,\cdots,\boldsymbol{\alpha}_s$ 与 $\boldsymbol{\beta}_1,\boldsymbol{\beta}_2,\cdots,\boldsymbol{\beta}_s$ 具有相同的线性相关性(方程组$(\boldsymbol{\alpha}_1,\boldsymbol{\alpha}_2,\cdots,\boldsymbol{\alpha}_s)\boldsymbol{x}=\boldsymbol{0}$ 与$(\boldsymbol{\beta}_1,\boldsymbol{\beta}_2,\cdots,\boldsymbol{\beta}_s)\boldsymbol{x}=\boldsymbol{0}$ 是同解方程组).

(2)$\boldsymbol{\alpha}_1,\boldsymbol{\alpha}_2,\cdots,\boldsymbol{\alpha}_s$ 与 $\boldsymbol{\beta}_1,\boldsymbol{\beta}_2,\cdots,\boldsymbol{\beta}_s$ 中任何对应的列向量组具有相同的线性相关性(对应的列向量组组成的齐次方程组是同解方程组).

(3)$\boldsymbol{\beta}_{i1},\boldsymbol{\beta}_{i2},\cdots,\boldsymbol{\beta}_{ir}$ 是 $\boldsymbol{\beta}_1,\boldsymbol{\beta}_2,\cdots,\boldsymbol{\beta}_s$ 的极大线性无关组，则 $\boldsymbol{\alpha}_{i1},\boldsymbol{\alpha}_{i2},\cdots,\boldsymbol{\alpha}_{ir}$ 是 $\boldsymbol{\alpha}_1,\boldsymbol{\alpha}_2,\cdots,\boldsymbol{\alpha}_s$ 的极大线性无关组.

3.2.9　向量的内积

设有 n 维向量 $\boldsymbol{\alpha}=[a_1,a_2,\cdots,a_n]^{\mathrm{T}}$，$\boldsymbol{\beta}=[b_1,b_2,\cdots,b_n]^{\mathrm{T}}$，令 $(\boldsymbol{\alpha},\boldsymbol{\beta})=\boldsymbol{\alpha}^{\mathrm{T}}\boldsymbol{\beta}=\boldsymbol{\beta}^{\mathrm{T}}\boldsymbol{\alpha}=\sum\limits_{i=1}^{n}a_ib_i$，则称 $(\boldsymbol{\alpha},\boldsymbol{\beta})$ 为向量 $\boldsymbol{\alpha},\boldsymbol{\beta}$ 的内积.

3.2.10　内积的性质

(1)$(\boldsymbol{\alpha},\boldsymbol{\beta})=(\boldsymbol{\beta},\boldsymbol{\alpha})$（对称性）.

(2)$\lambda(\boldsymbol{\alpha},\boldsymbol{\beta})=(\lambda\boldsymbol{\alpha},\boldsymbol{\beta})=(\boldsymbol{\alpha},\lambda\boldsymbol{\beta})$（线性性）.

(3)$(\boldsymbol{\alpha}+\boldsymbol{\beta},\boldsymbol{\gamma})=(\boldsymbol{\alpha},\boldsymbol{\gamma})+(\boldsymbol{\beta},\boldsymbol{\gamma})$（线性性）.

(4)$(\boldsymbol{\alpha},\boldsymbol{\alpha})\geqslant 0$，等号成立当且仅当 $\boldsymbol{\alpha}=\mathbf{0}$（正定性）.

内积的向量空间称为欧氏空间.

3.2.11　向量的模

设 $\|\boldsymbol{\alpha}\|=\sqrt{(\boldsymbol{\alpha},\boldsymbol{\alpha})}=\sqrt{a_1^2+a_2^2+\cdots+a_n^2}$ 称为向量 $\boldsymbol{\alpha}=[a_1,a_2,\cdots,a_n]$ 的模（长度），$\|\boldsymbol{\alpha}\|=1$ 时称 $\boldsymbol{\alpha}$ 为单位向量.

3.2.12　两向量的夹角

两个向量 $\boldsymbol{\alpha},\boldsymbol{\beta}$ 夹角记作 $\langle\boldsymbol{\alpha},\boldsymbol{\beta}\rangle$，且定义它的余弦为

$$\cos\langle\boldsymbol{\alpha},\boldsymbol{\beta}\rangle=\frac{(\boldsymbol{\alpha},\boldsymbol{\beta})}{\|\boldsymbol{\alpha}\|\,\|\boldsymbol{\beta}\|}.$$

当 $(\boldsymbol{\alpha},\boldsymbol{\beta})=0$ 时，则 $\cos\langle\boldsymbol{\alpha},\boldsymbol{\beta}\rangle=0$，$\langle\boldsymbol{\alpha},\boldsymbol{\beta}\rangle=\frac{\pi}{2}$，此时称向量 $\boldsymbol{\alpha},\boldsymbol{\beta}$ 正交.

3.2.13 两个不等式

(1) $|(\boldsymbol{\alpha},\boldsymbol{\beta})| \leqslant \|\boldsymbol{\alpha}\| \|\boldsymbol{\beta}\|$(柯西-施瓦茨不等式).

(2) $\|\boldsymbol{\alpha}+\boldsymbol{\beta}\| \leqslant \|\boldsymbol{\alpha}\| + \|\boldsymbol{\beta}\|$(三角形不等式).

3.2.14 正交矩阵

设 n 阶矩阵 $\boldsymbol{A}$ 以列(或行)分块为

$$\boldsymbol{A}=[\boldsymbol{\alpha}_1,\boldsymbol{\alpha}_2,\cdots,\boldsymbol{\alpha}_n],\text{满足}(\boldsymbol{\alpha}_i,\boldsymbol{\alpha}_j)=\begin{cases}0, i\neq j\\1, i=j\end{cases},$$

则称 $\boldsymbol{A}$ 为正交矩阵.

3.2.15 正交阵的充分必要条件

$\boldsymbol{A}$ 是正交矩阵的充要条件:$\boldsymbol{A}$ 是正交矩阵 $\Leftrightarrow$ $\boldsymbol{A}$ 的行(列)向量组是标准正交向量组 $\Leftrightarrow \boldsymbol{A}^{\mathrm{T}}\boldsymbol{A}=\boldsymbol{E} \Leftrightarrow \boldsymbol{A}^{\mathrm{T}}=\boldsymbol{A}^{-1}$.

$\boldsymbol{A}$ 是正交矩阵的必要条件:$\boldsymbol{A}$ 是正交矩阵 $\Rightarrow |\boldsymbol{A}|=\pm 1$.

$\boldsymbol{A},\boldsymbol{B}$ 是正交矩阵 $\Rightarrow$ $\boldsymbol{AB}$ 仍是正交矩阵.

3.2.16 施密特(Schmidt)标准正交化方法

设 $\boldsymbol{\alpha}_1,\boldsymbol{\alpha}_2,\cdots,\boldsymbol{\alpha}_s$ 线性无关,其标准正交化的方法如下(又称正交规范化):

先正交化,取

$$\begin{aligned}
\boldsymbol{\beta}_1 &= \boldsymbol{\alpha}_1,\\
\boldsymbol{\beta}_2 &= \boldsymbol{\alpha}_2-\frac{(\boldsymbol{\alpha}_2,\boldsymbol{\beta}_1)}{(\boldsymbol{\beta}_1,\boldsymbol{\beta}_1)}\boldsymbol{\beta}_1,\\
&\vdots\\
\boldsymbol{\beta}_s &= \boldsymbol{\alpha}_s-\frac{(\boldsymbol{\alpha}_s,\boldsymbol{\beta}_{s-1})}{(\boldsymbol{\beta}_{s-1},\boldsymbol{\beta}_{s-1})}\boldsymbol{\beta}_{s-1}-\cdots-\frac{(\boldsymbol{\alpha}_s,\boldsymbol{\beta}_1)}{(\boldsymbol{\beta}_1,\boldsymbol{\beta}_1)}\boldsymbol{\beta}_1,
\end{aligned}$$

则 $\boldsymbol{\beta}_1,\boldsymbol{\beta}_2,\cdots,\boldsymbol{\beta}_s$ 是正交向量组.

再将 $\boldsymbol{\beta}_1,\boldsymbol{\beta}_2,\cdots,\boldsymbol{\beta}_s$ 单位化. 取

$$\boldsymbol{\eta}_1=\frac{\boldsymbol{\beta}_1}{\|\boldsymbol{\beta}_1\|},\quad \boldsymbol{\eta}_2=\frac{\boldsymbol{\beta}_2}{\|\boldsymbol{\beta}_2\|},\cdots,\quad \boldsymbol{\eta}_s=\frac{\boldsymbol{\beta}_s}{\|\boldsymbol{\beta}_s\|}.$$

则 $\boldsymbol{\eta}_1,\boldsymbol{\eta}_2,\cdots,\boldsymbol{\eta}_s$ 是标准正交向量组,即有

$$(\boldsymbol{\eta}_i,\boldsymbol{\eta}_j)=\begin{cases}0, & i\neq j\\ 1, & i=j\end{cases}.$$

§3 向量空间（数一）

3.3.1 向量空间

实数域上的全体 n 维向量,并定义加法和数乘运算,要求满足下列八条运算规则:

(1) $\boldsymbol{\alpha}+\boldsymbol{\beta}=\boldsymbol{\beta}+\boldsymbol{\alpha}$.

(2) $(\boldsymbol{\alpha}+\boldsymbol{\beta})+\boldsymbol{\gamma}=\boldsymbol{\alpha}+(\boldsymbol{\beta}+\boldsymbol{\gamma})$.

(3) 存在 $\mathbf{0}$,使 $\boldsymbol{\alpha}+\mathbf{0}=\boldsymbol{\alpha}$.

(4) 存在 $-\boldsymbol{\alpha}$,使 $-\boldsymbol{\alpha}+\boldsymbol{\alpha}=\mathbf{0}$.

(5) $1\cdot\boldsymbol{\alpha}=\boldsymbol{\alpha}$.

(6) $k(l\boldsymbol{\alpha})=(kl)\boldsymbol{\alpha}$.

(7) $(k+l)\boldsymbol{\alpha}=k\boldsymbol{\alpha}+l\boldsymbol{\alpha}$.

(8) $k(\boldsymbol{\alpha}+\boldsymbol{\beta})=k\boldsymbol{\alpha}+k\boldsymbol{\beta}$.

则称为实数域上的 n 维向量空间,并记成 $\mathbf{R}^n$.

3.3.2 $\mathbf{R}^n$ 的基、维数、坐标

若 $\boldsymbol{\xi}_1,\boldsymbol{\xi}_2\cdots\boldsymbol{\xi}_n$ 是 $\mathbf{R}^n$ 中的线性无关的有序向量组，则任一向量 $\boldsymbol{\alpha}\in\mathbf{R}^n$，均可由 $\boldsymbol{\xi}_1,\boldsymbol{\xi}_2,\cdots,\boldsymbol{\xi}_n$ 线性表出，设表出式为

$$\boldsymbol{\alpha}=a_1\boldsymbol{\xi}_1+a_2\boldsymbol{\xi}_2+\cdots+a_n\boldsymbol{\xi}_n,$$

则称有序向量组 $\boldsymbol{\xi}_1,\boldsymbol{\xi}_2,\cdots,\boldsymbol{\xi}_n$ 是 $\mathbf{R}^n$ 的一个基，基向量的个数 n 称为向量空间的维数，而 $[a_1,a_2,\cdots,a_n]$ 称为向量 $\boldsymbol{\alpha}$ 在基 $\boldsymbol{\xi}_1,\boldsymbol{\xi}_2,\cdots,\boldsymbol{\xi}_n$ 下的坐标，或称为 $\boldsymbol{\alpha}$ 的坐标行(列)向量. 称 $\boldsymbol{\varepsilon}_1=(1,0,\cdots,0),\boldsymbol{\varepsilon}_2=(0,1,0,\cdots,0),\cdots,\boldsymbol{\varepsilon}_n=(0,\cdots,0,1)$ 为 $\mathbf{R}^n$ 的自然基.

3.3.3 子空间

设 $\boldsymbol{W}$ 是 $\mathbf{R}^n$ 中的一个非空子集，如果 $\boldsymbol{W}$ 对 $\mathbf{R}^n$ 中的加法和数乘运算封闭，即 $\forall\,\boldsymbol{\alpha},\boldsymbol{\beta}\in\boldsymbol{W}$，有 $\boldsymbol{\alpha}+\boldsymbol{\beta}\in\boldsymbol{W}$，$k\boldsymbol{\alpha}\in\boldsymbol{W}$，则称 $\boldsymbol{W}$ 是 $\mathbf{R}^n$ 的一个子空间.

$\boldsymbol{A}_{m\times n}\boldsymbol{x}=\boldsymbol{0}$ 的全体解向量组成的非空子集即是 $\mathbf{R}^n$ 的一个子空间，称为解空间.

3.3.4 W 的基、维数、坐标

若 $\boldsymbol{W}$ 是 $\mathbf{R}^n$ 的子空间，则 $\boldsymbol{W}$ 的极大线性无关组 $\boldsymbol{\xi}_1,\boldsymbol{\xi}_2,\cdots,\boldsymbol{\xi}_r$ 称为 $\boldsymbol{W}$ 的一个基，基向量的个数称为子空间 $\boldsymbol{W}$ 的维数，若 $\boldsymbol{\alpha}\in\boldsymbol{W}$，且

$$\boldsymbol{\alpha}=a_1\boldsymbol{\xi}_1+a_2\boldsymbol{\xi}_2+\cdots+a_r\boldsymbol{\xi}_r,$$

则称向量 $[a_1,a_2,\cdots,a_r]$ 为 $\boldsymbol{\alpha}$ 在基 $\boldsymbol{\xi}_1,\boldsymbol{\xi}_2,\cdots,\boldsymbol{\xi}_r$ 下的坐标(或坐标行(列)向量).

注意子空间的维数和子空间中向量的维数是不同的概念，例如 $\boldsymbol{A}_{m\times n}\boldsymbol{x}=\boldsymbol{0}$，若 $r(\boldsymbol{A})=r$，则方程组的解空间的维数是 $n-r$(基础解系中线性无关的解向量的个数)，但解空间的向量仍是 n 维向量.

3.3.5 基变换公式和过渡矩阵

若 $\boldsymbol{\eta}_1,\boldsymbol{\eta}_2,\cdots,\boldsymbol{\eta}_n$ 和 $\boldsymbol{\xi}_1,\boldsymbol{\xi}_2,\cdots,\boldsymbol{\xi}_n$ 是 $\mathbf{R}^n$ 中的两个基，且有关系

$$[\boldsymbol{\eta}_1,\boldsymbol{\eta}_2,\cdots,\boldsymbol{\eta}_n]=[\boldsymbol{\xi}_1,\boldsymbol{\xi}_2,\cdots,\boldsymbol{\xi}_n]\begin{bmatrix} c_{11} & c_{12} & \cdots & c_{1n} \\ c_{21} & c_{22} & \cdots & c_{2n} \\ \vdots & \vdots & & \vdots \\ c_{n1} & c_{n2} & \cdots & c_{nn} \end{bmatrix}=[\boldsymbol{\xi}_1,\boldsymbol{\xi}_2,\cdots,\boldsymbol{\xi}_n]\boldsymbol{C}. \tag{3.1}$$

则(3.1)式称为由基 $\boldsymbol{\xi}_1,\boldsymbol{\xi}_2,\cdots,\boldsymbol{\xi}_n$ 到 $\boldsymbol{\eta}_1,\boldsymbol{\eta}_2,\cdots,\boldsymbol{\eta}_n$ 的基变换公式,矩阵 $\boldsymbol{C}$ 称为由基 $\boldsymbol{\xi}_1,\boldsymbol{\xi}_2,\cdots,\boldsymbol{\xi}_n$ 到 $\boldsymbol{\eta}_1,\boldsymbol{\eta}_2,\cdots,\boldsymbol{\eta}_n$ 的过渡矩阵. $\boldsymbol{C}$ 的第 i 列即是 $\boldsymbol{\eta}_i$ 在 $\boldsymbol{\xi}_1,\boldsymbol{\xi}_2,\cdots,\boldsymbol{\xi}_n$ 下的坐标列向量,且过渡矩阵是可逆矩阵.

3.3.6 坐标变换公式

设向量 $\boldsymbol{\alpha}$ 在基 $\boldsymbol{\xi}_1,\boldsymbol{\xi}_2,\cdots,\boldsymbol{\xi}_n$ 及基 $\boldsymbol{\eta}_1,\boldsymbol{\eta}_2,\cdots,\boldsymbol{\eta}_n$ 下的坐标分别是 $\boldsymbol{x}=[x_1,x_2,\cdots,x_n]^{\mathrm{T}}$ 和 $\boldsymbol{y}=[y_1,y_2,\cdots,y_n]^{\mathrm{T}}$,即

$$\boldsymbol{\alpha}=[\boldsymbol{\xi}_1,\boldsymbol{\xi}_2,\cdots,\boldsymbol{\xi}_n]\boldsymbol{x}=[\boldsymbol{\eta}_1,\boldsymbol{\eta}_2,\cdots,\boldsymbol{\eta}_n]\boldsymbol{y},$$

又由基 $\boldsymbol{\xi}_1,\boldsymbol{\xi}_2,\cdots,\boldsymbol{\xi}_n$ 到基 $\boldsymbol{\eta}_1,\boldsymbol{\eta}_2,\cdots,\boldsymbol{\eta}_n$ 的过渡矩阵为 $\boldsymbol{C}$,即

$$[\boldsymbol{\eta}_1,\boldsymbol{\eta}_2,\cdots,\boldsymbol{\eta}_n]=[\boldsymbol{\xi}_1,\boldsymbol{\xi}_2,\cdots,\boldsymbol{\xi}_n]\boldsymbol{C},$$

则

$$\boldsymbol{\alpha}=[\boldsymbol{\xi}_1,\boldsymbol{\xi}_2,\cdots,\boldsymbol{\xi}_n]\boldsymbol{x}=[\boldsymbol{\eta}_1,\boldsymbol{\eta}_2,\cdots,\boldsymbol{\eta}_n]\boldsymbol{y}=[\boldsymbol{\xi}_1,\boldsymbol{\xi}_2,\cdots,\boldsymbol{\xi}_n]\boldsymbol{C}\boldsymbol{y},$$

得

$$\boldsymbol{x}=\boldsymbol{C}\boldsymbol{y}\ \text{或}\ \boldsymbol{y}=\boldsymbol{C}^{-1}\boldsymbol{x}, \tag{3.2}$$

式(3.2)称为坐标变换公式.

第四章　线性方程组

§1　齐次线性方程组

4.1.1　齐次线性方程组的表达形式

n 个未知量，m 个方程组成的方程组

$$\begin{cases} a_{11}x_1 + a_{12}x_2 + \cdots + a_{1n}x_n = 0 \\ a_{21}x_1 + a_{22}x_2 + \cdots + a_{2n}x_n = 0 \\ \qquad\cdots\cdots \\ a_{m1}x_1 + a_{m2}x_2 + \cdots + a_{mn}x_n = 0 \end{cases} \tag{4.1}$$

称为齐次线性方程组，(4.1) 式称为齐次线性方程组的一般形式.

方程组(4.1) 写成向量形式，则是

$$\boldsymbol{\alpha}_1 x_1 + \boldsymbol{\alpha}_2 x_2 + \cdots + \boldsymbol{\alpha}_n x_n = \mathbf{0},$$

其中 $\boldsymbol{\alpha}_j = [a_{1j}, a_{2j}, \cdots, a_{mj}]^{\mathrm{T}}, j = 1, 2, \cdots n$.

写成矩阵形式，则是

$$\mathbf{A}_{m\times n}\boldsymbol{x} = \mathbf{0},$$

其中

$$\mathbf{A} = \begin{bmatrix} a_{11} & a_{12} & \cdots & a_{1n} \\ a_{21} & a_{22} & \cdots & a_{2n} \\ \vdots & \vdots & & \vdots \\ a_{m1} & a_{m2} & \cdots & a_{mn} \end{bmatrix}, \quad \boldsymbol{x} = \begin{bmatrix} x_1 \\ x_2 \\ \vdots \\ x_n \end{bmatrix}.$$

$\boldsymbol{A}$ 称为方程组(4.1)的系数矩阵.

4.1.2 齐次线性方程组的解

若将有序数组 $c_1,c_2,\cdots,c_n$ 代入方程组的未知量 $x_1,x_2,\cdots,x_n$，使每个方程等式成立，则称$[c_1,c_2,\cdots,c_n]^{\mathrm{T}}$ 为方程组的一个解(或解向量)，记成 $\boldsymbol{\xi}=[c_1,c_2,\cdots,c_n]^{\mathrm{T}}$，即 $\boldsymbol{\alpha}_1c_1+\boldsymbol{\alpha}_2c_2+\cdots+\boldsymbol{\alpha}_nc_n=\mathbf{0}$ 或 $\boldsymbol{A\xi}=\mathbf{0}$，即齐次方程组(4.1)的解是使 $\boldsymbol{A}$ 的列向量线性组合为零的线性组合系数.

4.1.3 齐次线性方程组的基础解系

设 $\boldsymbol{\xi}_1,\boldsymbol{\xi}_2,\cdots,\boldsymbol{\xi}_{n-r}$ 是 $\boldsymbol{Ax}=\mathbf{0}$ 的解向量，若满足

(1)$\boldsymbol{\xi}_1,\boldsymbol{\xi}_2,\cdots,\boldsymbol{\xi}_{n-r}$ 线性无关.

(2)$\boldsymbol{Ax}=\mathbf{0}$ 的任一解向量 $\boldsymbol{\xi}$ 均可由 $\boldsymbol{\xi}_1,\boldsymbol{\xi}_2,\cdots,\boldsymbol{\xi}_{n-r}$ 线性表出，则称向量组 $\boldsymbol{\xi}_1,\boldsymbol{\xi}_2,\cdots,\boldsymbol{\xi}_{n-r}$ 是 $\boldsymbol{Ax}=\mathbf{0}$ 的基础解系.

条件(2)“$\boldsymbol{Ax}=\mathbf{0}$ 的任一解向量 $\boldsymbol{\xi}$ 均可由 $\boldsymbol{\xi}_1,\boldsymbol{\xi}_2,\cdots,\boldsymbol{\xi}_{n-r}$ 线性表出”等价于“加入任一解向量 $\boldsymbol{\xi}$，使得 $\boldsymbol{\xi}_1,\boldsymbol{\xi}_2,\cdots,\boldsymbol{\xi}_{n-r},\boldsymbol{\xi}$ 线性相关”，等价于“$r(\boldsymbol{A})=r$”，即线性无关解向量的个数为 $n-r$，满足 $r(\boldsymbol{A})+$ 线性无关解的个数 $=n$ (n 是未知量个数).

4.1.4 解的性质

若 $\boldsymbol{\xi}_1,\boldsymbol{\xi}_2$ 是齐次线性方程组 $\boldsymbol{Ax}=\mathbf{0}$ 的解，则 $k_1\boldsymbol{\xi}_1,k_1\boldsymbol{\xi}_1+k_2\boldsymbol{\xi}_2$ 仍是 $\boldsymbol{Ax}=\mathbf{0}$ 的解，其中 k_1,k_2 是任意常数.

同样，若 $\boldsymbol{\xi}_1,\boldsymbol{\xi}_2,\cdots,\boldsymbol{\xi}_s$ 均是 $\boldsymbol{Ax}=\mathbf{0}$ 的解，则 $k_1\boldsymbol{\xi}_1+k_2\boldsymbol{\xi}_2+\cdots+k_s\boldsymbol{\xi}_s$ 仍是 $\boldsymbol{Ax}=\mathbf{0}$ 的解，其中 $k_1,k_2,\cdots,k_s$ 均是任意常数.

4.1.5 有解条件

齐次线性方程 $\boldsymbol{Ax}=\mathbf{0}$ 一定有解，至少有零解.

齐次线性方程组 $\boldsymbol{A}_{m\times n}\boldsymbol{x}=[\boldsymbol{\alpha}_1,\boldsymbol{\alpha}_2,\cdots,\boldsymbol{\alpha}_n]\boldsymbol{x}=\mathbf{0}$ 只有零解(有非零解)

$\Leftrightarrow \boldsymbol{\alpha}_1,\boldsymbol{\alpha}_2,\cdots,\boldsymbol{\alpha}_n$ 线性无关(线性相关).

$\Leftrightarrow r(\boldsymbol{\alpha}_1,\boldsymbol{\alpha}_2,\cdots,\boldsymbol{\alpha}_n)=r(\boldsymbol{A}_{m\times n})=n(r(\boldsymbol{\alpha}_1,\boldsymbol{\alpha}_2,\cdots,\boldsymbol{\alpha}_n)=r(\boldsymbol{A}_{m\times n})<n)$.

4.1.6 基础解系向量个数与 $r(\boldsymbol{A})$ 的关系

若 $\boldsymbol{A}$ 是 $m\times n$ 矩阵,$r(\boldsymbol{A})=r<n$,则齐次线性方程组 $\boldsymbol{Ax}=\boldsymbol{0}$ 存在基础解系,且基础解系有 $n-r$ 个线性无关解向量组成.故

$$\text{基础解系向量个数}+r(\boldsymbol{A})=n\ (\text{未知量个数}).$$

4.1.7 $\boldsymbol{Ax}=\boldsymbol{0}$ 的通解

若 $\boldsymbol{\xi}_1,\boldsymbol{\xi}_2,\cdots,\boldsymbol{\xi}_{n-r}$ 是 $\boldsymbol{Ax}=\boldsymbol{0}$ 的基础解系.则

$$k_1\boldsymbol{\xi}_1+k_2\boldsymbol{\xi}_2+\cdots+k_{n-r}\boldsymbol{\xi}_{n-r}$$

是 $\boldsymbol{Ax}=\boldsymbol{0}$ 的通解(一般解),其中 $k_1,k_2,\cdots,k_{n-r}$ 是任意常数.

4.1.8 同解方程组

如果两个方程组有相同的解集合,则称这两个方程组是同解方程组.

4.1.9 初等行变换不改变方程组的解

若

$$\boldsymbol{A}\xrightarrow{\text{初等行变换}}\boldsymbol{B},$$

则 $\boldsymbol{Ax}=\boldsymbol{0}$ 和 $\boldsymbol{Bx}=\boldsymbol{0}$ 是同解方程组.即若 $\boldsymbol{P}$ 可逆,则 $\boldsymbol{Ax}=\boldsymbol{0}$ 和 $\boldsymbol{PAx}=\boldsymbol{0}$ 是同解方程组.

若

$$[\boldsymbol{A}\mid\boldsymbol{b}]\xrightarrow{\text{初等行变换}}[\boldsymbol{B}\mid\boldsymbol{b}'],$$

则 $\boldsymbol{Ax}=\boldsymbol{b}$ 和 $\boldsymbol{Bx}=\boldsymbol{b}'$ 是同解方程组.即若 $\boldsymbol{P}$ 可逆,则 $\boldsymbol{Ax}=\boldsymbol{b}$ 和 $\boldsymbol{PAx}=\boldsymbol{Pb}$ 是同解方程组.

4.1.10 基础解系和通解的求法

利用初等行变换不改变方程的解,将 $\boldsymbol{A}$ 作初等行变换化成阶梯形矩阵,可具体求得基础解系.

设
$$A \xrightarrow{\text{初等行变换}} \begin{bmatrix} c_{11} & c_{12} & \cdots & c_{1r} & c_{1,r+1} & \cdots & c_{1n} \\ 0 & c_{22} & \cdots & c_{2r} & c_{2,r+1} & \cdots & c_{2n} \\ \vdots & \vdots & & \vdots & \vdots & & \vdots \\ 0 & 0 & \cdots & c_{rr} & c_{r,r+1} & \cdots & c_{rn} \\ 0 & 0 & \cdots & 0 & 0 & \cdots & 0 \\ \vdots & \vdots & & \vdots & \vdots & & \vdots \\ 0 & 0 & & 0 & 0 & & 0 \end{bmatrix} = \boldsymbol{B},$$

得 $\boldsymbol{Ax} = \boldsymbol{0}$ 的同解方程组 $\boldsymbol{Bx} = \boldsymbol{0}$,即

$$\begin{cases} c_{11}x_1 + c_{12}x_2 + \cdots + c_{1r}x_r + c_{1,r+1}x_{r+1} + \cdots + c_{1n}x_n = 0 \\ \qquad c_{22}x_2 + \cdots + c_{2r}x_r + c_{2,r+1}x_{r+1} + \cdots + c_{2n}x_n = 0 \\ \qquad\qquad \cdots\cdots \\ \qquad\qquad c_{rr}x_r + c_{r,r+1}x_{r+1} + \cdots + c_{rn}x_n = 0 \end{cases}$$

阶梯形方程中第一个系数不为零的 r 个未知量 $x_1, x_2, \cdots x_r$ 称为独立未知量,而后面的 $n-r$ 个未知量 x_{r+1},$\cdots, x_n$ 称为自由未知量,将自由未知量 $x_{r+1}, \cdots, x_n$ 分别赋下列 $n-r$ 组值

$$[1,0,\cdots,0]^{\mathrm{T}}, [0,1,0,\cdots,0]^{\mathrm{T}}, \cdots, [0,0,\cdots,1]^{\mathrm{T}}$$

代入方程,求出相应的独立未知量 $x_1, x_2, \cdots, x_r$,并得到 $n-r$ 个解.

$$\boldsymbol{\xi}_1 = [d_{11}, d_{12}, \cdots d_{1r}, 1, 0 \cdots 0]^{\mathrm{T}},$$
$$\boldsymbol{\xi}_2 = [d_{21}, d_{22}, \cdots, d_{2r}, 0, 1, \cdots 0]^{\mathrm{T}},$$
$$\cdots\cdots$$
$$\boldsymbol{\xi}_{n-r} = [d_{n-r,1}, d_{n-r,2}, \cdots d_{n-r,r}, 0, \cdots, 0, 1]^{\mathrm{T}},$$

$\boldsymbol{\xi}_1, \boldsymbol{\xi}_2, \cdots \boldsymbol{\xi}_{n-r}$ 即是方程组 $\boldsymbol{Ax} = \boldsymbol{0}$ 的基础解系,所以方程组的通解为 $k_1\boldsymbol{\xi}_1 + k_2\boldsymbol{\xi}_2 + \cdots + k_{n-r}\boldsymbol{\xi}_{n-r}$,其中 $k_i (i = 1, 2, \cdots, n-r)$ 是任意常数.

【注】 初等行变换化阶梯形的过程不同,自由未知量的选择和赋值方法不同,基础解系不唯一,但所含线性无关向量个数一样,全体解的解集合是一样的.

§2 非齐次线性方程组

4.2.1 非齐次线性方程组的表示形式

n 个未知量、m 个方程组成的方程组

$$\begin{cases} a_{11}x_1 + a_{12}x_2 + \cdots + a_{1n}x_n = b_1 \\ a_{21}x_1 + a_{22}x_2 + \cdots + a_{2n}x_n = b_2 \\ \cdots\cdots \\ a_{m1}x_1 + a_{m2}x_2 + \cdots + a_{mn}x_n = b_m \end{cases} \tag{4.2}$$

称为非齐次线性方程组,(4.2) 式称为非齐次线性方程组的一般形式,其中右端常数项 $b_1,b_2,\cdots,b_m$ 不全为零.

方程组(4.2) 写成向量形式则是 $\boldsymbol{\alpha}_1x_1 + \boldsymbol{\alpha}_2x_2 + \cdots + \boldsymbol{\alpha}_nx_n = \boldsymbol{b}$,

其中
$$\boldsymbol{\alpha}_j = [a_{1j},a_{2j},\cdots,a_{mj}]^{\mathrm{T}},\boldsymbol{b} = [b_1,b_2,\cdots,b_m]^{\mathrm{T}}.$$

方程组(4.2) 写成矩阵形式则是 $\mathbf{A}_{m\times n}\boldsymbol{x} = \boldsymbol{b}$,

其中

$$\mathbf{A} = \begin{bmatrix} a_{11} & a_{12} & \cdots & a_{1n} \\ a_{21} & a_{22} & \cdots & a_{2n} \\ \vdots & \vdots & & \vdots \\ a_{m1} & a_{m2} & \cdots & a_{mn} \end{bmatrix},\quad \boldsymbol{x} = \begin{bmatrix} x_1 \\ x_2 \\ \vdots \\ x_n \end{bmatrix},\quad \boldsymbol{b} = \begin{bmatrix} b_1 \\ b_2 \\ \vdots \\ b_m \end{bmatrix}.$$

4.2.2 $\mathbf{A}\boldsymbol{x} = \boldsymbol{b}$ 的解的性质

设 $\boldsymbol{\eta}_1,\boldsymbol{\eta}_2$ 是 $\mathbf{A}\boldsymbol{x} = \boldsymbol{b}$ 的两个解. $\boldsymbol{\xi}$ 是对应齐次方程组 $\mathbf{A}\boldsymbol{x} = \mathbf{0}$ 的解,则

$$\mathbf{A}(\boldsymbol{\eta}_1-\boldsymbol{\eta}_2)=\mathbf{0},\mathbf{A}(\boldsymbol{\eta}_1+k\boldsymbol{\xi})=\boldsymbol{b}.$$

4.2.3　$\mathbf{A}\boldsymbol{x}=\boldsymbol{b}$ 的有解条件

$\mathbf{A}_{m\times n}\boldsymbol{x}=\boldsymbol{b}$ 无解 $\Leftrightarrow$ $\boldsymbol{b}$ 不能由 $\mathbf{A}$ 的列向量组 $\boldsymbol{\alpha}_1,\boldsymbol{\alpha}_2,\cdots,\boldsymbol{\alpha}_n$ 线性表出.

$\Leftrightarrow r(\mathbf{A})\neq r(\mathbf{A}\mid\boldsymbol{b})\ (r(\mathbf{A})+1=r(\mathbf{A}\mid\boldsymbol{b}))$.

$\mathbf{A}_{m\times n}\boldsymbol{x}=\boldsymbol{b}$ 有解 $\Leftrightarrow$ $\boldsymbol{b}$ 可由 $\mathbf{A}$ 的列向量组 $\boldsymbol{\alpha}_1,\boldsymbol{\alpha}_2,\cdots,\boldsymbol{\alpha}_n$ 线性表出.

$\Leftrightarrow r(\mathbf{A})=r(\mathbf{A}\mid\boldsymbol{b})$，即 $r(\boldsymbol{\alpha}_1,\boldsymbol{\alpha}_2,\cdots,\boldsymbol{\alpha}_n)=r(\boldsymbol{\alpha}_1,\boldsymbol{\alpha}_2,\cdots,\boldsymbol{\alpha}_n,\boldsymbol{b})$

$\Leftrightarrow \{\boldsymbol{\alpha}_1,\boldsymbol{\alpha}_2,\cdots,\boldsymbol{\alpha}_n\}\cong\{\boldsymbol{\alpha}_1,\boldsymbol{\alpha}_2,\cdots,\boldsymbol{\alpha}_n,\boldsymbol{b}\}$.

若 $r(\boldsymbol{\alpha}_1,\boldsymbol{\alpha}_2,\cdots,\boldsymbol{\alpha}_n)=n=r(\boldsymbol{\alpha}_1,\boldsymbol{\alpha}_2,\cdots,\boldsymbol{\alpha}_n,\boldsymbol{b})$

$\Leftrightarrow \boldsymbol{\alpha}_1,\boldsymbol{\alpha}_2,\cdots,\boldsymbol{\alpha}_n$ 线性无关，$\boldsymbol{\alpha}_1,\boldsymbol{\alpha}_2,\cdots,\boldsymbol{\alpha}_n,\boldsymbol{b}$ 线性相关

$\Leftrightarrow \boldsymbol{b}$ 可由 $\boldsymbol{\alpha}_1,\boldsymbol{\alpha}_2,\cdots,\boldsymbol{\alpha}_n$ 线性表出，且表出法唯一

$\Leftrightarrow \mathbf{A}\boldsymbol{x}=\boldsymbol{b}$ 有唯一解.

若 $r(\boldsymbol{\alpha}_1,\boldsymbol{\alpha}_2,\cdots,\boldsymbol{\alpha}_n)=r(\boldsymbol{\alpha}_1,\boldsymbol{\alpha}_2,\cdots,\boldsymbol{\alpha}_n,\boldsymbol{b})=r<n$

$\Leftrightarrow \boldsymbol{\alpha}_1,\boldsymbol{\alpha}_2,\cdots,\boldsymbol{\alpha}_n$ 线性相关，$\boldsymbol{b}$ 可由 $\boldsymbol{\alpha}_1,\boldsymbol{\alpha}_2,\cdots,\boldsymbol{\alpha}_n$ 线性表出，且表出法不唯一

$\Leftrightarrow \mathbf{A}\boldsymbol{x}=\boldsymbol{b}$ 有无穷多解.

4.2.4　$\mathbf{A}\boldsymbol{x}=\boldsymbol{b}$ 的通解结构

设 $\mathbf{A}_{m\times n}\boldsymbol{x}=\boldsymbol{b}$ 有特解 $\boldsymbol{\eta}^*$，对应的齐次线性方程组 $\mathbf{A}\boldsymbol{x}=\mathbf{0}$ 有基础解系 $\boldsymbol{\xi}_1,\boldsymbol{\xi}_2,\cdots,\boldsymbol{\xi}_{n-r}$，则 $\mathbf{A}\boldsymbol{x}=\boldsymbol{b}$ 的通解为 $k_1\boldsymbol{\xi}_1+k_2\boldsymbol{\xi}_2+\cdots+k_{n-r}\boldsymbol{\xi}_{n-r}+\boldsymbol{\eta}^*$，其中 $k_1,k_2,\cdots,k_{n-r}$ 是任意常数.

4.2.5　非齐次线性方程组通解的求法

高斯消元法　　将增广矩阵 $(\mathbf{A}\mid\boldsymbol{b})$ 作初等行变换化成阶梯形矩阵，先求出对应齐次线性方程组的基础解系 $\boldsymbol{\xi}_1,\boldsymbol{\xi}_2,\cdots,\boldsymbol{\xi}_{n-r}$ $(r(\mathbf{A})=r)$，再求一个非齐次特解设为 $\boldsymbol{\eta}$. 求 $\boldsymbol{\eta}$ 时，可取自由未知量为任意值（为计算简单一般将自由未知量均取零值）代入方程，求得独立未知量，并得 $\boldsymbol{\eta}$，则 $\mathbf{A}\boldsymbol{x}=\boldsymbol{b}$ 的通解为

$$k_1\boldsymbol{\xi}_1+k_2\boldsymbol{\xi}_2+\cdots+k_{n-r}\boldsymbol{\xi}_{n-r}+\boldsymbol{\eta},$$

其中 $k_1\boldsymbol{\xi}_1+k_2\boldsymbol{\xi}_2+\cdots+k_{n-r}\boldsymbol{\xi}_{n-r}$ 是对应齐次方程组的通解，$k_1,k_2,\cdots,k_{n-r}$ 是任意常数.

第五章　特征值、特征向量、相似矩阵

§1　特征值、特征向量

5.1.1　特征值、特征向量

$\boldsymbol{A}$ 是 n 阶方阵，如果对于数 λ，存在非零向量 $\boldsymbol{\xi}$，使得

$$\boldsymbol{A\xi} = \lambda\boldsymbol{\xi}(\boldsymbol{\xi} \neq \boldsymbol{0}) \tag{5.1}$$

成立，则称 λ 是 $\boldsymbol{A}$ 的特征值，$\boldsymbol{\xi}$ 是 $\boldsymbol{A}$ 的对应于 λ 的特征向量.

5.1.2　特征方程、特征多项式、特征矩阵

由式(5.1)得，$(\lambda\boldsymbol{E} - \boldsymbol{A})\boldsymbol{\xi} = \boldsymbol{0}$，因 $\boldsymbol{\xi} \neq \boldsymbol{0}$，故

$$|\lambda\boldsymbol{E} - \boldsymbol{A}| = \begin{vmatrix} \lambda - a_{11} & -a_{12} & \cdots & -a_{1n} \\ -a_{21} & \lambda - a_{22} & \cdots & -a_{2n} \\ \vdots & \vdots & & \vdots \\ -a_{n1} & -a_{n2} & \cdots & \lambda - a_{nn} \end{vmatrix} = 0. \tag{5.2}$$

式(5.2)称为 $\boldsymbol{A}$ 的特征方程，是未知元素 λ 的 n 次方程，在复数域内有 n 个根，式(5.2)的左端多项式称为 $\boldsymbol{A}$ 的特征多项式，矩阵 $\lambda\boldsymbol{E} - \boldsymbol{A}$ 称为特征矩阵.

5.1.3　特征值的性质

设 $\boldsymbol{A} = [a_{ij}]_{n\times n}$，$\lambda_i(i = 1,2,\cdots,n)$ 是 $\boldsymbol{A}$ 的特征值，则

(1) $\sum_{i=1}^{n}\lambda_i = \sum_{i=1}^{n}a_{ii}$.

(2) $\prod_{i=1}^{n}\lambda_i = |\boldsymbol{A}|$.

(3) 实对称矩阵 $\boldsymbol{A}$ 的特征值都是实数,属于不同特征值的特征向量正交.

(4)

矩阵	$\boldsymbol{A}$	$k\boldsymbol{A}$	$\boldsymbol{A}^m$	$\boldsymbol{A}^{-1}$	$f(\boldsymbol{A})$	$\boldsymbol{A}^*$	$\boldsymbol{P}^{-1}\boldsymbol{A}\boldsymbol{P}$
特征值	λ	$k\lambda$	λ^m	$\frac{1}{\lambda}$ $(\lambda\neq 0)$	$f(\lambda)$	$\frac{\|\boldsymbol{A}\|}{\lambda}$ $(\lambda\neq 0)$	λ
特征向量	$\boldsymbol{\xi}$	$\boldsymbol{\xi}$	$\boldsymbol{\xi}$	$\boldsymbol{\xi}$	$\boldsymbol{\xi}$	$\boldsymbol{\xi}$	$\boldsymbol{P}^{-1}\boldsymbol{\xi}$

5.1.4　特征值、特征向量的求法

(1) 利用齐次线性方程组. 设 $\boldsymbol{A}=[a_{ij}]_{n\times n}$,则由 $|\lambda\boldsymbol{E}-\boldsymbol{A}|=0$ 求出 $\boldsymbol{A}$ 的全部特征值 λ_i,再由齐次线性方程组

$$(\lambda_i\boldsymbol{E}-\boldsymbol{A})\boldsymbol{x}=\boldsymbol{0}$$

求出 $\boldsymbol{A}$ 的对应于特征值 λ_i 的特征向量. 基础解系即是 $\boldsymbol{A}$ 的对应于 λ_i 的线性无关特征向量,通解即是 $\boldsymbol{A}$ 的对应于 λ_i 的全体特征向量(除 $\boldsymbol{0}$ 向量).

(2) 利用定义,凡满足关系式 $\boldsymbol{A}\boldsymbol{\xi}=\lambda\boldsymbol{\xi}$ 的数 λ 即是 $\boldsymbol{A}$ 的特征值,$\boldsymbol{\xi}(\boldsymbol{\xi}\neq\boldsymbol{0})$ 即是 $\boldsymbol{A}$ 的对应于 λ 的特征向量. 一般用于抽象矩阵.

§2 相似矩阵、矩阵的相似对角化

5.2.1 相似矩阵

设 $\boldsymbol{A},\boldsymbol{B}$ 都是 n 阶矩阵，若存在可逆矩阵 $\boldsymbol{P}$，使得 $\boldsymbol{P}^{-1}\boldsymbol{A}\boldsymbol{P}=\boldsymbol{B}$，则称 $\boldsymbol{A}$ 相似于 $\boldsymbol{B}$，记成 $\boldsymbol{A}\sim\boldsymbol{B}$. 若 $\boldsymbol{A}\sim\boldsymbol{\Lambda}$，其中 $\boldsymbol{\Lambda}$ 是对角阵，则称 $\boldsymbol{A}$ 可相似对角化，$\boldsymbol{\Lambda}$ 是 $\boldsymbol{A}$ 的相似标准形.

5.2.2 相似矩阵的性质

(1) $\boldsymbol{A}\sim\boldsymbol{A}$，反身性.

(2) 若 $\boldsymbol{A}\sim\boldsymbol{B}\Rightarrow\boldsymbol{B}\sim\boldsymbol{A}$，对称性.

(3) 若 $\boldsymbol{A}\sim\boldsymbol{B},\boldsymbol{B}\sim\boldsymbol{C}\Rightarrow\boldsymbol{A}\sim\boldsymbol{C}$，传递性.

(4) 若 $\boldsymbol{A}\sim\boldsymbol{B}$，则 $\boldsymbol{A}^{\mathrm{T}}\sim\boldsymbol{B}^{\mathrm{T}},\boldsymbol{A}^{-1}\sim\boldsymbol{B}^{-1},|\boldsymbol{A}|=|\boldsymbol{B}|,r(\boldsymbol{A})=r(\boldsymbol{B})$.

(5) 若 $\boldsymbol{A}\sim\boldsymbol{B}$，则 $\boldsymbol{A}^m\sim\boldsymbol{B}^m$ (m 为正整数).

(6) 若 $\boldsymbol{A}\sim\boldsymbol{B}$，则 $f(\boldsymbol{A})\sim f(\boldsymbol{B})$ (其中 $f(x)$ 是多项式).

(7) 若 $\boldsymbol{A}\sim\boldsymbol{B}$，则 $\boldsymbol{A},\boldsymbol{B}$ 有相同的特征方程，相同的特征值，反之不成立.

(8) 若 $\boldsymbol{A}\sim\boldsymbol{B}$，则 $\sum\limits_{i=1}^{n}a_{ii}=\sum\limits_{i=1}^{n}b_{ii}=\sum\limits_{i=1}^{n}\lambda_i$.

(9) 若 $\boldsymbol{P}^{-1}\boldsymbol{A}_1\boldsymbol{P}=\boldsymbol{B}_1,\boldsymbol{P}^{-1}\boldsymbol{A}_2\boldsymbol{P}=\boldsymbol{B}_2$，则

$$(\boldsymbol{P}^{-1}\boldsymbol{A}_1\boldsymbol{P})\boldsymbol{P}^{-1}\boldsymbol{A}_2\boldsymbol{P}=\boldsymbol{P}^{-1}\boldsymbol{A}_1\boldsymbol{A}_2\boldsymbol{P}=\boldsymbol{B}_1\boldsymbol{B}_2.$$

(10) $\boldsymbol{P}^{-1}(k_1\boldsymbol{A}_1+k_2\boldsymbol{A}_2)\boldsymbol{P}=k_1\boldsymbol{P}^{-1}\boldsymbol{A}_1\boldsymbol{P}+k_2\boldsymbol{P}^{-1}\boldsymbol{A}_2\boldsymbol{P}$.

5.2.3 矩阵可相似对角化的充分必要条件

(1) n 阶矩阵 $\boldsymbol{A}$ 可对角化 $\Leftrightarrow\boldsymbol{A}$ 有 n 个线性无关的特征向量.

(2)$\lambda_1 \neq \lambda_2$ 是 $\boldsymbol{A}$ 的特征值 $\Rightarrow \boldsymbol{A}$ 的对应于 λ_1, λ_2 的特征向量 $\boldsymbol{\xi}_1, \boldsymbol{\xi}_2$ 线性无关.

(3)n 阶矩阵 $\boldsymbol{A}$ 有 n 个互不相同的特征值 $\lambda_1 \neq \lambda_2 \neq \cdots \neq \lambda_n \Rightarrow \boldsymbol{A}$ 有 n 个线性无关特征向量 $\boldsymbol{\xi}_1, \boldsymbol{\xi}_2, \cdots, \boldsymbol{\xi}_n$.

$\Leftrightarrow \boldsymbol{A}$ 可相似于对角阵. 取 $\boldsymbol{P} = [\boldsymbol{\xi}_1, \boldsymbol{\xi}_2, \cdots, \boldsymbol{\xi}_n]$,则有 $\boldsymbol{P}^{-1}\boldsymbol{A}\boldsymbol{P} = \boldsymbol{\Lambda}$,其中 $\boldsymbol{\Lambda} = \begin{bmatrix} \lambda_1 & 0 & \cdots & 0 \\ 0 & \lambda_2 & \cdots & 0 \\ \vdots & \vdots & & \vdots \\ 0 & 0 & \cdots & \lambda_n \end{bmatrix}$,注意 $\boldsymbol{\xi}_1, \boldsymbol{\xi}_2, \cdots, \boldsymbol{\xi}_n$ 排列次序应与 $\lambda_1, \lambda_2, \cdots, \lambda_n$ 的排列次序一致.

(4)λ 是 n 阶矩阵 $\boldsymbol{A}$ 的 r_i 重特征值,则其对应的线性无关特征向量个数少于等于 r_i 个.

(5)n 阶矩阵 $\boldsymbol{A}$ 可相似对角化 $\Leftrightarrow \boldsymbol{A}$ 的每一个 r_i 重特征值对应的线性无关特征向量个数等于该特征值的重数 r_i.

当 $\boldsymbol{A}$ 的 r_i 重特征值 λ_i 对应的线性无关特征向量个数少于特征值的重数 r_i 时,$\boldsymbol{A}$ 不能相似于对角阵.

§3　实对称矩阵的相似对角化

5.3.1　实对称矩阵

元素 a_{ij} 都是实数的对称矩阵称为实对称矩阵,记 $\overline{\boldsymbol{A}} = [\overline{a}_{ij}]$($\overline{a}_{ij}$ 是 a_{ij} 的共轭),则 $\boldsymbol{A}$ 是实对称矩阵 $\Leftrightarrow \boldsymbol{A}^{\mathrm{T}} = \boldsymbol{A}$,且 $\overline{\boldsymbol{A}} = \boldsymbol{A}$.

5.3.2　实对称阵相似对角化

定理 1　实对称矩阵的特征值全部是实数.

定理 2　实对称矩阵的属于不同特征值对应的特征向量相互正交.

定理 3　实对称矩阵必相似于对角阵,即存在可逆阵 $\boldsymbol{P}$,使得 $\boldsymbol{P}^{-1}\boldsymbol{A}\boldsymbol{P} = \boldsymbol{\Lambda}$. 且存在正交阵 $\boldsymbol{Q}$,使得 $\boldsymbol{Q}^{-1}\boldsymbol{A}\boldsymbol{Q} =$

$\boldsymbol{Q}^{\mathrm{T}}\boldsymbol{A}\boldsymbol{Q}=\boldsymbol{\Lambda}$.

5.3.3 实对称矩阵正交相似于对角阵的步骤

(1) 解特征方程 $|\lambda\boldsymbol{E}-\boldsymbol{A}|=0$,求出全部特征值:$\lambda_1,\lambda_2,\cdots,\lambda_r$(均为实数)(若求得的是特征值的取值范围,则 λ 的取值范围应限于实数,去除复数).

(2) 求 $(\lambda_i\boldsymbol{E}-\boldsymbol{A})\boldsymbol{x}=\boldsymbol{0}$ 的基础解系 $\xi_{i1},\xi_{i2},\cdots,\xi_{ik_i}$, $i=1,2,\cdots,r$,即是 $\boldsymbol{A}$ 的属于特征值 λ_i 的线性无关的特征向量(若求解方程 $(\lambda_i\boldsymbol{E}-\boldsymbol{A})\boldsymbol{x}=\boldsymbol{0}$ 的基础解系时,使 $\xi_{i1},\xi_{i2},\cdots,\xi_{ik_i}$ 能相互正交更好,可免去下一步将 $\xi_{i1},\xi_{i2},\cdots,\xi_{ik_i}$ 正交化的工作).

(3) 将每个属于 λ_i 的特征向量 $\xi_{i1},\xi_{i2},\cdots,\xi_{ik_i}$ 正交化(不同特征值对应的特征向量已相互正交),正交后的向量组记成 $\boldsymbol{\eta}_{i1},\boldsymbol{\eta}_{i2},\cdots,\boldsymbol{\eta}_{ik_i}$.

(4) 将全部特征向量单位化.得标准正交向量组记成

$$\boldsymbol{\eta}_{11}^0,\boldsymbol{\eta}_{12}^0,\cdots,\boldsymbol{\eta}_{1k_1}^0,\boldsymbol{\eta}_{21}^0,\boldsymbol{\eta}_{22}^0,\cdots,\boldsymbol{\eta}_{2k_2}^0,\cdots,\boldsymbol{\eta}_{r1}^0,\boldsymbol{\eta}_{r2}^0,\cdots,\boldsymbol{\eta}_{rk_r}^0.$$

(5) 将 n 个单位正交特征向量合并成正交矩阵,记为

$$\boldsymbol{Q}=[\boldsymbol{\eta}_{11}^0,\boldsymbol{\eta}_{12}^0,\cdots,\boldsymbol{\eta}_{1k_1}^0,\boldsymbol{\eta}_{21}^0,\boldsymbol{\eta}_{22}^0,\cdots,\boldsymbol{\eta}_{2k_2}^0,\cdots,\boldsymbol{\eta}_{r1}^0,\boldsymbol{\eta}_{r2}^0,\cdots,\boldsymbol{\eta}_{rk_r}^0],$$

此即是所求的正交阵,且有

$$\boldsymbol{Q}^{-1}\boldsymbol{A}\boldsymbol{Q}=\boldsymbol{Q}^{\mathrm{T}}\boldsymbol{A}\boldsymbol{Q}=\boldsymbol{\Lambda},$$

其中 $\boldsymbol{\Lambda}$ 是由 $\boldsymbol{A}$ 的全部特征值组成的对角阵(注意 λ_i 和 $\eta_{ik_i}^0$ 的排列次序要求一致).

第六章　二次型

§1　二次型的概念、矩阵表示

6.1.1　二次型

定义　n 个变量的一个二次齐次多项式

$$
\begin{aligned}
f(x_1,x_2,\cdots,x_n) = a_{11}x_1^2 &+ 2a_{12}x_1x_2 + 2a_{13}x_1x_3 + \cdots + 2a_{1n}x_1x_n \\
&+ a_{22}x_2^2 + 2a_{23}x_2x_3 + \cdots + 2a_{2n}x_2x_n \\
&\cdots\cdots \\
&+ a_{nn}x_n^2
\end{aligned}
\tag{6.1}
$$

称为 n 个变量的二次型，系数均为实数时，称为 n 元实二次型.

6.1.2　二次型的矩阵表示

令 $a_{ij}=a_{ji},i<j$，则 $2a_{ij}x_ix_j=a_{ij}x_ix_j+a_{ji}x_jx_i$，则二次型(6.1)可以写成矩阵形式：

$$
\begin{aligned}
f(x_1,x_2,\cdots,x_n) &= \sum_{i=1}^{n}\sum_{j=1}^{n}a_{ij}x_ix_j \\
&= [x_1,x_2,\cdots,x_n]\begin{bmatrix} a_{11} & a_{12} & \cdots & a_{1n} \\ a_{21} & a_{22} & \cdots & a_{2n} \\ \vdots & \vdots & & \vdots \\ a_{n1} & a_{n2} & \cdots & a_{nn} \end{bmatrix}\begin{bmatrix} x_1 \\ x_2 \\ \vdots \\ x_n \end{bmatrix} = \boldsymbol{x}^{\mathrm{T}}\boldsymbol{A}\boldsymbol{x}.
\end{aligned}
$$

其中 $\boldsymbol{A}$ 是对称矩阵，称为二次型 f 的对应矩阵，且 f 与 $\boldsymbol{A}$ 一一对应.

6.1.3 线性变换

设两组变量，$x_1,x_2,\cdots,x_n$；$y_1,y_2,\cdots,y_n$ 有

$$\begin{cases} x_1 = c_{11}y_1 + c_{12}y_2 + \cdots + c_{1n}y_n \\ x_2 = c_{21}y_1 + c_{22}y_2 + \cdots + c_{2n}y_n \\ \quad\cdots\cdots \\ x_n = c_{n1}y_1 + c_{n2}y_2 + \cdots + c_{nn}y_n \end{cases},$$

记成 $\boldsymbol{x} = \boldsymbol{C}\boldsymbol{y}$，称为由 $x_1,x_2,\cdots,x_n$ 到 $y_1,y_2,\cdots,y_n$ 的一个**线性变换**，若其系数矩阵的行列式

$$|\boldsymbol{C}| = \begin{vmatrix} c_{11} & c_{12} & \cdots & c_{1n} \\ c_{21} & c_{22} & \cdots & c_{2n} \\ \vdots & \vdots & & \vdots \\ c_{n1} & c_{n2} & \cdots & c_{nn} \end{vmatrix} \neq 0,$$

则称线性变换为可逆线性变换(非退化线性变换).

6.1.4 合同二次型

一个二次型 $f = \boldsymbol{x}^{\mathrm{T}}\boldsymbol{A}\boldsymbol{x}$，经过可逆线性变换 $\boldsymbol{x} = \boldsymbol{C}\boldsymbol{y}$，其中 $\boldsymbol{C}$ 是可逆阵，得

$$\begin{aligned} f(x_1,x_2,\cdots,x_n) &= \boldsymbol{x}^{\mathrm{T}}\boldsymbol{A}\boldsymbol{x} \xlongequal{\boldsymbol{x}=\boldsymbol{C}\boldsymbol{y}} (\boldsymbol{C}\boldsymbol{y})^{\mathrm{T}}\boldsymbol{A}\boldsymbol{C}\boldsymbol{y} = \boldsymbol{y}^{\mathrm{T}}\boldsymbol{C}^{\mathrm{T}}\boldsymbol{A}\boldsymbol{C}\boldsymbol{y} \\ &\xlongequal{\text{记}} \boldsymbol{y}^{\mathrm{T}}\boldsymbol{B}\boldsymbol{y} \xlongequal{\text{记}} g(y_1,y_2,\cdots,y_n), \end{aligned}$$

其中 $\boldsymbol{B} = \boldsymbol{C}^{\mathrm{T}}\boldsymbol{A}\boldsymbol{C}$，且 $\boldsymbol{B}$ 仍是对称阵. 此时二次型 f 和 g 称为合同二次型.

技巧点拨

(1) 若 $\boldsymbol{A},\boldsymbol{B}$ 是两个 n 阶对称阵，$f=\boldsymbol{x}^{\mathrm{T}}\boldsymbol{A}\boldsymbol{x}$，$g=\boldsymbol{x}^{\mathrm{T}}\boldsymbol{B}\boldsymbol{x}$ 是两个二次型，

若 $\boldsymbol{A}=\boldsymbol{B}\Leftrightarrow f=g$；

若 $\boldsymbol{A}\simeq\boldsymbol{B}\Leftrightarrow f$ 合同于 g；

若 $r(\boldsymbol{A})=r\Leftrightarrow r(f)=r$；

若 $\boldsymbol{A}$ 正定 $\Leftrightarrow f$ 正定.

故在研究二次型和研究其对应的对称矩阵之间是可以相互转化的.

(2) 二次型的对应矩阵必须是对称阵，只有对应矩阵是对称阵时，二次型的对应矩阵才是唯一确定的. 若不要求 $\boldsymbol{A}$ 是对称阵，那么同一个二次型将有无穷多种矩阵的表示方法.

6.1.5 合同矩阵

定义 设 $\boldsymbol{A},\boldsymbol{B}$ 是两个 n 阶方阵，若存在可逆阵 $\boldsymbol{C}$，使得 $\boldsymbol{C}^{\mathrm{T}}\boldsymbol{A}\boldsymbol{C}=\boldsymbol{B}$，则称 $\boldsymbol{A}$ 合同于 $\boldsymbol{B}$，记成 $\boldsymbol{A}\simeq\boldsymbol{B}$.

合同矩阵有如下性质

反身性：$\boldsymbol{A}\simeq\boldsymbol{A}$.

对称性：若 $\boldsymbol{A}\simeq\boldsymbol{B}$，则 $\boldsymbol{B}\simeq\boldsymbol{A}$.

传递性：若 $\boldsymbol{A}\simeq\boldsymbol{B}$，$\boldsymbol{B}\simeq\boldsymbol{C}$，则 $\boldsymbol{A}\simeq\boldsymbol{C}$.

§2 化二次型为标准形、规范形

6.2.1 二次型的标准形、规范形

定义 若二次型 $f(x_1,x_2,\cdots,x_n)$ 只有平方项,没有混合项(即混合项的系数全为零),即

$$f(x_1,x_2,\cdots,x_n)=\boldsymbol{x}^{\mathrm{T}}\boldsymbol{A}\boldsymbol{x}=a_1x_1^2+a_2x_2^2+\cdots+a_nx_n^2,$$

则称二次型为**标准形**(又称平方和).

在二次型的标准形中,若平方项的系数 a_i 只是 $1,-1,0$,即

$$f(x_1,x_2,\cdots,x_n)=\boldsymbol{x}^{\mathrm{T}}\boldsymbol{A}\boldsymbol{x}=x_1^2+x_2^2+\cdots\cdots+x_p^2-x_{p+1}^2-\cdots-x_{p+q}^2,$$

则称为二次型的**规范形**(a_i 中 1 的个数是 p 个,-1 的个数是 q 个,0 的个数是 $n-(p+q)$ 个).

6.2.2 正交变换化二次型为标准形、规范形

定理 对任意一个 n 元二次型 $f(x_1,x_2,\cdots,x_n)=\boldsymbol{x}^{\mathrm{T}}\boldsymbol{A}\boldsymbol{x}$,必存在正交变换 $\boldsymbol{x}=\boldsymbol{Q}\boldsymbol{y}$,其中 $\boldsymbol{Q}$ 是正交阵,化二次型为标准形. 即

$$f(x_1,x_2,\cdots,x_n)=\boldsymbol{x}^{\mathrm{T}}\boldsymbol{A}\boldsymbol{x}\xlongequal{\boldsymbol{x}=\boldsymbol{Q}\boldsymbol{y}}\boldsymbol{y}^{\mathrm{T}}\boldsymbol{Q}^{\mathrm{T}}\boldsymbol{A}\boldsymbol{Q}\boldsymbol{y}=\lambda_1y_1^2+\lambda_2y_2^2+\cdots+\lambda_ny_n^2,$$

其中 $\lambda_1,\lambda_2,\cdots,\lambda_n$ 是 $\boldsymbol{A}$ 的 n 个特征值.

用矩阵的语言表达,即

对任意一个 n 阶实对称阵 $\boldsymbol{A}$,必存在正交阵 $\boldsymbol{Q}$,使得

$$\boldsymbol{Q}^{-1}\boldsymbol{A}\boldsymbol{Q}=\boldsymbol{Q}^{\mathrm{T}}\boldsymbol{A}\boldsymbol{Q}=\boldsymbol{\Lambda},$$

其中 $\boldsymbol{\Lambda}=\begin{bmatrix}\lambda_1 & 0 & \cdots & 0\\ 0 & \lambda_2 & \cdots & 0\\ \vdots & \vdots & & \vdots\\ 0 & 0 & \cdots & \lambda_n\end{bmatrix}$，$\lambda_i(i=1,2,\cdots,n)$ 是 $\boldsymbol{A}$ 的特征值，即 $\boldsymbol{A}$ 必既相似又合同于对角阵.

【注】　正交变换法只能化二次型为标准形，平方项的系数即是特征值.

正交变换化二次型为标准形的步骤：

(1) 求二次型对称阵的特征值 $\lambda_i(i=1,2,\cdots,n)$；

(2) 对每个 λ_i，求出相应的特征向量 $\boldsymbol{\xi}_i(i=1,2,\cdots,n)$；

(3) 将 $\boldsymbol{\xi}_i$ 标准正交化得 $\boldsymbol{\eta}_i(i=1,2,\cdots,n)$；

(4) 作正交矩阵 $\boldsymbol{P}=[\boldsymbol{\eta}_1,\boldsymbol{\eta}_2,\cdots,\boldsymbol{\eta}_n]$，正交变换 $\boldsymbol{x}=\boldsymbol{Py}$，代入原二次型得 $f(\boldsymbol{Py})$ 即为标准形.

6.2.3　配方法化二次型为标准形、规范形

定理　任一个 n 元二次型 $f(x_1,x_2,\cdots,x_n)=\boldsymbol{x}^{\mathrm{T}}\boldsymbol{Ax}$，都可以通过可逆线性变换 $\boldsymbol{x}=\boldsymbol{Cy}$，其中 $\boldsymbol{C}$ 是可逆阵，化成标准形. 即

$$f(x_1,x_2,\cdots,x_n)=\boldsymbol{x}^{\mathrm{T}}\boldsymbol{Ax}\xlongequal{\boldsymbol{x}=\boldsymbol{Cy}}\boldsymbol{y}^{\mathrm{T}}\boldsymbol{C}^{\mathrm{T}}\boldsymbol{ACy}=d_1y_1^2+d_2y_2^2+\cdots+d_ny_n^2.$$

用矩阵的语言表达，即

对任意一个 n 阶实对称阵 $\boldsymbol{A}$，一定存在可逆阵 $\boldsymbol{C}$，使得 $\boldsymbol{C}^{\mathrm{T}}\boldsymbol{AC}=\boldsymbol{\Lambda}$. 其中

$$\boldsymbol{\Lambda}=\begin{bmatrix}d_1 & 0 & \cdots & 0\\ 0 & d_2 & \cdots & 0\\ \vdots & \vdots & & \vdots\\ 0 & 0 & \cdots & d_n\end{bmatrix}.$$

实对称阵必合同于对角阵.

配方法化二次型为标准形的步骤

(1) 若二次型中含有 x_i 的平方项,则先把 x_i 乘积项集中,再一起配成完全平方,使配完完全平方后,减少一个变量.

(2) 若二次型中不含平方项,则做可逆变换:

$$\begin{cases} x_i = y_i + y_j \\ x_j = y_i - y_j \\ x_k = y_k (k \neq i,j) \end{cases},$$

使得经变换后出现平方项,再按(1) 配完全平方.

配完完全平方后,令每个平方项的一次式分别为 $z_1, z_2, \cdots, z_n$(若完全平方项少于变量个数时,应补足成 n 个),则可将二次型化成标准形,所做的可逆线性变换矩阵可由所做的变换得到.

初等变换法化二次型为标准形

将二次型的对称矩阵 $\boldsymbol{A}$ 与 $\boldsymbol{E}$,构造成 $2n \times n$ 的矩阵 $\begin{pmatrix} \boldsymbol{A} \\ \boldsymbol{E} \end{pmatrix}$,对 $\begin{pmatrix} \boldsymbol{A} \\ \boldsymbol{E} \end{pmatrix}$ 实施相同的行、列变换,当 $\boldsymbol{A}$ 变成对角阵时,$\boldsymbol{E}$ 就变换为所求的可逆线性变换矩阵.

【注】 ① 在进行初等变换时,是做一次初等行变换,再做一次相同的初等列变换,这样交替进行.

② 当化成标准形 $d_1 x_1^2 + d_2 x_2^2 + \cdots + d_s x_s^2 - d_{s+1} x_{s+1}^2 - \cdots - d_n x_n^2$ 后,其中 $d_i > 0 (i = 1,2,\cdots,n)$,再作线性变换 $x_i = \dfrac{1}{\sqrt{d_i}} y_i (i = 1,2,\cdots,n)$,就可化成规范形 $y_1^2 + y_2^2 + \cdots + y_s^2 - y_{s+1}^2 - \cdots - y_n^2$.

6.2.4 惯性定理

对于一个二次型,作可逆线性变换化成标准形(或规范形). 所作的可逆线性变换不唯一,标准形也不唯一,但其标准形中正平方项的项数 p,负平方项的项数 q 都是由所给二次型唯一确定的.

正平方项的项数 p 称为**正惯性指数**,负平方项的项数 q 称为**负惯性指数**,$p+q=r$ 是二次型对应矩阵的**秩**,$p-q$ 称为**符号差**.

6.2.5　$A \simeq B$ 的充要条件

实对称阵 $\boldsymbol{A} \simeq \boldsymbol{B} \Leftrightarrow \boldsymbol{x}^{\mathrm{T}}\boldsymbol{A}\boldsymbol{x}$ 与 $\boldsymbol{x}^{\mathrm{T}}\boldsymbol{B}\boldsymbol{x}$ 有相同的正、负惯性指数

$$\Rightarrow r(\boldsymbol{A}) = r(\boldsymbol{B}).$$

真题链接　[2018. 数一、二、三]

设实二次型 $f(x_1,x_2,x_3)=(x_1-x_2+x_3)^2+(x_2+x_3)^2+(x_1+ax_3)^2$,其中 a 是参数.(Ⅰ)求 $f(x_1,x_2,x_3)=0$ 的解;(Ⅱ)求 $f(x_1,x_2,x_3)$ 的规范形.

答案　(Ⅰ)$k[-2,-1,1]^{\mathrm{T}}$;　(Ⅱ)$y_1^2+y_2^2$.

§3　正定二次型、正定矩阵

6.3.1　正定二次型

若对于任意的非零向量 $\boldsymbol{x}=[x_1,x_2,\cdots,x_n]^{\mathrm{T}}$,恒有

$$f(x_1,x_2,\cdots,x_n)=\sum_{i=1}^{n}\sum_{j=1}^{n}a_{ij}x_ix_j=\boldsymbol{x}^{\mathrm{T}}\boldsymbol{A}\boldsymbol{x}>0,$$

则称二次型 f 为正定二次型,对应矩阵为正定矩阵.

6.3.2 可逆线性变换不改变二次型的正定性

定理 一个二次型 $f=\boldsymbol{x}^{\mathrm{T}}\boldsymbol{A}\boldsymbol{x}$，经可逆线性变换 $\boldsymbol{x}=\boldsymbol{C}\boldsymbol{y}$，化成 $\boldsymbol{y}^{\mathrm{T}}\boldsymbol{C}^{\mathrm{T}}\boldsymbol{A}\boldsymbol{C}\boldsymbol{y}$，即

$$\boldsymbol{x}^{\mathrm{T}}\boldsymbol{A}\boldsymbol{x}\xlongequal{\boldsymbol{x}=\boldsymbol{C}\boldsymbol{y}}\boldsymbol{y}^{\mathrm{T}}\boldsymbol{C}^{\mathrm{T}}\boldsymbol{A}\boldsymbol{C}\boldsymbol{y}.$$

二次型 $\boldsymbol{x}^{\mathrm{T}}\boldsymbol{A}\boldsymbol{x}$ 和 $\boldsymbol{y}^{\mathrm{T}}\boldsymbol{C}^{\mathrm{T}}\boldsymbol{A}\boldsymbol{C}\boldsymbol{y}$ 有相同的正定性. $\boldsymbol{A}$，$\boldsymbol{C}^{\mathrm{T}}\boldsymbol{A}\boldsymbol{C}$（其中 $\boldsymbol{C}$ 可逆）有相同的正定性.

6.3.3 f 正定的充要条件

$f(x_1,x_2,\cdots,x_n)=\boldsymbol{x}^{\mathrm{T}}\boldsymbol{A}\boldsymbol{x}$ 正定

$\Leftrightarrow\boldsymbol{A}$ 的正惯性指数 $p=r=n$（r 是 $\boldsymbol{A}$ 的秩，n 是未知量个数）

$\Leftrightarrow\boldsymbol{A}\simeq\boldsymbol{E}$，即存在可逆阵 $\boldsymbol{C}$，使得 $\boldsymbol{C}^{\mathrm{T}}\boldsymbol{A}\boldsymbol{C}=\boldsymbol{E}$

$\Leftrightarrow\boldsymbol{A}=\boldsymbol{D}^{\mathrm{T}}\boldsymbol{D}$，其中 $\boldsymbol{D}$ 是可逆阵

$\Leftrightarrow\boldsymbol{A}$ 的全部特征值 $\lambda_i>0,i=1,2,\cdots,n$

$\Leftrightarrow\boldsymbol{A}$ 的全部顺序主子式大于零，即

$$a_{11}>0,\begin{vmatrix}a_{11}&a_{12}\\a_{21}&a_{22}\end{vmatrix}>0,\cdots,\begin{vmatrix}a_{11}&a_{12}&\cdots&a_{1n}\\a_{21}&a_{22}&\cdots&a_{2n}\\\vdots&\vdots&&\vdots\\a_{n1}&a_{n2}&\cdots&a_{nn}\end{vmatrix}>0.$$

6.3.4 $f=\boldsymbol{x}^{\mathrm{T}}\boldsymbol{A}\boldsymbol{x}$ 正定的必要条件

若二次型 $f(x_1,x_2,\cdots,x_n)=\boldsymbol{x}^{\mathrm{T}}\boldsymbol{A}\boldsymbol{x}$ 正定，则 $\boldsymbol{A}$ 的主对角元素 $a_{ii}>0$，且行列式 $|\boldsymbol{A}|>0$.

第三篇 概率论与数理统计(数一、三)

第一章 随机事件和概率

§1 事件、样本空间、事件间的关系与运算

1.1.1 随机试验

定义 对随机现象进行观察或实验称为随机试验，简称试验，记作 E. 它具有如下特点：

(1) 可以在相同条件下重复进行；

(2) 所得的可能结果不止一个，且所有可能结果都能事前已知；

(3) 每次具体实验之前无法预知会出现哪个结果.

1.1.2 样本空间

定义 随机试验的每一可能结果称为样本点，记作 ω. 由所有样本点全体组成的集合称为样本空间，记作 Ω.

样本点是组成样本空间的元素，样本空间是样本点的全集，样本空间有以下三种类型：

(1) 有限集合. 样本空间中的样本点个数是有限的.

(2) 无限可列集合.样本空间中的样本点个数是无限的,但可以列出来.

(3) 无限不可列集合.样本空间中的样本点个数是无限的,又不能列出.

1.1.3 随机事件

定义 样本空间的子集称为随机事件,简称事件,常用字母 A,B,C 等表示.

随机事件是由样本空间中的元素即样本点组成,由一个样本点组成的子集是最简单事件,称为**基本事件**.随机事件既然由样本点组成,因此,也可将随机事件看成是由基本事件组成.

如果一次试验的结果为某一基本事件出现,就称该基本事件出现或发生.如果组成事件 A 的一个基本事件出现或发生,也称事件 A 出现或发生.

把 Ω 看成一事件,则每次试验必有 Ω 中某一基本事件(即样本点)发生,也就是每次试验 Ω 必然发生,称 Ω 为必然事件.

把不包含任何样本点的空集 $\varnothing$ 看成一个事件.每次试验 $\varnothing$ 必不发生,称 $\varnothing$ 为不可能事件.

设 $A,B,A_k(k=1,2,\cdots)$ 是样本空间 S 的子集.

1.1.4 事件的包含

定义 如果事件 A 发生必然导致事件 B 发生,则称事件 B 包含事件 A,或称事件 A 包含于事件 B,记为 $B\supset A$ 或 $A\subset B$.

从集合关系来说,事件 A 的每一个样本点都属于事件 B.

1.1.5 事件的相等

定义 如果 $A\supset B$ 与 $B\supset A$ 同时成立,则称事件 A 与事件 B 相等,记作 $A=B$.

1.1.6 事件的交

定义 如果事件 A 与事件 B 同时发生,则称这样的一个事件为事件 A 与事件 B 的交或积,记为 $A\cap B$

或 AB.

集合 $A\cap B$ 是由同时属于 A 与 B 的所有公共样本点构成.

事件的交可以推广到有限多个事件或可数无穷多个事件的情形:

$$\bigcap_{i=1}^{n}A_i=A_1\cap A_2\cap\cdots\cap A_n,\ \bigcap_{i=1}^{+\infty}A_i=A_1\cap A_2\cap\cdots\cap A_n\cap\cdots.$$

1.1.7　互斥事件

定义　如果事件 A 与事件 B 的关系为 $AB=\varnothing$,即 A 与 B 不能同时发生,则称事件 A 和事件 B 为互斥或互不相容.

互斥的两事件没有公共样本点.

事件的互斥可以推广到有限多个事件或可数无穷多个事件的情形:

若 n 个事件 $A_1,A_2,\cdots,A_n$ 中任意两个事件均互斥,即 $A_iA_j=\varnothing,i\neq j,i,j=1,2,\cdots,n$,则称这 n 个事件是两两互斥或两两互不相容.

若可数无穷个事件 $A_1,A_2,\cdots,A_n,\cdots$ 中任意两个事件均互斥,即 $A_iA_j=\varnothing,i\neq j,i,j=1,2,\cdots,n,\cdots$,则称这可数无穷个事件是两两互斥或两两互不相容.

1.1.8　事件的并

定义　如果事件 A 与事件 B 至少有一个发生,则称这样一个事件为事件 A 与事件 B 的并或和,记为 $A\cup B$.

集 $A\cup B$ 是由属于 A 与 B 的所有样本点构成.

事件的并可推广到有限多个事件或可数无穷多个事件的情形:

$\bigcup_{i=1}^{n} A_i = A_1 \cup A_2 \cup \cdots \cup A_n, \bigcup_{i=1}^{+\infty} A_i = A_1 \cup A_2 \cup \cdots \cup A_n \cup \cdots.$

1.1.9 对立事件

定义 如果事件 A 与事件 B 有且仅有一个发生，即同时成立 $A \cup B = \Omega$，且 $A \cap B = \varnothing$，则称事件 A 与事件 B 为对立事件或互逆事件，记为 $\overline{A} = B$ 或 $\overline{B} = A$.

【注】 $\overline{A}$ 简称为 A 非. 在样本空间中，集合 $\overline{A}$ 是由所有不属于事件 A 的样本点构成的集合.

1.1.10 事件的差

定义 事件 A 发生而事件 B 不发生称为事件 A 与事件 B 的差，记为 $A-B$.

在样本空间中集合 $A-B$ 是由属于事件 A 而不属于事件 B 的所有样本点构成的集合. 显然 $A-B = A\overline{B}$.

直观上常用几何图形表示集合. 事件间的关系：包含、相等、互斥、对立和事件间的运算：交、并、差也可以用几何图形直观表示. 如图 1-1 所示.

1.1.11 事件的运算规律

(1) 交换律 $A \cup B = B \cup A, A \cap B = B \cap A.$

(2) 结合律 $A \cup (B \cup C) = (A \cup B) \cup C,$

$A \cap (B \cap C) = (A \cap B) \cap C.$

(3) 分配律 $A \cap (B \cup C) = (A \cap B) \cup (A \cap C),$

$A \cup (B \cap C) = (A \cup B) \cap (A \cup C).$

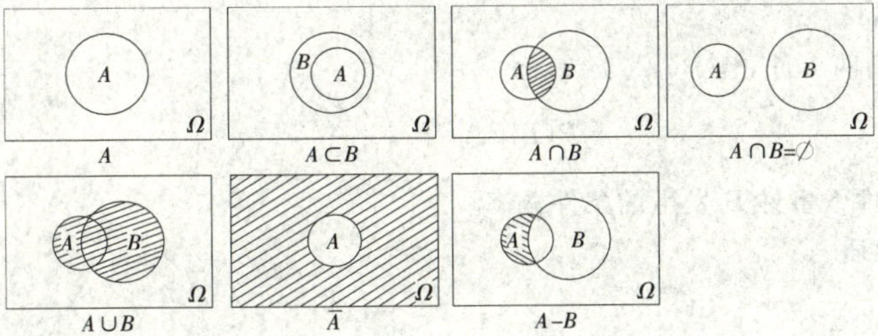

图 1-1

(4) 对偶律　$\overline{A \cup B} = \bar{A} \cap \bar{B}$, $\overline{A \cap B} = \bar{A} \cup \bar{B}$, $\overline{\bigcup_{i=1}^{n} A_i} = \bigcap_{i=1}^{n} \overline{A_i}$,

$\overline{\bigcap_{i=1}^{n} A_i} = \bigcup_{i=1}^{n} \overline{A_i}$.

§2　概率、条件概率、独立性和五大公式

1.2.1　概率公理

设试验 E 的样本空间为 Ω,称实值函数 P 为概率,如果 P 满足如下三条件:

(1) 对于任意事件 A,有 $P(A) \geqslant 0$;

(2) 对于必然事件 Ω,有 $P(\Omega) = 1$;

(3) 对于两两互斥的可数无穷个事件 $A_1, A_2, \cdots, A_n, \cdots$ 有 $P(A_1 \cup A_2 \cdots \cup A_n \cup \cdots) = P(A_1) + P(A_2) + \cdots + P(A_n) + \cdots$,称 $P(A)$ 为事件 A 的概率.

1.2.2 条件概率

定义 设 A,B 为两事件，且 $P(A)>0$，称

$$P(B \mid A)=\frac{P(AB)}{P(A)}$$

为在事件 A 发生的条件下事件 B 发生的条件概率.

1.2.3 概率的性质

(1) $P(\varnothing)=0$.

(2) $0 \leqslant P(A) \leqslant 1$.

(3) $P(\overline{A})=1-P(A)$.

(4) $A \subset B$，则 $P(A) \leqslant P(B)$.

(5) 对于两两互斥的有限个事件 $A_1,A_2,\cdots,A_n$，有

$$P(A_1 \cup A_2 \cup \cdots \cup A_n)=P(A_1)+P(A_2)+\cdots+P(A_n).$$

【注】 条件概率也是概率，条件概率也有概率相应的各性质.

1.2.4 事件独立性

定义 设 A,B 两事件满足等式

$$P(AB)=P(A)P(B),$$

则称 A 与 B 相互独立.

设 $A_1,A_2,\cdots,A_n$ 是 n 个事件，如果对于任意 $k(1<k \leqslant n)$，任意 $1 \leqslant i_1<i_2<\cdots<i_k \leqslant n$ 满足等式

$$P(A_{i_1}A_{i_2}\cdots A_{i_k})=P(A_{i_1})P(A_{i_2})\cdots P(A_{i_k}),$$

则称 $A_1, A_2, \cdots, A_n$ 为相互独立的事件.

【注】 n 个事件相互独立需要

$$C_n^2 + C_n^3 + \cdots + C_n^n = 2^n - n - 1 \text{ 个等式成立.}$$

1.2.5 相互独立的性质

(1) A 与 B 相互独立的充要条件是 A 与 $\overline{B}$ 或 $\overline{A}$ 与 B 或 $\overline{A}$ 与 $\overline{B}$ 相互独立.

(2) 当 $0 < P(A) < 1$ 时,A 与 B 独立 $\Leftrightarrow P(B \mid A) = P(B)$ 或 $P(B \mid A) = P(B \mid \overline{A})$ 成立.

(3) 若 $A_1, A_2, \cdots, A_n$ 相互独立,则 $A_1, A_2, \cdots, A_n$ 必两两独立. 反之,若 $A_1, A_2, \cdots, A_n$ 两两独立,则 $A_1, A_2, \cdots, A_n$ 不一定相互独立.

(4) 当 $A_1, A_2, \cdots, A_n$ 相互独立时,它们的部分事件也是相互独立的.

将相互独立的 n 个事件中任何几个事件换成它们相应的对立事件,则这新组成的 n 个事件也相互独立.

1.2.6 五大公式

(1) 加法公式

$$P(A \cup B) = P(A) + P(B) - P(AB);$$

$$P(A \cup B \cup C) = P(A) + P(B) + P(C) - P(AB) - P(BC) - P(AC) + P(ABC).$$

(2) 减法公式

$$P(A - B) = P(A) - P(AB).$$

(3) 乘法公式

当 $P(A)>0$ 时，$P(AB)=P(A)P(B\mid A)$；

当 $P(A_1A_2\cdots A_{n-1})>0$ 时，

$$P(A_1A_2\cdots A_n)=P(A_1)P(A_2\mid A_1)\cdots P(A_n\mid A_1A_2\cdots A_{n-1}).$$

(4) 全概率公式

设 $B_1,B_2,\cdots,B_n$ 满足 $\bigcup\limits_{i=1}^{n}B_i=\Omega,B_iB_j=\varnothing(i\neq j)$ 且 $P(B_k)>0,k=1,2,\cdots,n$，则对任意事件 A 有

$$P(A)=\sum_{i=1}^{n}P(B_i)P(A\mid B_i),$$

称满足 $\bigcup\limits_{i=1}^{n}B_i=\Omega$ 和 $B_iB_j=\varnothing(i\neq j)$ 的 $B_1,B_2,\cdots,B_n$ 为 Ω 的一个**完备事件组**.

(5) 贝叶斯公式

设 $B_1,B_2,\cdots,B_n$ 满足 $\bigcup\limits_{i=1}^{n}B_i=\Omega,B_iB_j=\varnothing(i\neq j)$ 且 $P(A)>0,P(B_k)>0,k=1,2,\cdots,n$，则

$$P(B_j\mid A)=\frac{P(B_j)P(A\mid B_j)}{\sum\limits_{i=1}^{n}P(B_i)P(A\mid B_i)},j=1,2,\cdots,n.$$

【注】 ① 概率计算中常要结合对偶律应用性质 $P(\overline{A})=1-P(A)$.

② 计算相互独立事件的概率时，常将事件的“并”或“差”转化成“交”来计算. 因为事件的独立性是用事件之交的概率来定义. 而将相互独立事件中某个或某几个事件换成相应的对立事件并不影响它们之间

的相互独立性，所以将“并”和“差”化成“交”后，常常会带来计算上的方便. 例如，A 与 B 独立时，

$$P(A\cup B)=1-P(\overline{A}\overline{B})=1-P(\overline{A})P(\overline{B}),$$

$$P(A-B)=P(A\overline{B})=P(A)P(\overline{B}).$$

真题链接　［2020. 数一、三］

设 A,B,C 为三个随机事件，且 $P(A)=P(B)=P(C)=\dfrac{1}{4}$，$P(AB)=0$，$P(AC)=P(BC)=\dfrac{1}{12}$，则 A,B,C 中恰有一个事件发生的概率为

A. $\dfrac{3}{4}$.　　B. $\dfrac{2}{3}$.　　C. $\dfrac{1}{2}$.　　D. $\dfrac{5}{12}$.

答案　D

§3　古典概型与伯努利概型

1.3.1　古典型概率

定义　当试验结果为有限 n 个样本点，且每个样本点的发生具有相等的可能性，如果事件 A 由 n_A 个样本点组成，则事件 A 的概率

$$P(A) = \frac{n_A}{n} = \frac{A\text{ 所包含的样本点数}}{\text{样本点总数}}.$$

称有限等可能试验中事件 A 的概率 $P(A)$ 为古典型概率.

1.3.2 几何型概率

定义 当试验的样本空间是某区域(该区域可以是一维,二维或三维等等),以 $L(\Omega)$ 表示其几何度量(长度、面积、体积等等).事件 A 的样本点所表示的区域为 Ω_A,则事件 A 的概率

$$P(A) = \frac{L(\Omega_A)}{L(\Omega)} = \frac{\Omega_A\text{ 的几何度量}}{\Omega\text{ 的几何度量}},$$

称这种样本点个数无限但几何度量上的等可能试验中事件 A 的概率 $P(A)$ 为几何型概率.

1.3.3 n 重伯努利试验

定义 把一随机试验独立重复作若干次,即各次试验所联系的事件之间相互独立,且同一事件在各个试验中出现的概率相同,称为独立重复试验.

如果每次试验只有两个结果 A 和 $\overline{A}$,则称这种试验为伯努利试验.将伯努利试验独立重复进行 n 次,称为 n 重伯努利试验.

设在每次试验中,概率 $P(A) = p(0 < p < 1)$,则在 n 重伯努利试验中事件 A 发生 k 次的概率,又称为二项概率公式:

$$C_n^k p^k (1-p)^{n-k}, k = 0,1,2,\cdots,n.$$

第二章　随机变量及其概率分布

§1　随机变量及其分布函数

2.1.1　随机变量

定义　在样本空间 Ω 上的实值函数 $X = X(\omega), \omega \in \Omega$，称 $X(\omega)$ 为随机变量，简记 X.

【注】 $X(\omega)$ 的定义域是 Ω. 常用 X, Y, Z 等表示随机变量.

2.1.2　分布函数

定义　对于任意实数 x，记函数 $F(x) = P\{X \leqslant x\}, -\infty < x < +\infty$，称 $F(x)$ 为随机变量 X 的分布函数.

分布函数 $F(x)$ 是定义在 $(-\infty, +\infty)$ 上的一个实值函数，$F(x)$ 的值等于随机变量 X 在区间 $(-\infty, x]$ 内取值的概率，即事件"$X \leqslant x$"的概率.

2.1.3　分布函数性质

(1) $0 \leqslant F(x) \leqslant 1$.

(2) $\lim\limits_{x \to -\infty} F(x) = 0$，记为 $F(-\infty) = 0$；$\lim\limits_{x \to +\infty} F(x) = 1$，记为 $F(+\infty) = 1$.

(3) $F(x)$ 是单调非减函数，即当 $x_1 < x_2$ 时，$F(x_1) \leqslant F(x_2)$.

(4) $F(x)$ 是右连续的，即 $F(x+0) = F(x)$.

(5) 对任意 $x_1 < x_2$，有 $P\{x_1 < X \leqslant x_2\} = F(x_2) - F(x_1)$.

(6) 对任意的 x，$P\{X=x\}=F(x)-F(x-0)$.

技巧点拨

由单调性和 $F(-\infty)=0$，$F(+\infty)=1$ 可以推出 $0\leqslant F(x)\leqslant 1$，所以性质(1)，(2)，(3)，(4) 可以简化为：

$$F(-\infty)=0, F(+\infty)=1; \text{单调非减; 右连续}.$$

这恰是函数 $F(x)$ 成为某一随机变量的分布函数的充要条件.

当 $F(x)$ 在 x 处连续时，$F(x)-F(x-0)=0$，根据性质(6)，就有 $P\{X=x\}=0$.

§2　离散型随机变量和连续型随机变量

2.2.1　离散型随机变量

定义　如果一个随机变量的可能取值是有限多个或可数无穷多个，则称它为离散型随机变量.

2.2.2　离散型随机变量 X 的概率分布

定义　设离散型随机变量 X 的可能取值是 $x_1, x_2, \cdots, x_n, \cdots$，$X$ 取各可能值的概率为

$$P\{X=x_k\}=p_k, k=1,2,\cdots.$$

称上式为离散型随机变量 X 的概率分布或分布律.

分布律也有用列表方式给出的：

X	x_1	x_2	x_3	$\cdots$	x_n	$\cdots$
P	p_1	p_2	p_3	$\cdots$	p_n	$\cdots$

,

或者
$$X \sim \begin{bmatrix} x_1 & x_2 & \cdots & x_n & \cdots \\ p_1 & p_2 & \cdots & p_n & \cdots \end{bmatrix}.$$

这里只给出 X 可能取值可数无穷多个的情形.不难给出 X 有限个可能取值的情形.

2.2.3　连续型随机变量及其概率密度

定义　如果对随机变量 X 的分布函数 $F(x)$,存在一个非负可积函数 $f(x)$,使得对任意实数 x,都有
$$F(x) = \int_{-\infty}^{x} f(t)\mathrm{d}t, -\infty < x < +\infty,$$
称 X 为**连续型随机变量**,函数 $f(x)$ 称为 X 的**概率密度**.

【注】　连续型随机变量的分布函数 $F(x)$ 必可表示成 $F(x) = \int_{-\infty}^{x} f(t)\mathrm{d}t$,所以这时的 $F(x)$ 一定是 $(-\infty, +\infty)$ 上的连续函数.反之,不能说凡是连续的 $F(x)$ 对应的 X 一定是连续型随机变量.

连续型随机变量的 $F(x)$ 必连续,但 $f(x)$ 不一定是连续的.

2.2.4　分布律性质

(1) $p_k \geqslant 0, k = 1,2,\cdots$;

(2) $\sum\limits_{k=1}^{+\infty} p_k = 1$.

【注】　性质(1)和(2)也是分布律的充要条件.

2.2.5　概率密度 $f(x)$ 的性质

(1) $f(x) \geqslant 0$;

(2) $\int_{-\infty}^{+\infty} f(x)\mathrm{d}x = 1$;

(3) 对任意实数 $x_1 < x_2$，有 $P\{x_1 < X \leqslant x_2\} = \int_{x_1}^{x_2} f(t)\mathrm{d}t$；

(4) 在 $f(x)$ 的连续点处有 $F'(x) = f(x)$.

【注】 函数 $f(x)$ 成为某一连续型随机变量的概率密度充要条件是 $f(x)$ 具有性质(1)和(2).

如果 X 是连续型随机变量，则显然有

$P\{x_1 < X \leqslant x_2\} = P\{x_1 \leqslant X < x_2\} = P\{x_1 < X < x_2\} = P\{x_1 \leqslant X \leqslant x_2\}$.

真题链接 [2018. 数一、三]

设随机变量 X 的概率密度 $f(x)$ 满足 $f(1+x) = f(1-x)$，且 $\int_0^2 f(x)\mathrm{d}x = 0.6$，则 $P\{X < 0\} =$

(A) 0.2　　(B) 0.3　　(C) 0.4　　(D) 0.5

答案 A

§3 常用分布

2.3.1 0-1 分布

定义 如果随机变量 X 有分布律

X	0	1
P	$1-p$	p

$0 < p < 1$,则称 X 服从参数为 p 的 0-1 分布,或称 X 具有 0-1 分布.

2.3.2　二项分布

定义　如果随机变量 X 有分布律

$$P\{X = k\} = C_n^k p^k q^{n-k}, \ k = 0,1,2,\cdots,n,$$

其中 $0 < p < 1, q = 1 - p$,则称 X 服从参数为 n,p 的二项分布,记作 $X \sim B(n,p)$.

在 n 重伯努利试验中,若每次试验成功率为 $p(0 < p < 1)$,则在 n 次独立重复试验中成功的总次数 X 服从二项分布.

当 $n = 1$ 时,不难验证二项分布就退化成 0-1 分布.所以 0-1 分布记为 $B(1,p)$.

2.3.3　几何分布

定义　如果随机变量 X 的分布律为

$$P\{X = k\} = pq^{k-1}, \ k = 1,2,\cdots,$$

其中 $0 < p < 1, q = 1 - p$,则称 X 服从参数为 p 的几何分布,或称 X 具有几何分布.

【注】　在独立地重复做一系列伯努利试验中,若每次试验成功率为 $p(0 < p < 1)$,则在第 k 次试验时才首次试验成功的概率服从几何分布.

2.3.4　超几何分布

定义　如果随机变量 X 的分布律为

$$P\{X = k\} = \frac{C_M^k C_{N-M}^{n-k}}{C_N^n}, \ k = l_1,\cdots,l_2,$$

其中 $l_1 = \max(0, n - N + M), l_2 = \min(M, n)$.则称随机变量 X 服从参数为 n,N,M 的超几何分布.

如果 N 件产品中含有 M 件次品,从中任意一次取出 n 件(或从中一件接一件不放回地取 n 件),令 $X =$

抽取的 n 件产品中的次品件数，则 X 服从参数为 n,N,M 的超几何分布.

如果 N 件产品中含有 M 件次品，从中一件接一件有放回地取 n 次(即每次取出记录后就放回，再取下一个)，则 X 服从 $B\left(n,\dfrac{M}{N}\right)$.

2.3.5 泊松分布

定义 如果随机变量 X 的分布律为

$$P\{X=k\}=\frac{\lambda^k}{k!}e^{-\lambda},\ k=0,1,2,\cdots,$$

其中 $\lambda>0$ 为常数，则称随机变量 X 服从参数为 λ 的泊松分布，记为 $X\sim P(\lambda)$.

【注】 在一段时间内电话总机接到的呼叫次数、候车的旅客数、保险索赔的次数等都服从泊松分布.

2.3.6 均匀分布

定义 如果连续型随机变量 X 的概率密度为

$$f(x)=\begin{cases}\dfrac{1}{b-a}, & a\leqslant x\leqslant b\\ 0, & \text{其他}\end{cases},$$

则称 X 在区间 $[a,b]$ 上服从均匀分布，记作 $X\sim U[a,b]$.

如果概率密度为

$$f(x)=\begin{cases}\dfrac{1}{b-a}, & a<x<b\\ 0, & \text{其他}\end{cases},$$

则称 X 在区间 (a,b) 上服从均匀分布，记作 $X\sim U(a,b)$.

无论 $X \sim U[a,b]$ 或 $X \sim U(a,b)$，它们的分布函数均为

$$F(x)=\begin{cases}0, & x<a\\ \dfrac{x-a}{b-a}, & a\leqslant x<b.\\ 1, & b\leqslant x\end{cases}$$

2.3.7　指数分布

定义　如果连续型随机变量 X 的概率密度为

$$f(x)=\begin{cases}\lambda e^{-\lambda x}, & x>0\\ 0, & x\leqslant 0\end{cases},\lambda>0,$$

则称 X 服从参数为 λ 的指数分布，记作 $X \sim E(\lambda)$.

有的书上将指数分布定义成具有概率密度

$$f(x)=\begin{cases}\dfrac{1}{\lambda}e^{-\frac{x}{\lambda}}, & x>0\\ 0, & x\leqslant 0\end{cases},\lambda>0.$$

设 $X \sim E(\lambda)$，则 X 的分布函数为

$$F(x)=\begin{cases}1-e^{-\lambda x}, & x>0\\ 0, & x\leqslant 0\end{cases}.$$

指数分布有很多应用，有许多种寿命的分布都近似地服从指数分布.

2.3.8　正态分布

定义　如果随机变量 X 的概率密度为

$$f(x)=\frac{1}{\sqrt{2\pi}\sigma}e^{-\frac{(x-\mu)^2}{2\sigma^2}},-\infty<x<+\infty,$$

其中 μ,σ 为常数且 $\sigma>0$,则称 X 服从参数为 μ,σ 的正态分布,记作

$$X\sim N(\mu,\sigma^2).$$

当 $\mu=0,\sigma^2=1$ 时,即 $X\sim N(0,1)$,称 X 服从标准正态分布,此时用 $\varphi(x)$ 表示 X 的概率密度,即

$$\varphi(x)=\frac{1}{\sqrt{2\pi}}e^{-\frac{x^2}{2}},-\infty<x<+\infty.$$

$X\sim N(\mu,\sigma^2)$,其分布函数为

$$F(x)=\frac{1}{\sqrt{2\pi}\sigma}\int_{-\infty}^{x}e^{-\frac{(t-\mu)^2}{2\sigma^2}}dt.$$

当 $X\sim N(0,1)$ 时,分布函数用 $\Phi(x)$ 表示

$$\Phi(x)=\frac{1}{\sqrt{2\pi}}\int_{-\infty}^{x}e^{-\frac{t^2}{2}}dt.$$

2.3.9 常用性质

(1) 泊松定理:在伯努利试验中,p_n 代表事件 A 在试验中出现的概率,它与试验总数 n 有关,如果 $\lim\limits_{n\to\infty}np_n=\lambda$,则

$$\lim_{n\to\infty}C_n^k p_n^k(1-p_n)^{n-k}=\frac{\lambda^k}{k!}e^{-\lambda}.$$

【注】 应用泊松定理的要求:n 较大($n\geqslant 100$),p_n 较小($p_n\leqslant 0.1$),np 不太大.这时有近似公式

$$C_n^k p^k(1-p)^{n-k}\approx\frac{(np)^k}{k!}e^{-np}.$$

(2) 设 $X \sim U[a,b]$,则对 $a \leqslant c < d \leqslant b$,有

$$P\{c < X \leqslant d\} = \frac{d-c}{b-a},$$

即随机变量落入区间 $[c,d]$ 的概率等于该区间长度与 $[a,b]$ 长度之比.

(3) 设 $X \sim E(\lambda)$,则有

1) $P\{X > t\} = \int_t^{+\infty} \lambda e^{-\lambda t} dt = e^{-\lambda t}$, $t > 0$.

2) $P\{X > t+s \mid X > s\} = \dfrac{P\{X > t+s\}}{P\{X > s\}} = \dfrac{e^{-\lambda(t+s)}}{e^{-\lambda s}}$

$= e^{-\lambda t} = P\{X > t\}$, $t,s > 0$.

此性质称为指数分布具有"无记忆性".

(4) 设 $X \sim N(\mu,\sigma^2)$,其分布函数为 $F(x)$,则

1) $F(x) = \Phi\left(\dfrac{x-\mu}{\sigma}\right)$.

2) $P\{a < X \leqslant b\} = \Phi\left(\dfrac{b-\mu}{\sigma}\right) - \Phi\left(\dfrac{a-\mu}{\sigma}\right)$, $a < b$.

3) 概率密度 $f(x)$ 关于 $x = \mu$ 对称,$\varphi(x)$ 是偶函数.

4) $\Phi(-x) = 1 - \Phi(x)$,$\Phi(0) = \dfrac{1}{2}$.

5) $P\{|X| \leqslant a\} = 2\Phi(a) - 1$.

§4　随机变量的函数的分布

2.4.1　离散型随机变量的函数分布

设 X 的分布律为 $P\{X=x_k\}=p_k, k=1,2,\cdots$，则 X 的函数 $Y=g(X)$ 的分布律为 $P\{Y=g(x_k)\}=p_k, k=1,2,\cdots$. 如果在 $g(x_k)$ 中有相同的数值，则将它们相应的概率和作为 Y 取该值的概率.

2.4.2　连续型随机变量的函数分布

(1) 公式法

设 X 是一个具有概率密度 $f_X(x)$ 的随机变量，又设 $y=g(x)$ 是单调，导数不为零的可导函数，$h(y)$ 为它的反函数，则 $Y=g(X)$ 的概率密度为

$$f_Y(y)=\begin{cases}|h'(y)|f_X(h(y)), & \alpha<y<\beta\\ 0, & \text{其他}\end{cases}$$

其中 (α,β) 是函数 $g(X)$ 在 X 可能取值的区间上的值域.

(2) 定义法

先求 Y 的分布函数

$$F_Y(y)=P\{Y\leqslant y\}=P\{g(X)\leqslant y\}=\int_{g(x)\leqslant y}f_X(x)\mathrm{d}x,$$

然后 $f_Y(y)=F'_Y(y)$.

技巧点拨

一般情况下，用公式法时，要求条件较多：单调，可导，导数不为零，反函数存在等. 实际求解比较麻烦. 用定义法时，实际上就是求积分 $\int_{g(x)\leqslant y}f_X(x)\mathrm{d}x$，只要掌握好 y 变化的范围，不同范围和不同积分限的求积就不难求得 $F_Y(y)$.

第三章　多维随机变量及其分布

§1　二维随机变量及其分布

3.1.1　二维随机变量

定义　设 $X = X(\omega)$，$Y = Y(\omega)$ 是定义在样本空间 Ω 上的两个随机变量，则称向量 (X,Y) 为二维随机变量，或随机向量.

3.1.2　二维随机变量 (X,Y) 的分布

定义　$F(x,y) = P\{X \leqslant x, Y \leqslant y\}$，$-\infty < x < +\infty$，$-\infty < y < +\infty$.

3.1.3　二维随机变量的边缘分布

二维随机变量 (X,Y) 的分布函数为 $F(x,y)$，分别称 $F_X(x) = P\{X \leqslant x\}$ 和 $F_Y(y) = P\{Y \leqslant y\}$ 为 (X, Y) 关于 X 和关于 Y 的边缘分布.

显然，边缘分布 $F_X(x)$ 和 $F_Y(y)$ 与二维随机变量 $F(x,y)$ 有如下关系：

$$F_X(x) = P\{X \leqslant x\} = P\{X \leqslant x, y < +\infty\} = F(x, +\infty);$$

$$F_Y(y) = P\{Y \leqslant y\} = P\{X < +\infty, Y \leqslant y\} = F(+\infty, y).$$

这里 $F(x, +\infty)$ 应理解为 $\lim\limits_{y \to +\infty} F(x,y)$.

3.1.4　二维随机变量的条件分布

定义　如果对于任意给定的 $\varepsilon > 0$，$P\{y - \varepsilon < Y \leqslant y + \varepsilon\} > 0$，

$$\lim_{\varepsilon \to 0^+} P\{X \leqslant x \mid y-\varepsilon < Y \leqslant y+\varepsilon\} = \lim_{\varepsilon \to 0^+} \frac{P\{X \leqslant x, y-\varepsilon < Y \leqslant y+\varepsilon\}}{P\{y-\varepsilon < Y \leqslant y+\varepsilon\}}$$

存在，则称此极限为在条件 $Y = y$ 下 X 的条件分布，记作

$$F_{X|Y}(x \mid y) \text{ 或 } P\{X \leqslant x \mid Y = y\}.$$

类似地可定义 $F_{Y|X}(y \mid x)$.

3.1.5 二维离散型随机变量

定义 如果随机变量 (X,Y) 可能取值为有限个或可数无穷个 (x_i, y_j)，$i, j = 1,2,\cdots$，则称 (X,Y) 为二维离散型随机变量.

3.1.6 二维离散型随机变量的概率分布

定义 二维离散型随机变量 (X,Y) 的可能取值为 $(x_i, y_j)(i, j = 1,2,\cdots)$，

$$P\{X = x_i, Y = y_j\} = p_{ij}, \quad i, j = 1,2,\cdots$$

称为二维离散型随机变量 (X,Y) 的概率分布或分布律.

【注】 也可以用表格形式表示分布律：

$X \backslash Y$	y_1	y_2	$\cdots$	y_j	$\cdots$
x_1	p_{11}	p_{12}	$\cdots$	p_{1j}	$\cdots$
x_2	p_{21}	p_{22}	$\cdots$	p_{2j}	$\cdots$
$\vdots$	$\vdots$	$\vdots$		$\vdots$	
x_i	p_{i1}	p_{i2}	$\cdots$	p_{ij}	$\cdots$
$\vdots$	$\vdots$	$\vdots$		$\vdots$	

3.1.7　二维离散型随机变量的边缘分布

定义　$p_{i\cdot}=P\{X=x_i\}$，　$i=1,2,\cdots$

和　$p_{\cdot j}=P\{Y=y_j\}$，　$j=1,2,\cdots$

分别被称为(X,Y)关于X和关于Y的边缘分布.

显然，边缘分布$p_{i\cdot}$和$p_{\cdot j}$与二维概率分布p_{ij}有如下关系：

$$p_{i\cdot}=P\{X=x_i\}=\sum_{j=1}^{+\infty}P\{X=x_i,Y=y_j\}=\sum_{j=1}^{+\infty}p_{ij},\quad i=1,2,\cdots$$

$$p_{\cdot j}=P\{Y=y_j\}=\sum_{i=1}^{+\infty}P\{X=x_i,Y=y_j\}=\sum_{i=1}^{+\infty}p_{ij},\quad j=1,2,\cdots$$

3.1.8　二维离散型随机变量的条件分布

定义　对给定的j，如果$P\{Y=y_j\}>0,j=1,2,\cdots$，则称

$$P\{X=x_i\mid Y=y_j\}=\frac{P\{X=x_i,Y=y_j\}}{P\{Y=y_j\}}=\frac{p_{ij}}{p_{\cdot j}},\quad i=1,2,\cdots$$

为在$Y=y_j$条件下随机变量X的条件分布.

3.1.9　二维连续型随机变量及其概率密度

定义　如果对随机变量(X,Y)的分布$F(x,y)$存在非负函数$f(x,y)$，使得对于任意实数x和y，都有

$$F(x,y)=\int_{-\infty}^{x}\int_{-\infty}^{y}f(u,v)\mathrm{d}u\mathrm{d}v,\quad -\infty<x,y<+\infty.$$

则称(X,Y)为二维连续型随机变量，函数$f(x,y)$称为(X,Y)的概率密度.

对连续型随机变量(X,Y)，设它的概率密度为$f(x,y)$，由

$$F_X(x)=F(x,+\infty)=\int_{-\infty}^{x}[\int_{-\infty}^{+\infty}f(x,y)\mathrm{d}y]\mathrm{d}x$$

知，X 也是一个连续型变量，且其概率密度为 $f_X(x)=\int_{-\infty}^{+\infty} f(x,y)\mathrm{d}y$.

3.1.10　二维连续型随机变量的边缘密度

定义
$$f_X(x)=\int_{-\infty}^{+\infty} f(x,y)\mathrm{d}y \text{ 和 } f_Y(y)=\int_{-\infty}^{+\infty} f(x,y)\mathrm{d}x$$
被分别称为(X,Y)关于 X 和关于 Y 的边缘密度.

3.1.11　二维连续型随机变量的条件密度

定义　设 $f(x,y)$ 在点(x,y)连续，$f_Y(y)$ 连续且 $f_Y(y)>0$，则条件分布
$$F_{X|Y}(x\mid y)=\int_{-\infty}^{x}\frac{f(s,y)}{f_Y(y)}\mathrm{d}s.$$
其中$\dfrac{f(x,y)}{f_Y(y)}$被称为在条件 $Y=y$ 下的条件密度，记作
$$f_{X|Y}(x\mid y)\text{，即 } f_{X|Y}(x\mid y)=\frac{f(x,y)}{f_Y(y)},\quad f_Y(y)>0.$$

类似可定义，当 $f_X(x)>0$ 时，
$$f_{Y|X}(y\mid x)=\frac{f(x,y)}{f_X(x)}$$
和
$$F_{Y|X}(y\mid x)=\int_{-\infty}^{y}\frac{f(x,s)}{f_X(x)}\mathrm{d}s.$$

3.1.12　$F(x,y)$ 的性质

(1) 对任意 x,y，均有 $0\leqslant F(x,y)\leqslant 1$；

(2) $F(-\infty,y)=F(x,-\infty)=F(-\infty,-\infty)=0, F(+\infty,+\infty)=1$；

(3) $F(x,y)$ 关于 x 和关于 y 均单调不减；

(4) $F(x,y)$ 关于 x 和关于 y 是右连续的；

(5) $P\{a < X \leqslant b, c < Y \leqslant d\} = F(b,d) - F(b,c) - F(a,d) + F(a,c)$.

3.1.13　$P\{X = x_i, Y = y_j\} = p_{ij}$ 的性质

(1) $p_{ij} \geqslant 0$，　$i,j = 1,2,\cdots$；　(2) $\sum_i \sum_j p_{ij} = 1$.

3.1.14　$f(x,y)$ 的性质

(1) $f(x,y) \geqslant 0$；

(2) $\int_{-\infty}^{+\infty}\int_{-\infty}^{+\infty} f(x,y)\mathrm{d}x\mathrm{d}y = 1$；

(3) 随机变量 (X,Y) 落在区域 D 内的概率 $P\{(X,Y) \in D\} = \iint_D f(x,y)\mathrm{d}x\mathrm{d}y$.

§2　随机变量的独立性

3.2.1　随机变量的独立性

定义　如果对任意 x,y 都有

$$P\{X \leqslant x, Y \leqslant y\} = P\{X \leqslant x\}P\{Y \leqslant y\},$$

即

$$F(x,y) = F_X(x)F_Y(y),$$

则称随机变量 X 与 Y 相互独立.

3.2.2　随机变量相互独立充要条件

(1) 离散型随机变量 X 和 Y 相互独立的充要条件：对任意 $i,j = 1,2,\cdots$ 成立

$$P\{X = x_i, Y = y_j\} = P\{X = x_i\}P\{Y = y_j\},$$

即
$$p_{ij}=p_{i\cdot}p_{\cdot j}.$$

(2) 连续型随机变量 X 和 Y 相互独立的充要条件:对任意的 x,y,成立
$$f(x,y)=f_X(x)f_Y(y).$$

【注】 可将两个随机变量的独立性推广到两个以上随机变量的情形.

§3 两个重要的二维分布

3.3.1 二维均匀分布

定义 如果二维连续型随机变量(X,Y)的概率密度为
$$f(x,y)=\begin{cases}\dfrac{1}{A},(x,y)\in G\\ 0,\quad 其他\end{cases},$$
其中 A 是平面有界区域 G 的面积,则称(X,Y)服从区域 G 上的均匀分布.

3.3.2 二维正态分布

定义 如果二维连续型随机变量(X,Y)的概率密度为
$$f(x,y)=\frac{1}{2\pi\sigma_1\sigma_2\sqrt{1-\rho^2}}\exp\left\{-\frac{1}{2(1-\rho^2)}\left[\frac{(x-\mu_1)^2}{\sigma_1^2}-\frac{2\rho(x-\mu_1)(y-\mu_2)}{\sigma_1\sigma_2}+\frac{(y-\mu_2)^2}{\sigma_2^2}\right]\right\},$$
$-\infty<x<+\infty,-\infty<y<+\infty$,

其中 $\mu_1,\mu_2,\sigma_1>0,\sigma_2>0,-1<\rho<1$ 均为常数,则称(X,Y)服从参数为 $\mu_1,\mu_2,\sigma_1,\sigma_2$ 和 ρ 的二维正态分布,记作$(X,Y)\sim N(\mu_1,\mu_2;\sigma_1^2,\sigma_2^2;\rho)$.

3.3.3 重要性质

(1) 设(X,Y)在 G 上服从均匀分布,D 是 G 中的一个部分区域,记它们的面积分别为 S_D 和 S_G,则

$P\{(X,Y)\in D\}=\dfrac{S_D}{S_G}$.

如果设 (X,Y) 的概率密度为 $f(x,y)$，显然 $f(x,y)=\begin{cases}\dfrac{1}{S_G}, & (x,y)\in G\\ 0, & \text{其他}\end{cases}$，而

$$P\{(X,Y)\in D\}=\iint_D f(x,y)\mathrm{d}x\mathrm{d}y=\iint_D \frac{1}{S_G}\mathrm{d}x\mathrm{d}y=\frac{S_D}{S_G}.$$

(2) 设 $(X,Y)\sim N(\mu_1,\mu_2;\sigma_1^2,\sigma_2^2;\rho)$，则

①$X\sim N(\mu_1,\sigma_1^2)$，$Y\sim N(\mu_2,\sigma_2^2)$；

②X 与 Y 相互独立的充分必要条件是 $\rho=0$.

【注】 如果 (X,Y) 服从二维正态分布可保证 X 与 Y 均正态分布，反之则不能成立，即已知 X 与 Y 均服从正态分布，并不能保证 (X,Y) 正态分布.

③$aX+bY\sim N(a\mu_1+b\mu_2,a^2\sigma_1^2+2ab\sigma_1\sigma_2\rho+b^2\sigma_2^2)$.

【注】 在数理统计中，常有随机变量 $X_1,X_2,\cdots,X_n$ 相互独立，且

$$X_i\sim N(\mu,\sigma^2)(i=1,2,\cdots,n),$$

则有

$$\sum_{i=1}^{n}c_iX_i\sim N(\sum_{i=1}^{n}c_i\mu,\sum_{j=1}^{n}c_j^2\sigma^2).$$

如果 $X_1,X_2,\cdots,X_n$ 相互独立且 $X_i\sim N(\mu_i,\sigma_i^2)(i=1,2,\cdots,n)$，则有

$$\sum_{i=1}^{n}c_iX_i\sim N(\sum_{i=1}^{n}c_i\mu_i,\sum_{j=1}^{n}c_j^2\sigma_j^2).$$

第四章　随机变量的数字特征

§1　随机变量的数学期望和方差

4.1.1　数学期望

定义　(1) 离散型随机变量的数学期望

设随机变量 X 的概率分布为

$$P\{X = x_k\} = p_k, k = 1,2,\cdots$$

如果级数 $\sum_{k=1}^{+\infty} x_k p_k$ 绝对收敛，则称此级数为随机变量 X 的数学期望或均值，记作 $E(X)$，即 $E(X) = \sum_{k=1}^{+\infty} x_k p_k$.

(2) 连续型随机变量的数学期望

设随机变量 X 的概率密度为 $f(x)$，如果积分 $\int_{-\infty}^{+\infty} x f(x) \mathrm{d}x$ 绝对收敛，则称此积分为随机变量 X 的数学期望或均值，记作 $E(X)$，即

$$E(X) = \int_{-\infty}^{+\infty} x f(x) \mathrm{d}x.$$

4.1.2　数学期望的性质

(1) 设 C 是常数，则有 $E(C) = C$.

(2) 设 X 是随机变量,C 是常数,则有 $E(CX)=CE(X)$.

(3) 设 X 和 Y 是任意两个随机变量,则有 $E(X\pm Y)=E(X)\pm E(Y)$.

(4) 设随机变量 X 和 Y 相互独立,则有 $E(XY)=E(X)E(Y)$.

【注】 性质(4)要求 X 和 Y 的相互独立,可以减弱为 X 和 Y 不相关就有 $E(XY)=E(X)E(Y)$. 事实上 $E(XY)=E(X)E(Y)$ 成立的充要条件是 X 和 Y 不相关.

4.1.3　随机变量 X 的函数 $Y=g(X)$ 的数学期望

(1) 设随机变量 X 的概率分布为

$$P\{X=x_k\}=p_k,k=1,2,\cdots$$

如果级数 $\sum\limits_{k=1}^{+\infty}g(x_k)p_k$ 绝对收敛,则随机变量 $Y=g(X)$ 的数学期望为

$$E(Y)=E[g(X)]=\sum_{k=1}^{+\infty}g(x_k)p_k.$$

(2) 设随机变量 X 的概率密度为 $f(x)$,如果积分 $\int_{-\infty}^{+\infty}g(x)f(x)\mathrm{d}x$ 绝对收敛,则随机变量 $Y=g(X)$ 的数学期望为

$$E(Y)=E[g(X)]=\int_{-\infty}^{+\infty}g(x)f(x)\mathrm{d}x.$$

4.1.4　随机变量 (X,Y) 的函数 $Z=g(X,Y)$ 的数学期望

(1) 设随机变量 (X,Y) 的概率分布为

$$P\{X=x_i,Y=y_j\}=p_{ij},i,j=1,2,\cdots$$

如果级数 $\sum_{i=1}^{+\infty}\sum_{j=1}^{+\infty} g(x_i,y_j)p_{ij}$ 绝对收敛，则随机变量 $Z=g(X,Y)$ 的数学期望为

$$E(Z)=E[g(X,Y)]=\sum_{i=1}^{+\infty}\sum_{j=1}^{+\infty} g(x_i,y_j)p_{ij}.$$

(2) 设随机变量 (X,Y) 的概率密度为 $f(x,y)$，如果积分 $\int_{-\infty}^{+\infty}\int_{-\infty}^{+\infty} g(x,y)f(x,y)\mathrm{d}x\mathrm{d}y$ 绝对收敛，则随机变量 $Z=g(X,Y)$ 的数学期望为

$$E(Z)=E[g(X,Y)]=\int_{-\infty}^{+\infty}\int_{-\infty}^{+\infty} g(x,y)f(x,y)\mathrm{d}x\mathrm{d}y.$$

4.1.5 方差

定义 设 X 是随机变量，如果数学期望 $E\{[X-E(x)]^2\}$ 存在，则称之为 X 的方差，记作 $D(X)$，即

$$D(X)=E\{[X-E(X)]^2\},$$

称 $\sqrt{D(X)}$ 为随机变量 X 的标准差或均方差，记作 $\sigma(X)$，即 $\sigma(X)=\sqrt{D(X)}$.

4.1.6 方差计算公式

$$D(X)=E(X^2)-[E(X)]^2.$$

技巧点拨

对任何随机变量 X，$D(X)\geqslant 0$，故恒有 $E(X^2)\geqslant [E(X)]^2$.

有时在已知 X 的数学期望与方差时，还用此公式求 $E(X^2)$.

4.1.7 方差的性质

(1) 设 C 是常数，则 $D(C)=0$，反之，从 $D(X)=0$ 中不能得出 X 为常数的结论.

(2) 设 X 是随机变量，a 和 b 是常数，则有　$D(aX+b)=a^2D(X)$.

(3) 设随机变量 X 和 Y 相互独立，则有　$D(X\pm Y)=D(X)+D(Y)$.

【注】 性质(3)要求 X 和 Y 相互独立，可以减弱为 X 和 Y 不相关就有 $D(X\pm Y)=D(X)+D(Y)$. 事实上 $D(X\pm Y)=D(X)+D(Y)$ 成立的充要条件是 X 和 Y 不相关.

4.1.8　常用随机变量的数学期望和方差

(1) 0－1分布，$E(X)=p$,　$D(X)=p(1-p)$.

(2) 二项分布，$X\sim B(n,p)$　$EX=np$,　$D(X)=np(1-p)$.

(3) 泊松分布，$X\sim P(\lambda)$　$E(X)=\lambda$,　$D(X)=\lambda$.

(4) 几何分布，$P\{X=k\}=p(1-p)^{k-1}, k=1,2,\cdots, 0<p<1$.

$$E(X)=\frac{1}{p},\quad D(X)=\frac{1-p}{p^2}.$$

(5) 均匀分布，$X\sim U(a,b)$　$E(X)=\dfrac{a+b}{2}$,　$D(X)=\dfrac{(b-a)^2}{12}$.

(6) 指数分布，$X\sim E(\lambda)$　$E(X)=\dfrac{1}{\lambda}$,　$D(X)=\dfrac{1}{\lambda^2}$.

(7) 正态分布，$X\sim N(\mu,\sigma^2)$　$E(X)=\mu$,　$D(X)=\sigma^2$.

§2　矩、协方差和相关系数

4.2.1　矩

定义　(1) 设 X 是随机变量，如果

$$E(X^k), \quad k=1,2,\cdots$$

存在,则称之为 X 的 k 阶原点矩.

(2) 设 X 是随机变量,如果

$$E\{[X-E(X)]^k\}, \quad k=1,2,\cdots$$

存在,则称之为 X 的 k 阶中心矩.

(3) 设 X 和 Y 是两个随机变量,如果

$$E(X^kY^l), \quad k,l=1,2,\cdots$$

存在,则称之为 X 和 Y 的 $k+l$ 阶混合矩.

(4) 设 X 和 Y 是两个随机变量,如果

$$E\{[X-E(X)]^k[Y-E(Y)]^l\}, \quad k,l=1,2,\cdots$$

存在,则称之为 X 和 Y 的 $k+l$ 阶混合中心矩.

4.2.2 协方差

定义 对于随机变量 X 和 Y,如果 $E\{[X-E(X)][Y-E(Y)]\}$ 存在,则称之为 X 和 Y 的协方差,记作 $\mathrm{Cov}(X,Y)$,即

$$\mathrm{Cov}(X,Y)=E\{[X-E(X)][Y-E(Y)]\}.$$

4.2.3 相关系数

定义 对于随机变量 X 和 Y,如果 $D(X)D(Y)\neq 0$,则称 $\dfrac{\mathrm{Cov}(X,Y)}{\sqrt{D(X)}\sqrt{D(Y)}}$ 为 X 和 Y 的相关系数,记为 ρ_{XY},即 $\rho_{XY}=\dfrac{\mathrm{Cov}(X,Y)}{\sqrt{D(X)}\sqrt{D(Y)}}$.

如果 $D(X)D(Y)=0$，则 $\rho_{XY}=0$.

4.2.4　不相关

定义　如果随机变量 X 和 Y 的相关系数 $\rho_{XY}=0$，则称 X 和 Y 不相关.

4.2.5　协方差的公式和性质

(1) $\mathrm{Cov}(X,Y)=E(XY)-E(X)E(Y)$.

(2) $D(X\pm Y)=D(X)+D(Y)\pm 2\mathrm{Cov}(X,Y)$.

(3) 协方差性质.

(A) $\mathrm{Cov}(X,Y)=\mathrm{Cov}(Y,X)$；

(B) $\mathrm{Cov}(aX,bY)=ab\mathrm{Cov}(X,Y)$，其中 a,b 是常数；

(C) $\mathrm{Cov}(X_1+X_2,Y)=\mathrm{Cov}(X_1,Y)+\mathrm{Cov}(X_2,Y)$.

4.2.6　相关系数性质

(1) $|\rho_{XY}|\leqslant 1$；

(2) $|\rho_{XY}|=1$ 的充分必要条件是存在不全为零的常数 a 和 b，使得

$$P\{Y=aX+b\}=1.$$

4.2.7　独立与不相关

(1) 如果随机变量 X 和 Y 相互独立，则 X 和 Y 必不相关；反之，X 和 Y 不相关时，X 和 Y 却不一定相互独立.

(2) 对二维正态随机变量 (X,Y)，X 和 Y 相互独立的充分必要条件是 $\rho=0$.

(3) 对二维正态随机变量 (X,Y)，X 和 Y 相互独立与 X 和 Y 不相关是等价的.

第五章　大数定律和中心极限定理

5.1　依概率收敛

设 $X_1, X_2, \cdots, X_n, \cdots$ 是一个随机变量序列，A 是一个常数，如果对任意 $\varepsilon > 0$，有

$$\lim_{n\to\infty} P\{|X_n - A| < \varepsilon\} = 1,$$

则称随机变量序列 $X_1, X_2, \cdots, X_n, \cdots$ 依概率收敛于常数 A，记作 $X_n \xrightarrow{P} A$.

5.2　切比雪夫不等式

设随机变量 X 的数学期望 $E(X)$ 和方差 $D(X)$ 存在，则对任意的 $\varepsilon > 0$，总有

$$P\{|X - E(X)| \geqslant \varepsilon\} \leqslant \frac{D(X)}{\varepsilon^2}.$$

5.3　切比雪夫大数定律

设 $X_1, X_2, \cdots, X_n, \cdots$ 为两两不相关的随机变量序列，存在常数 C，使 $D(X_i) \leqslant C (i = 1, 2, \cdots)$，则对任意 $\varepsilon > 0$，有

$$\lim_{n\to\infty} P\left\{\left|\frac{1}{n}\sum_{i=1}^{n} X_i - \frac{1}{n}\sum_{i=1}^{n} E(X_i)\right| < \varepsilon\right\} = 1.$$

5.4　伯努利大数定律

设随机变量 $X_n \sim B(n,p), n=1,2,\cdots$,则对于任意 $\varepsilon>0$,有:

$$\lim_{n\to\infty}P\left\{\left|\frac{X_n}{n}-p\right|<\varepsilon\right\}=1.$$

5.5　辛钦大数定律

设随机变量 $X_1,X_2,\cdots,X_n,\cdots$ 独立同分布,具有数学期望 $E(X_i)=\mu, i=1,2,\cdots$,则对任意 $\varepsilon>0$ 有:

$$\lim_{n\to\infty}P\left\{\left|\frac{1}{n}\sum_{i=1}^{n}X_i-\mu\right|<\varepsilon\right\}=1.$$

5.6　棣莫弗-拉普拉斯中心极限定理

设随机变量 $X_n \sim B(n,p)(n=1,2,\cdots)$,则对于任意实数 x,有:

$$\lim_{n\to\infty}P\left\{\frac{X_n-np}{\sqrt{np(1-p)}}\leqslant x\right\}=\Phi(x),$$

其中 $\Phi(x)$ 是标准正态分布函数.

【注】　定理表明当 n 充分大时,服从 $B(n,p)$ 的随机变量 X_n 经标准化后得:

$$\frac{X_n-np}{\sqrt{np(1-p)}}$$

近似服从标准正态分布 $N(0,1)$,或者说 X_n 近似地服从 $N(np,np(1-p))$.

5.7 列维-林德伯格中心极限定理

设随机变量 $X_1, X_2, \cdots, X_n, \cdots$ 独立同分布，具有数学期望与方差，$E(X_n)=\mu, D(X_n)=\sigma^2, n=1,2,\cdots$，则对于任意实数 x，有：

$$\lim_{n\to\infty} P\left\{\frac{\sum_{i=1}^{n} X_i - n\mu}{\sqrt{n}\sigma} \leqslant x\right\} = \Phi(x),$$

其中 $\Phi(x)$ 是标准正态分布函数.

【注】 定理表明当 n 充分大时 $\sum_{i=1}^{n} X_i$ 的标准化 $\frac{\sum_{i=1}^{n} X_i - n\mu}{\sqrt{n}\sigma}$ 近似服从标准正态分布 $N(0,1)$，或者说 $\sum_{i=1}^{n} X_i$ 近似地服从 $N(n\mu, n\sigma^2)$.

第六章 数理统计的基本概念

§1 总体、样本、统计量和样本数字特征

6.1.1 总体

定义 数理统计中所研究对象的某项数量指标 X 的全体称为总体.

X 是一个随机变量，称 X 的概率分布为总体分布，X 的数字特征为总体数字特征，总体中的每个元素称为个体.

6.1.2 样本

定义 如果 $X_1,X_2,\cdots,X_n$ 相互独立且都与总体 X 同分布，则称 $X_1,X_2,\cdots,X_n$ 为来自总体的简单随机样本，简称为样本. n 为样本容量，样本的具体观测值 $x_1,x_2,\cdots,x_n$ 称为样本值，或称总体 X 的 n 个独立观测值.

【注】 如果总体 X 的分布为 $F(x)$，则样本 $X_1,X_2,\cdots,X_n$ 的分布为

$$F_n(x_1,x_2,\cdots,x_n)=\prod_{i=1}^{n}F(x_i).$$

如果总体 X 有概率密度 $f(x)$，则样本 $X_1,X_2,\cdots,X_n$ 的概率密度为

$$f_n(x_1,x_2,\cdots,x_n)=\prod_{i=1}^{n}f(x_i).$$

如果总体 X 有概率分布 $P\{X=a_j\}=p_j, j=1,2,\cdots$，则样本 $X_1,X_2,\cdots,X_n$ 的概率分布为

$$P\{X_1=x_1,X_2=x_2,\cdots,X_n=x_n\}=\prod_{i=1}^{n}P\{X_i=x_i\},$$

其中 x_i 取 $a_1,a_2,\cdots$ 中的某一个数.

6.1.3 统计量

定义 样本 $X_1,X_2,\cdots,X_n$ 的不含未知参数的函数 $T=T(X_1,X_2,\cdots,X_n)$ 称为统计量.

【注】 作为随机样本的函数，统计量本身也是一个随机变量.

如果 $x_1,x_2,\cdots,x_n$ 是样本 $X_1,X_2,\cdots,X_n$ 的样本值，则数值 $T(x_1,x_2,\cdots,x_n)$ 为统计量 $T(X_1,X_2,\cdots,X_n)$ 的观测值.

下面所列的样本数字特征都是最常用的统计量.

6.1.4 样本数字特征

设 $X_1,X_2,\cdots,X_n$ 是来自总体 X 的样本，则称

(1) 样本均值 $\overline{X}=\dfrac{1}{n}\sum\limits_{i=1}^{n}X_i$；

(2) 样本方差 $S^2=\dfrac{1}{n-1}\sum\limits_{i=1}^{n}(X_i-\overline{X})^2$，

样本标准差 $S=\sqrt{\dfrac{1}{n-1}\sum\limits_{i=1}^{n}(X_i-\overline{X})^2}$.

(3) 样本 k 阶原点距 $A_k=\dfrac{1}{n}\sum\limits_{i=1}^{n}X_i^k, k=1,2,\cdots$

$$A_1 = \overline{X};$$

(4) 样本 k 阶中心距　$B_k = \frac{1}{n}\sum_{i=1}^{n}(X_i - \overline{X})^k, k = 1,2,\cdots$

$$B_2 = \frac{n-1}{n}S^2 \neq S^2.$$

6.1.5　经验分布

定义　将样本 $X_1, X_2, \cdots, X_n$ 的一个观测值 $x_1, x_2, \cdots, x_n$ 按大小递增次序排列，得到 $x_{(1)} \leqslant x_{(2)} \leqslant \cdots \leqslant x_{(n)}$. 称 $F_n(x) = \begin{cases} 0, & \text{当 } x < x_{(1)} \\ \frac{k}{n}, & \text{当 } x_{(k)} \leqslant x_{(k+1)}, k = 1,2,\cdots,n-1 \\ 1, & \text{当 } x_{(n)} \leqslant x \end{cases}$ 为经验分布函数.

6.1.6　样本数字特征的性质

(1) 如果总体 X 具有数学期望 $E(X) = \mu$，则

$$E(\overline{X}) = E(X) = \mu.$$

(2) 如果总体 X 具有方差 $D(X) = \sigma^2$，则

$$D(\overline{X}) = \frac{1}{n}D(X) = \frac{\sigma^2}{n}, E(S^2) = D(X) = \sigma^2.$$

(3) 如果总体 X 的 k 阶原点矩 $E(X^k) = \mu_k, k = 1,2,\cdots$ 存在，则当 $n \to \infty$ 时

$$\frac{1}{n}\sum_{i=1}^{n} X_i^k \xrightarrow{P.} \mu_k, k = 1,2,\cdots.$$

§2 抽样分布

6.2.1 χ^2 分布

定义 设随机变量 $X_1,X_2,\cdots,X_n$ 相互独立且均服从标准正态分布 $N(0,1)$,则称随机变量

$$\chi^2 = X_1^2 + X_2^2 + \cdots + X_n^2$$

服从自由度为 n 的 χ^2 分布,记作 $\chi^2 \sim \chi^2(n)$.

【注】 n 个相互独立标准正态随机变量的平方和 $\chi^2 = X_1^2 + X_2^2 + \cdots + X_n^2$ 又称为 $\chi^2(n)$ 的典型模式. 必须熟记.

6.2.2 χ^2 分布的性质

(1) 设 $\chi^2 \sim \chi^2(n)$,对给定的 $\alpha(0<\alpha<1)$,称满足条件

$$P\{\chi^2 > \chi_\alpha^2(n)\} = \int_{\chi_\alpha^2(n)}^{+\infty} f(x)\mathrm{d}x = \alpha$$

的点 $\chi_\alpha^2(n)$ 为 $\chi^2(n)$ 分布的上 α 分位点,如图 6-1 所示. 对不同的 α 和 n,$\chi_\alpha^2(n)$ 通常通过查表求得.

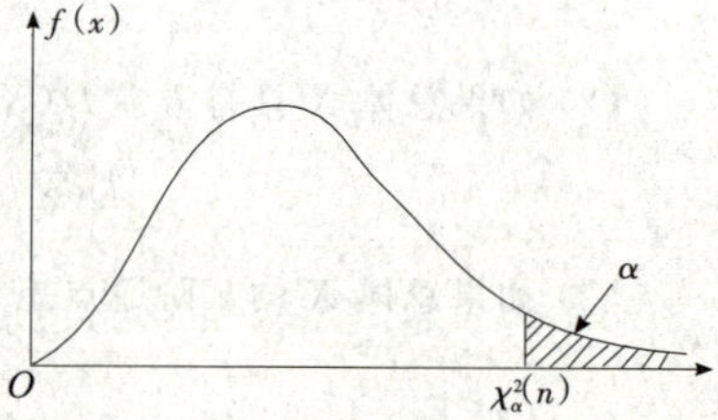

图 6-1

(2) 设 $\chi^2 \sim \chi^2(n)$,则 $E(\chi^2) = n, D(\chi^2) = 2n$.

(3) 设 $\chi_1^2 \sim \chi^2(n_1)$, $\chi_2^2 \sim \chi^2(n_2)$,且 χ_1^2 和 χ_2^2 相互独立,则

$$\chi_1^2 + \chi_2^2 \sim \chi^2(n_1 + n_2).$$

6.2.3 t 分布

定义 设随机变量 X 和 Y 相互独立,且 $X \sim N(0,1)$, $Y \sim$

$\chi^2(n)$,则称随机变量

$$T = \frac{X}{\sqrt{Y/n}}$$

服从自由度为 n 的 t 分布,记作 $T \sim t(n)$.

【注】 满足 X,Y 独立,$X \sim N(0,1)$,$Y \sim \chi^2(n)$ 三条件的 $T = \dfrac{X}{\sqrt{Y/n}}$ 称为 $t(n)$ 的典型模式.

6.2.4　t 分布的性质

(1)t 分布的概率密度 $f(x)$ 是偶函数,即

$$f(x) = f(-x),$$

且当 n 充分大时,$t(n)$ 分布近似于 $N(0,1)$ 分布.

(2) 设 $T \sim t(n)$,对给定的 $\alpha(0 < \alpha < 1)$,称满足条件

$$P\{T > t_\alpha(n)\} = \int_{t_\alpha(n)}^{+\infty} f(x)\mathrm{d}x = \alpha$$

的点 $t_\alpha(n)$ 为 $t(n)$ 分布的上 α 分位点.

(3) 由于 $t(n)$ 分布的概率密度为偶函数,可知 t 分布的双侧 α 分位点 $t_{\alpha/2}(n)$,即

$$P\{|T| > t_{\alpha/2}(n)\} = \alpha.$$

如图 6-2 所示,显然

$$t_{1-\alpha}(n) = -t_\alpha(n).$$

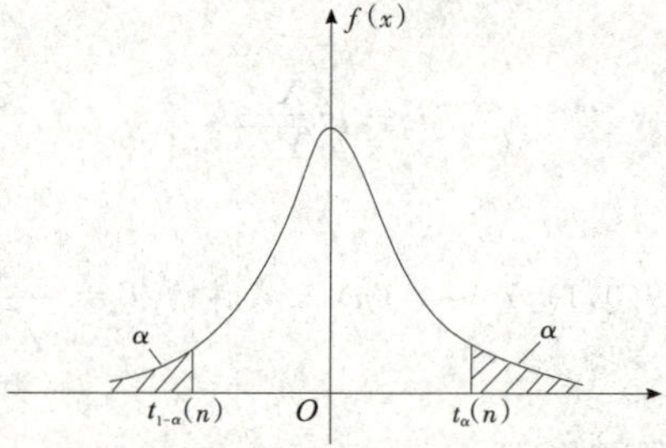

图6-2

6.2.5 F 分布

定义 设随机变量 X 和 Y 相互独立，且 $X \sim \chi^2(n_1)$，$Y \sim \chi^2(n_2)$，则称随机变量

$$F = \frac{X/n_1}{Y/n_2}$$

服从自由度为 (n_1, n_2) 的 F 分布，记作 $F \sim F(n_1, n_2)$，其中 n_1 和 n_2 分别称为第一自由度和第二自由度.

【注】 满足 X, Y 独立，$X \sim \chi^2(n_1)$，$Y \sim \chi^2(n_2)$ 三条件的 $F = \dfrac{X/n_1}{Y/n_2}$ 称为 $F(n_1, n_2)$ 的典型模式.

6.2.6 F 分布的性质

(1) 设 $F \sim F(n_1, n_2)$，对给定的 $\alpha(0 < \alpha < 1)$，称满足条件

$$P\{F > F_{\alpha}(n_1, n_2)\} = \int_{F_{\alpha}(n_1, n_2)}^{+\infty} f(x)\mathrm{d}x = \alpha$$

的点 $F_{\alpha}(n_1, n_2)$ 为 $F(n_1, n_2)$ 分布的上 α 分位点.

(2) 如果 $F \sim F(n_1,n_2)$，则 $\dfrac{1}{F} \sim F(n_2,n_1)$，且有：

$$F_{1-\alpha}(n_1,n_2)=\frac{1}{F_\alpha(n_2,n_1)}.$$

6.2.7　一个正态总体的抽样分布

设总体 $X \sim N(\mu,\sigma^2)$，$X_1,X_2,\cdots,X_n$ 是来自总体的样本，样本均值为 $\overline{X}$，样本方差为 S^2，则有：

(1) $\overline{X} \sim N(\mu,\dfrac{\sigma^2}{n})$，$U=\dfrac{\overline{X}-\mu}{\sigma/\sqrt{n}} \sim N(0,1)$；

(2) $\overline{X}$ 与 S^2 相互独立，且 $\chi^2=\dfrac{(n-1)S^2}{\sigma^2} \sim \chi^2(n-1)$；

(3) $T=\dfrac{\overline{X}-\mu}{S/\sqrt{n}} \sim t(n-1)$；

(4) $\chi^2=\dfrac{1}{\sigma^2}\sum\limits_{i=1}^{n}(X_i-\mu)^2 \sim \chi^2(n)$.

6.2.8　两个正态总体的抽样分布

设总体 $X \sim N(\mu_1,\sigma_1^2)$ 和总体 $Y \sim N(\mu_2,\sigma_2^2)$，$X_1,X_2,\cdots,X_{n_1}$ 和 $Y_1,Y_2,\cdots,Y_{n_2}$ 是分别来自总体 X 和 Y 的样本且相互独立，样本均值分别为 $\overline{X}$ 和 $\overline{Y}$，样本方差分别为 S_1^2 和 S_2^2，则有

(1) $\overline{X}-\overline{Y} \sim N\left(\mu_1-\mu_2,\dfrac{\sigma_1^2}{n_1}+\dfrac{\sigma_2^2}{n_2}\right)$，$U=\dfrac{(\overline{X}-\overline{Y})-(\mu_1-\mu_2)}{\sqrt{\dfrac{\sigma_1^2}{n_1}+\dfrac{\sigma_2^2}{n_2}}} \sim N(0,1)$；

(2) 如果 $\sigma_1^2=\sigma_2^2$，则

$$T=\frac{\overline{X}-\overline{Y}-(\mu_1-\mu_2)}{S_\omega\sqrt{\frac{1}{n_1}+\frac{1}{n_2}}}\sim t(n_1+n_2-2),$$

其中 $S_\omega^2=\frac{(n_1-1)S_1^2+(n_2-1)S_2^2}{n_1+n_2-2}$;

(3) $F=\frac{S_1^2/\sigma_1^2}{S_2^2/\sigma_2^2}\sim F(n_1-1,n_2-1)$.

真题链接 [2018. 数三]

设 $X_1,X_2,\cdots,X_n(n\geqslant 2)$ 为来自总体 $N(\mu,\sigma^2)(\sigma>0)$ 的简单随机样本,令 $\overline{X}=\frac{1}{n}\sum_{i=1}^{n}X_i$,$S=\sqrt{\frac{1}{n-1}\sum_{i=1}^{n}(X_i-\overline{X})^2}$,$S^*=\sqrt{\frac{1}{n}\sum_{i=1}^{n}(X_i-\mu)^2}$,则

(A) $\frac{\sqrt{n}(\overline{X}-\mu)}{S}\sim t(n)$.　　(B) $\frac{\sqrt{n}(\overline{X}-\mu)}{S}\sim t(n-1)$.

(C) $\frac{\sqrt{n}(\overline{X}-\mu)}{S^*}\sim t(n)$.　　(D) $\frac{\sqrt{n}(\overline{X}-\mu)}{S^*}\sim t(n-1)$.

答案 B

第七章　参数估计

§1　点估计

7.1.1　点估计

定义　用样本 $X_1,X_2,\cdots,X_n$ 构造的统计量 $\hat{\theta}(X_1,X_2,\cdots,X_n)$ 来估计未知参数 θ 称为点估计. 统计量 $\hat{\theta}(X_1,X_2,\cdots,X_n)$ 称为估计量.

【注】　估计量是随机变量，它所取得的观测值 $\hat{\theta}(x_1,x_2,\cdots,x_n)$ 称为估计值. 有时将 θ 的估计量和估计值统称为 θ 的估计.

7.1.2　无偏估计量(数一)

定义　设 $\hat{\theta}$ 是 θ 的估计量，如果 $E(\hat{\theta})=\theta$，则称 $\hat{\theta}=\hat{\theta}(X_1,X_2,\cdots,X_n)$ 是未知参数 θ 的无偏估计量.

7.1.3　更有效估计量(数一)

定义　设 $\hat{\theta}_1$ 和 $\hat{\theta}_2$ 都是 θ 的无偏估计量，且 $D(\hat{\theta}_1)\leqslant D(\hat{\theta}_2)$，则称 $\hat{\theta}_1$ 比 $\hat{\theta}_2$ 更有效，或 $\hat{\theta}_1$ 比 $\hat{\theta}_2$ 更有效估计量.

7.1.4　一致估计量(数一)

定义　设 $\hat{\theta}(X_1,X_2,\cdots,X_n)$ 是 θ 的估计值，如果 $\hat{\theta}$ 依概率收敛于 θ，则称 $\hat{\theta}(X_1,X_2,\cdots,X_n)$ 为 θ 的一致估计量.

§2　估计量的求法和区间估计

7.2.1　矩估计法

定义　用样本矩估计相应的总体矩，用样本矩的函数估计总体矩相应的函数，然后求出要估计的参数，称这种估计法为矩估计法.

7.2.2　矩估计法步骤

设总体 X 的分布含有未知参数 $\theta_1,\theta_2,\cdots,\theta_k$，$\alpha_l=E(X^l)$ 存在，显然它是 $\theta_1,\theta_2,\cdots,\theta_k$ 的函数，记作 $\alpha_l(\theta_1,\theta_2,\cdots,\theta_k)$，$l=1,2,\cdots,k$. 样本的 l 阶原点矩为 $A_l=\dfrac{1}{n}\sum\limits_{i=1}^{n}X_i^l$. 令

$$\alpha_l(\theta_1,\theta_2,\cdots,\theta_k)=A_l,l=1,2,\cdots,k.$$

从这 k 个方程组中，可以解得 $\theta_1,\theta_2,\cdots,\theta_k$.

矩估计法不需要知道总体的具体分布数学形式，只要知道各阶矩存在.

如果不用原点矩，而用中心矩也可以求解：用样本中心矩等于总体中心矩来建立方程组.

技巧点拨

求 k 个参数的估计一般就列出一阶矩到 k 阶矩的方程. 考试大纲只要求最多两个参数的估计，故一般最多两个方程.

设 $g(\alpha_1,\alpha_2)$ 是一阶矩 α_1 和二阶矩 α_2 的函数，而 $\hat{\alpha}_1$ 和 $\hat{\alpha}_2$ 分别为 α_1 和 α_2 的矩估计，则 $g(\hat{\alpha}_1,\hat{\alpha}_2)$ 就是 $g(\alpha_1,\alpha_2)$ 的矩估计.

7.2.3　最大似然估计法

设 $X_1,X_2,\cdots,X_n$ 是来自总体 X 的样本，$x_1,x_2,\cdots,x_n$ 是样本值，θ 是待估参数.

(1) 似然函数

定义　对于离散型总体 X，设其概率分布为 $P\{X=a_i\}=p(a_i;\theta)$，$i=1,2,\cdots$，称函数

$$L(\theta)=L(X_1,X_2,\cdots,X_n;\theta)=\prod_{i=1}^{n}p(X_i;\theta)$$

为参数 θ 的似然函数.

对于连续型总体 X,概率密度为 $f(x;\theta)$,则称函数

$$L(\theta)=L(X_1,X_2,\cdots,X_n;\theta)=\prod_{i=1}^{n}f(X_i;\theta)$$

为参数 θ 的似然函数.

(2) 最大似然估计法

定义　对于给定的样本值 $(x_1,x_2,\cdots,x_n)$,使似然函数 $L(x_1,x_2,\cdots,x_n;\theta)$ 达到最大值的参数值 $\hat{\theta}=\hat{\theta}(x_1,x_2,\cdots,x_n)$ 称为未知参数 θ 的最大似然估计值,相应的使似然函数 $L(X_1,X_2,\cdots,X_n;\theta)$ 达到最大值的参数值 $\hat{\theta}=\hat{\theta}(X_1,X_2,\cdots,X_n)$ 称为 θ 的最大似然估计量.一般统称为 θ 的最大似然估计.称这种估计法为最大似然估计法.

7.2.4　最大似然估计法步骤

如果 $L(\theta)$ 或 $\ln L(\theta)$ 关于 θ 可微,值 $\hat{\theta}$ 往往可以从方程

$$\frac{\mathrm{d}L(\theta)}{\mathrm{d}\theta}=0 \text{ 或 } \frac{\mathrm{d}\ln L(\theta)}{\mathrm{d}\theta}=0$$

中求解,称这两个方程为似然方程.

如果要估计的参数是两个,θ_1 和 θ_2,则得似然方程组

$$\begin{cases}\dfrac{\partial L(\theta)}{\partial\theta_1}=0\\[2mm]\dfrac{\partial L(\theta)}{\partial\theta_2}=0\end{cases} \text{ 或 } \begin{cases}\dfrac{\partial \ln L(\theta)}{\partial\theta_1}=0\\[2mm]\dfrac{\partial \ln L(\theta)}{\partial\theta_2}=0\end{cases},$$

解这两个方程组，可以得到 $\hat{\theta}_1$ 和 $\hat{\theta}_2$.

有时，使 $L(\theta)$ 或 $\ln L(\theta)$ 达到最大值的 $\hat{\theta}$ 不一定是 $L(\theta)$ 或 $\ln L(\theta)$ 驻点，这时不能用似然方程来求解，应采用其他方法求最大似然估计.

真题链接 ［2020. 数一、三］

设某种元件的使用寿命 T 的分布函数为

$$F(t)=\begin{cases}1-\mathrm{e}^{-\left(\frac{t}{\theta}\right)^m}, & t\geqslant 0,\\ 0, & \text{其他}\end{cases}$$

其中 θ, m 为参数且大于零.

（Ⅰ）求概率 $P\{T>t\}$ 与 $P\{T>s+t \mid T>s\}$，其中 $s>0, t>0$.

（Ⅱ）任取 n 个这种元件做寿命试验，测得它们的寿命分别为 $t_1, t_2, \cdots, t_n$，若 m 已知，求 θ 的最大似然估计值 $\hat{\theta}$.

答案（Ⅰ）$P\{T>t\}=\mathrm{e}^{-\frac{t^m}{\theta^m}}$；$P\{T>s+t \mid T>s\}=\mathrm{e}^{-\frac{(s+t)^m-s^m}{\theta^m}}$.

（Ⅱ）$\hat{\theta}=\left(\frac{1}{n}\sum_{i=1}^{n} t_i^m\right)^{\frac{1}{m}}$.

7.2.5　区间估计(数一)

(1) 置信区间

定义　设 θ 是总体 X 的未知参数，$X_1,X_2,\cdots,X_n$ 是来自总体 X 的样本，对于给定的 $\alpha(0<\alpha<1)$，如果两个统计量满足

$$P\{\theta_1<\theta<\theta_2\}=1-\alpha,$$

则称随机区间 (θ_1,θ_2) 为参数 θ 的置信水平(或置信度)为 $1-\alpha$ 的置信区间(或区间估计)，简称为 θ 的 $1-\alpha$ 置信区间，θ_1 和 θ_2 分别称为置信下限和置信上限.

(2) 一个正态总体参数的区间估计

设总体 $X\sim N(\mu,\sigma^2)$，$X_1,X_2,\cdots,X_n$ 是来自总体 X 的样本，$\overline{X}$ 是样本均值，S^2 是样本方差. 表 7-1 列出了 μ 和 σ^2 的 $1-\alpha$ 置信区间.

表 7-1

未知参数		$1-\alpha$ 置信区间
μ	σ^2 已知	$\left(\overline{X}-u_{\frac{\alpha}{2}}\dfrac{\sigma}{\sqrt{n}},\overline{X}+u_{\frac{\alpha}{2}}\dfrac{\sigma}{\sqrt{n}}\right)$
	σ^2 未知	$\left(\overline{X}-t_{\frac{\alpha}{2}}(n-1)\dfrac{S}{\sqrt{n}},\quad \overline{X}+t_{\frac{\alpha}{2}}(n-1)\dfrac{S}{\sqrt{n}}\right)$
σ^2		$\left(\dfrac{(n-1)S^2}{\chi^2_{\frac{\alpha}{2}}(n-1)},\quad \dfrac{(n-1)S^2}{\chi^2_{1-\frac{\alpha}{2}}(n-1)}\right)$

(3) 两个正态总体参数的区间估计

设总体 $X\sim N(\mu_1,\sigma_1^2)$ 和总体 $Y\sim N(\mu_2,\sigma_2^2)$，$X_1,X_2,\cdots,X_{n_1}$ 和 $Y_1,Y_2,\cdots,Y_{n_2}$ 分别是来自总体 X 和 Y 的

样本. $\overline{X},S_1^2,\overline{Y},S_2^2$ 是相应的样本均值和样本方差.

$$S_\omega^2=\frac{(n_1-1)S_1^2+(n_2-1)S_2^2}{n_1+n_2-2}.$$

表 7 - 2 列出了 $\mu_1-\mu_2$ 和 $\frac{\sigma_1^2}{\sigma_2^2}$ 的 $1-\alpha$ 置信区间.

表 7 - 2

未知参数		$1-\alpha$ 置信区间
$\mu_1-\mu_2$	σ_1^2,σ_2^2 已知	$\left(\overline{X}-\overline{Y}-u_{\frac{\alpha}{2}}\sqrt{\frac{\sigma_1^2}{n_1}+\frac{\sigma_2^2}{n_2}},\overline{X}-\overline{Y}+u_{\frac{\alpha}{2}}\sqrt{\frac{\sigma_1^2}{n_1}+\frac{\sigma_2^2}{n_2}}\right)$
	σ_1^2,σ_2^2 未知, $\sigma_1^2=\sigma_2^2$	$\left(\overline{X}-\overline{Y}-t_{\frac{\alpha}{2}}(n_1+n_2-2)S_\omega\sqrt{\frac{1}{n_1}+\frac{1}{n_2}},\right.$ $\left.\overline{X}-\overline{Y}+t_{\frac{\alpha}{2}}(n_1+n_2-2)S_\omega\sqrt{\frac{1}{n_1}+\frac{1}{n_2}}\right)$
$\frac{\sigma_1^2}{\sigma_2^2}$		$\left(\frac{S_1^2}{S_2^2}\cdot\frac{1}{F_{\frac{\alpha}{2}}(n_1-1,n_2-1)},\frac{S_1^2}{S_2^2}F_{\frac{\alpha}{2}}(n_2-1,n_1-1)\right)$

第八章 假设检验(数一)

8.1 实际推断原理

小概率事件在一次试验中实际上是不会发生的,实际推断原理又称小概率原理.

8.2 假设检验

(1) 假设是指关于总体的论断或命题,常用字母"H"表示,假设分为基本假设 H_0(又称原假设,零假设)和备选假设(又称备择假设,对立假设).还可将假设分为参数假设和非参数假设,参数假设是指已知总体分布函数形式,对其中未知参数的假设,其他的假设就是非参数假设,也可将假设分为简单假设和复合假设.完全决定总体分布的假设为简单假设,否则为复合假设.

(2) 假设检验:根据样本,按照一定规则判断所做假设 H_0 的真伪,并作出接受还是拒绝接受 H_0 的决定.

8.3 两类错误

拒绝实际真的假设 H_0(弃真)称为第一类错误.

接受实际不真的假设 H_0(纳伪)称为第二类错误.

8.4 显著性检验

(1) 显著性水平:在假设检验中允许犯第一类错误的概率,记为 $\alpha(0<\alpha<1)$,则 α 称为显著水平,它表现了对 H_0 弃真的控制程度,一般 α 取 0.1,0.05,0.01,0.001 等值.

(2) 显著性检验:只控制第一类错误概率 α 的统计检验,称为显著性检验.

(3) **显著性检验的一般步骤：**

① 根据问题要求提出原假设 H_0；

② 给出显著性水平 $\alpha(0<\alpha<1)$；

③ 确定检验统计量及拒绝域形式；

④ 按犯第一类错误的概率等于 α 求出拒绝域 W；

⑤ 根据样本值计算检验统计量 T 的观测值 t，当 $t\in W$ 时，拒绝原假设 H_0；否则，接受原假设 H_0.

8.5　正态总体参数的假设检验

设显著性水平为 α，单个正态总体为 $N(\mu,\sigma^2)$ 的参数的假设检验以及两个正态总体 $N(\mu_1,\sigma_1^2)$ 与 $N(\mu_2,\sigma_2^2)$ 的 $\mu_1-\mu_2$ 和 $\sigma_1^2=\sigma_2^2$ 的假设检验，如表 8-1 所示：

表 8-1

检验参数	情形	假设		检验统计量	H_0 为真时检验统计量的分布	拒绝域
		H_0	H_1			
μ	σ^2 已知	$\mu=\mu_0$ $\mu\leqslant\mu_0$ $\mu\geqslant\mu_0$	$\mu\neq\mu_0$ $\mu>\mu_0$ $\mu<\mu_0$	$U=\dfrac{\overline{X}-\mu_0}{\sigma/\sqrt{n}}$	$N(0,1)$	$\|U\|\geqslant u_{\frac{\alpha}{2}}$ $U\geqslant u_\alpha$ $U\leqslant -u_\alpha$
	σ^2 未知	$\mu=\mu_0$ $\mu\leqslant\mu_0$ $\mu\geqslant\mu_0$	$\mu\neq\mu_0$ $\mu>\mu_0$ $\mu<\mu_0$	$T=\dfrac{\overline{X}-\mu_0}{S/\sqrt{n}}$	$t(n-1)$	$\|T\|\geqslant t_{\frac{\alpha}{2}}(n-1)$ $T\geqslant t_\alpha(n-1)$ $T\leqslant -t_\alpha(n-1)$

σ^2	μ已知	$\sigma^2=\sigma_0^2$ $\sigma^2\leqslant\sigma_0^2$ $\sigma^2\geqslant\sigma_0^2$	$\sigma^2\neq\sigma_0^2$ $\sigma^2>\sigma_0^2$ $\sigma^2<\sigma_0^2$	$\chi^2=$ $\frac{1}{\sigma_0^2}\sum_{i=1}^{n}(X_i-\mu)^2$	$\chi^2(n)$	$\chi^2\leqslant\chi_{1-\frac{\alpha}{2}}^2(n)$ 或 $\chi^2\geqslant\chi_{\frac{\alpha}{2}}^2(n)$ $\chi^2\geqslant\chi_{\alpha}^2(n)$ $\chi^2\leqslant\chi_{1-\alpha}^2(n)$
	μ未知	$\sigma^2=\sigma_0^2$ $\sigma^2\leqslant\sigma_0^2$ $\sigma^2\geqslant\sigma_0^2$	$\sigma^2\neq\sigma_0^2$ $\sigma^2>\sigma_0^2$ $\sigma^2<\sigma_0^2$	$\chi^2=\frac{(n-1)S^2}{\sigma_0^2}$	$\chi^2(n-1)$	$\chi^2\leqslant\chi_{1-\frac{\alpha}{2}}^2(n-1)$ 或 $\chi^2\geqslant\chi_{\frac{\alpha}{2}}^2(n-1)$ $\chi^2\geqslant\chi_{\alpha}^2(n-1)$ $\chi^2\leqslant\chi_{1-\alpha}^2(n-1)$
$\mu_1-\mu_2$	σ_1^2,σ_2^2 已知	$\mu_1-\mu_2=\mu_0$ $\mu_1-\mu_2\leqslant\mu_0$ $\mu_1-\mu_2\geqslant\mu_0$	$\mu_1-\mu_2\neq\mu_0$ $\mu_1-\mu_2>\mu_0$ $\mu_1-\mu_2<\mu_0$	$U=\frac{\overline{X}-\overline{Y}-\mu_0}{\sqrt{\frac{\sigma_1^2}{n_1}+\frac{\sigma_2^2}{n_2}}}$	$N(0,1)$	$\lvert U\rvert\geqslant u_{\frac{\alpha}{2}}$ $U\geqslant u_\alpha$ $U\leqslant -u_\alpha$
	σ_1^2,σ_2^2 未知， $\sigma_1^2=\sigma_2^2$	$\mu_1-\mu_2=\mu_0$ $\mu_1-\mu_2\leqslant\mu_0$ $\mu_1-\mu_2\geqslant\mu_0$	$\mu_1-\mu_2\neq\mu_0$ $\mu_1-\mu_2>\mu_0$ $\mu_1-\mu_2<\mu_0$	$T=$ $\frac{\overline{X}-\overline{Y}-\mu_0}{S_\omega\sqrt{\frac{1}{n_1}+\frac{1}{n_2}}}$	$t(n_1+n_2-2)$	$\lvert T\rvert\geqslant t_{\frac{\alpha}{2}}(n_1+n_2-2)$ $T\geqslant t_\alpha(n_1+n_2-2)$ $T\leqslant -t_\alpha(n_1+n_2-2)$

<table>
<tr><td rowspan="2">$\sigma_1^2=\sigma_2^2$</td><td>μ_1,μ_2
已知</td><td>$\sigma_1^2=\sigma_2^2$
$\sigma_1^2\leqslant\sigma_2^2$
$\sigma_1^2\geqslant\sigma_2^2$</td><td>$\sigma_1^2\neq\sigma_2^2$
$\sigma_1^2>\sigma_2^2$
$\sigma_1^2<\sigma_2^2$</td><td>$F=\dfrac{n_2\sum\limits_{i=1}^{n_1}(X_i-\mu_1)^2}{n_1\sum\limits_{j=1}^{n_2}(Y_j-\mu_2)^2}$</td><td>$F(n_1,n_2)$</td><td>$F\leqslant F_{1-\frac{\alpha}{2}}(n_1,n_2)$ 或
$F\geqslant F_{\frac{\alpha}{2}}(n_1,n_2)$
$F\geqslant F_{\alpha}(n_1,n_2)$
$F\leqslant F_{1-\alpha}(n_1,n_2)$</td></tr>
<tr><td>μ_1,μ_2
未知</td><td>$\sigma_1^2=\sigma_2^2$
$\sigma_1^2\leqslant\sigma_2^2$
$\sigma_1^2\geqslant\sigma_2^2$</td><td>$\sigma_1^2\neq\sigma_2^2$
$\sigma_1^2>\sigma_2^2$
$\sigma_1^2<\sigma_2^2$</td><td>$F=\dfrac{S_1^2}{S_2^2}$</td><td>$F(n_1-1,$
$n_2-1)$</td><td>$F\leqslant F_{1-\frac{\alpha}{2}}(n_1-1,n_2-1)$
或
$F\geqslant F_{\frac{\alpha}{2}}(n_1-1,n_2-1)$
$F\geqslant F_{\alpha}(n_1-1,n_2-1)$
$F\leqslant F_{1-\alpha}(n_1-1,n_2-1)$</td></tr>
</table>

表中 $S_\omega=\sqrt{\dfrac{(n_1-1)S_1^2+(n_2-1)S_2^2}{n_1+n_2-2}}$.

真题链接 ［2018. 数一］

设总体 X 服从正态分布 $N(\mu,\sigma^2)$，$X_1,X_2,\cdots,X_n$ 是来自总体 X 的简单随机样本. 据此样本检测：假设 $H_0:\mu=\mu_0$，$H_1:\mu\neq\mu_0$，则

(A) 如果在检验水平 $\alpha=0.05$ 下拒绝 H_0，那么在检验水平 $\alpha=0.01$ 下必拒绝 H_0.

(B) 如果在检验水平 $\alpha=0.05$ 下拒绝 H_0，那么在检验水平 $\alpha=0.01$ 下必接受 H_0.

(C) 如果在检验水平 $\alpha=0.05$ 下接受 H_0，那么在检验水平 $\alpha=0.01$ 下必拒绝 H_0.

(D) 如果在检验水平 $\alpha=0.05$ 下接受 H_0，那么在检验水平 $\alpha=0.01$ 下必接受 H_0.

答案 D

附录 1　初等数学公式

1. 分数指数幂

(1)$a^{\frac{m}{n}}=\sqrt[n]{a^m}(a>0,m,n\in\mathbf{N}^*$，且 $n>1)$.

(2)$a^{-\frac{m}{n}}=\dfrac{1}{a^{\frac{m}{n}}}(a>0,m,n\in\mathbf{N}^*$，且 $n>1)$.

2. 根式的性质

(1)$(\sqrt[n]{a})^n=a$.

(2) 当 n 为奇数时，$\sqrt[n]{a^n}=a$；当 n 为偶数时，$\sqrt[n]{a^n}=|a|=\begin{cases}a, & a\geqslant 0\\ -a, & a<0\end{cases}$.

3. 有理指数幂的运算性质

(1)$a^r\cdot a^s=a^{r+s}(a>0,r,s\in\mathbf{Q})$.

(2)$(a^r)^s=a^{rs}(a>0,r,s\in\mathbf{Q})$.

(3)$(ab)^r=a^rb^r(a>0,b>0,r\in\mathbf{Q})$.

4. 常用的因式分解公式

$(x+a)(x+b)=x^2+(a+b)x+ab$.

$(a \pm b)^2 = a^2 \pm 2ab + b^2$.

$(a \pm b)^3 = a^3 \pm 3a^2b + 3ab^2 \pm b^3$.

$a^2 - b^2 = (a-b)(a+b)$.

$a^3 \pm b^3 = (a \pm b)(a^2 \mp ab + b^2)$.

$(a+b+c)^2 = a^2 + b^2 + c^2 + 2ab + 2bc + 2ca$.

$a^n - b^n = (a-b)(a^{n-1} + a^{n-2}b + a^{n-3}b^2 + \cdots + ab^{n-2} + b^{n-1})$（$n$ 为正整数）.

$a^n - b^n = (a+b)(a^{n-1} - a^{n-2}b + a^{n-3}b^2 - \cdots + ab^{n-2} - b^{n-1})$（$n$ 为偶数）.

$a^n + b^n = (a+b)(a^{n-1} - a^{n-2}b + a^{n-3}b^2 - \cdots - ab^{n-2} + b^{n-1})$（$n$ 为奇数）.

$a^3 + b^3 + c^3 - 3abc = (a+b+c)(a^2 + b^2 + c^2 - ab - bc - ca)$.

5. 一元二次方程的根的判别

一元二次方程 $ax^2 + bx + c = 0(a,b,c \in R, a \neq 0)$

(1) 当 $b^2 - 4ac > 0$ 时，方程有两个不相等的实根 $x_{1,2} = \dfrac{-b \pm \sqrt{b^2 - 4ac}}{2a}$.

(2) 当 $b^2 - 4ac = 0$ 时，方程有两个相等的实根 $x_1 = x_2 = -\dfrac{b}{2a}$.

(3) 当 $b^2 - 4ac < 0$ 时，方程没有实根.

6. 二次函数的解析式的三种形式

(1) 一般式：　$f(x) = ax^2 + bx + c(a \neq 0)$；

(2) 顶点式：　$f(x) = a(x-h)^2 + k(a \neq 0)$；

(3) 零点式：$$f(x) = a(x - x_1)(x - x_2)(a \neq 0).$$

7. 充要条件

(1) 充分条件：若 $p \Rightarrow q$，则 p 是 q 充分条件.

(2) 必要条件：若 $q \Rightarrow p$，，则 p 是 q 必要条件.

(3) 充要条件：若 $p \Rightarrow q$，且 $q \Rightarrow p$，则 p 是 q 充要条件.

【注】 如果甲是乙的充分条件，则乙是甲的必要条件；反之亦然.

8. 若将函数 $y = f(x)$ 的图象右移 a、上移 b 个单位，得到函数 $y = f(x-a) + b$ 的图象；若将曲线 $f(x, y) = 0$ 的图象右移 a、上移 b 个单位，得到曲线 $f(x-a, y-b) = 0$ 的图象.

9. 指数式与对数式的互化式

$$\log_a N = b \Leftrightarrow a^b = N(a > 0, a \neq 1, N > 0).$$

10. 对数的换底公式

$$\log_a N = \frac{\log_m N}{\log_m a}(a > 0 \text{ 且 } a \neq 1, m > 0 \text{ 且 } m \neq 1, N > 0).$$

推论 $\log_{a^m} b^n = \frac{n}{m}\log_a b(a > 0 \text{ 且 } a \neq 1, m, n > 0 \text{ 且 } m \neq 1, n \neq 1, N > 0)$.

11. 对数的四则运算法则

若 $a > 0, a \neq 1, M > 0, N > 0$，则

(1) $\log_a(MN) = \log_a M + \log_a N$；

(2) $\log_a \frac{M}{N} = \log_a M - \log_a N$；

(3) $\log_a M^n = n\log_a M(n \in R)$.

12. 数列的同项公式与前 n 项的和的关系

$$a_n = \begin{cases} S_1, & n = 1 \\ S_n - S_{n-1}, & n \geqslant 2 \end{cases},$$

数列 $\{a_n\}$ 的前 n 项的和为 $S_n = a_1 + a_2 + \cdots + a_n$.

13. 等差数列的通项公式

$$a_n = a_1 + (n-1)d = dn + a_1 - d(n \in N^*),$$

其前 n 项和公式为 $S_n = \dfrac{n(a_1 + a_n)}{2} = na_1 + \dfrac{n(n-1)}{2}d = \dfrac{d}{2}n^2 + (a_1 - \dfrac{1}{2}d)n$.

14. 等比数列的通项公式

$$a_n = a_1 q^{n-1} = \frac{a_1}{q} \times q^n (n \in N^*),$$

其前 n 项的和公式为 $S_n = \begin{cases} \dfrac{a_1(1-q^n)}{1-q}, & q \neq 1 \\ na_1, & q = 1 \end{cases}$ 或 $S_n = \begin{cases} \dfrac{a_1 - a_n q}{1-q}, & q \neq 1 \\ na_1, & q = 1 \end{cases}$.

15. 同角三角函数的基本关系式

$$\sin^2\theta + \cos^2\theta = 1; \quad \tan\theta = \frac{\sin\theta}{\cos\theta}.$$

16. 和角与差角公式

$$\sin(\alpha \pm \beta) = \sin\alpha\cos\beta \pm \cos\alpha\sin\beta;$$

$$\cos(\alpha \pm \beta) = \cos\alpha\cos\beta \mp \sin\alpha\sin\beta;$$

$$\tan(\alpha \pm \beta) = \frac{\tan\alpha \pm \tan\beta}{1 \mp \tan\alpha\tan\beta}.$$

$$a\sin\alpha + b\cos\alpha = \sqrt{a^2 + b^2}\sin(\alpha + \varphi)$$

(辅助角 φ 所在象限由点 (a,b) 的象限决定，$\tan\varphi = \frac{b}{a}$).

17. 倍角公式

$$\sin 2\alpha = 2\sin\alpha\cos\alpha = \frac{2\tan\alpha}{1 + \tan^2\alpha};$$

$$\cos 2\alpha = \cos^2\alpha - \sin^2\alpha = 2\cos^2\alpha - 1 = 1 - 2\sin^2\alpha = \frac{1 - \tan^2\alpha}{1 + \tan^2\alpha};$$

$$\tan 2\alpha = \frac{2\tan\alpha}{1 - \tan^2\alpha}.$$

18. 三角函数的周期公式

函数 $y = \sin(\omega x + \varphi)$，$x \in R$ 及函数 $y = \cos(\omega x + \varphi)$，$x \in R$（$A,\omega,\varphi$ 为常数，且 $A \neq 0$，$\omega > 0$）的周期 $T = \frac{2\pi}{\omega}$；函数 $y = \tan(\omega x + \varphi)$，$x \neq k\pi + \frac{\pi}{2}$，$k \in Z$（$A,\omega,\varphi$ 为常数，且 $A \neq 0$，$\omega > 0$）的周期 $T = \frac{\pi}{\omega}$.

19. 正弦定理

$$\frac{a}{\sin A} = \frac{b}{\sin B} = \frac{c}{\sin C} = 2R.$$

20. 余弦定理

$$a^2=b^2+c^2-2bc\cos A;$$
$$b^2=c^2+a^2-2ca\cos B;$$
$$c^2=a^2+b^2-2ab\cos C.$$

21. 三角形面积定理

(1)$S=\frac{1}{2}ah_a=\frac{1}{2}bh_b=\frac{1}{2}ch_c$($h_a$、$h_b$、$h_c$ 分别表示 a、b、c 边上的高).

(2)$S=\frac{1}{2}ab\sin C=\frac{1}{2}bc\sin A=\frac{1}{2}ca\sin B$.

22. 三角形内角和定理

在 $\triangle ABC$ 中,有

$$A+B+C=\pi\Leftrightarrow C=\pi-(A+B)$$
$$\Leftrightarrow\frac{C}{2}=\frac{\pi}{2}-\frac{A+B}{2}\Leftrightarrow 2C=2\pi-2(A+B).$$

23. 常用不等式

(1)$a,b\in\mathbf{R}\Rightarrow a^2+b^2\geqslant 2ab$(当且仅当 $a=b$ 时取"="号).

(2)$a,b\in\mathbf{R}^+\Rightarrow\frac{a+b}{2}\geqslant\sqrt{ab}$(当且仅当 $a=b$ 时取"="号).

(3)$(a^2+b^2)(c^2+d^2)\geqslant(ac+bd)^2$,$a,b,c,d\in\mathbf{R}$.

(4)$|a+b|\leqslant|a|+|b|$.

24. 最值定理

已知 x,y 都是正数,则有

(1) 若积 xy 是定值 p,则当 $x=y$ 时和 $x+y$ 有最小值 $2\sqrt{p}$.

(2) 若和 $x+y$ 是定值 s,则当 $x=y$ 时积 xy 有最大值 $\frac{1}{4}s^2$.

25. 斜率公式

$$k=\frac{y_2-y_1}{x_2-x_1}(P_1(x_1,y_1)、P_2(x_2,y_2)).$$

26. 直线的五种方程

(1) 点斜式:$y-y_1=k(x-x_1)$(直线 l 过点 $P_1(x_1,y_1)$,且斜率为 k).

(2) 斜截式:$y=kx+b$(b 为直线 l 在 y 轴上的截距).

(3) 两点式:$\frac{y-y_1}{y_2-y_1}=\frac{x-x_1}{x_2-x_1}(y_1\neq y_2)(P_1(x_1,y_1)、P_2(x_2,y_2)(x_1\neq x_2))$.

(4) 截距式:$\frac{x}{a}+\frac{y}{b}=1$($a$、$b$ 分别为直线的横、纵截距,a、$b\neq 0$)

(5) 一般式:$Ax+By+C=0$(其中 A、B 不同时为 0).

27. 两条直线的平行和垂直

(1) 若 $l_1: y=k_1x+b_1$,$l_2: y=k_2x+b_2$,

①$l_1 /\!/ l_2 \Leftrightarrow k_1=k_2, b_1\neq b_2$;

②$l_1\perp l_2\Leftrightarrow k_1k_2=-1$.

(2) 若 l_1：$A_1x+B_1y+C_1=0$，l_2：$A_2x+B_2y+C_2=0$，且 A_1、A_2、B_1、B_2 都不为零，

①$l_1 /\!/ l_2 \Leftrightarrow \dfrac{A_1}{A_2}=\dfrac{B_1}{B_2}\neq\dfrac{C_1}{C_2}$；

②$l_1 \perp l_2 \Leftrightarrow A_1A_2+B_1B_2=0$.

28. 圆的方程

(1) 圆的标准方程：

$$(x-a)^2+(y-b)^2=r^2.$$

(2) 圆的一般方程：

$$x^2+y^2+Dx+Ey+F=0,$$
$$D^2+E^2-4F>0.$$

(3) 端点式：

$$(x-a_1)(x-a_2)+(y-b_1)(y-b_2)=0,(a_1,b_1)(a_2,b_2)\text{ 是直径两端点}.$$

(4) 参数式：

$$\begin{cases}x=a+r\cos\theta\\ y=b+r\sin\theta\end{cases},0\leqslant\theta\leqslant 2\pi.$$

29. 椭圆 $\dfrac{x^2}{a^2}+\dfrac{y^2}{b^2}=1(a>b>0)$ 的参数方程是

$$\begin{cases}x=a\cos\theta\\ y=b\sin\theta\end{cases},0\leqslant\theta\leqslant 2\pi.$$

30. 椭圆的的内外部

(1) 点 $P(x_0, y_0)$ 在椭圆 $\frac{x^2}{a^2}+\frac{y^2}{b^2}=1(a>b>0)$ 的内部 $\Leftrightarrow \frac{x_0^2}{a^2}+\frac{y_0^2}{b^2}<1$.

(2) 点 $P(x_0, y_0)$ 在椭圆 $\frac{x^2}{a^2}+\frac{y^2}{b^2}=1(a>b>0)$ 的外部 $\Leftrightarrow \frac{x_0^2}{a^2}+\frac{y_0^2}{b^2}>1$.

31. 直线与圆锥曲线相交的弦长公式

$$|AB|=\sqrt{(x_1-x_2)^2+(y_1-y_2)^2}$$

或

$$\begin{aligned}|AB| &= \sqrt{(1+k^2)(x_2-x_1)^2}=|x_1-x_2|\sqrt{1+\tan^2\alpha}\\ &=|y_1-y_2|\sqrt{1+\cot^2\alpha}\text{(弦端点 }A(x_1,y_1),B(x_2,y_2)\text{,}\end{aligned}$$

由方程 $\begin{cases}y=kx+b\\F(x,y)=0\end{cases}$ 消去 y 得到 $ax^2+bx+c=0$,$\Delta>0$,α 为直线 AB 的倾斜角,k 为直线的斜率.

32. 向量的平行与垂直

设 $\boldsymbol{a}=(x_1, y_1)$,$\boldsymbol{b}=(x_2, y_2)$,且 $\boldsymbol{b}\neq\boldsymbol{0}$,则

$\boldsymbol{a}\parallel\boldsymbol{b}(\boldsymbol{b}\neq\boldsymbol{0})\Leftrightarrow x_1y_2-x_2y_1=0$;

$\boldsymbol{a}\perp\boldsymbol{b}(\boldsymbol{a}\neq\boldsymbol{0})\Leftrightarrow\boldsymbol{a}\cdot\boldsymbol{b}=0\Leftrightarrow x_1x_2+y_1y_2=0$.

33. $\boldsymbol{a}$ 与 $\boldsymbol{b}$ 的数量积(或内积)$\boldsymbol{a}\cdot\boldsymbol{b}=|\boldsymbol{a}||\boldsymbol{b}|\cos\theta$.

34. 平面向量的坐标运算

(1) 设 $\boldsymbol{a}=(x_1, y_1)$,$\boldsymbol{b}=(x_2, y_2)$,则 $\boldsymbol{a}+\boldsymbol{b}=(x_1+x_2, y_1+y_2)$.

(2) 设 $\boldsymbol{a}=(x_1,y_1)$，$\boldsymbol{b}=(x_2,y_2)$，则 $\boldsymbol{a}-\boldsymbol{b}=(x_1-x_2,y_1-y_2)$.

(3) 设 $A(x_1,y_1)$，$B(x_2,y_2)$，则 $\overrightarrow{AB}=\overrightarrow{OB}-\overrightarrow{OA}=(x_2-x_1,y_2-y_1)$.

(4) 设 $\boldsymbol{a}=(x,y)$，$\lambda\in\mathbf{R}$，则 $\lambda\boldsymbol{a}=(\lambda x,\lambda y)$.

(5) 设 $\boldsymbol{a}=(x_1,y_1)$，$\boldsymbol{b}=(x_2,y_2)$，则 $\boldsymbol{a}\cdot\boldsymbol{b}=x_1x_2+y_1y_2$.

35. 两向量的夹角公式

$$\cos\theta=\frac{x_1x_2+y_1y_2}{\sqrt{x_1^2+y_1^2}\times\sqrt{x_2^2+y_2^2}}(\boldsymbol{a}=(x_1,y_1),\boldsymbol{b}=(x_2,y_2)).$$

36. 平面两点间的距离公式

$A(x_1,y_1)$，$B(x_2,y_2)$，则

$$d_{A,B}=|\overrightarrow{AB}|=\sqrt{\overrightarrow{AB}\cdot\overrightarrow{AB}}=\sqrt{(x_2-x_1)^2+(y_2-y_1)^2}.$$

37. 共线向量定理

对空间任意两个向量 $\boldsymbol{a}$、$\boldsymbol{b}(\boldsymbol{b}\neq\mathbf{0})$，$\boldsymbol{a}\parallel\boldsymbol{b}\Leftrightarrow$ 存在实数 λ 使 $\boldsymbol{a}=\lambda\boldsymbol{b}$.

38. 共面向量定理

向量 $\boldsymbol{p}$ 与两个不共线的向量 $\boldsymbol{a}$、$\boldsymbol{b}$ 共面的存在实数对，使 $\boldsymbol{p}=x\boldsymbol{a}+y\boldsymbol{b}$.

39. 空间向量基本定理

如果三个向量 $\boldsymbol{a}$、$\boldsymbol{b}$、$\boldsymbol{c}$ 不共面，那么对空间任一向量 $\boldsymbol{p}$，存在一个唯一的有序实数组 x,y,z，使 $\boldsymbol{p}=x\boldsymbol{a}+y\boldsymbol{b}+z\boldsymbol{c}$.

40. 设 $A(x_1,y_1,z_1)$，$B(x_2,y_2,z_2)$，则

$$\overrightarrow{AB}=\overrightarrow{OB}-\overrightarrow{OA}=(x_2-x_1,y_2-y_1,z_2-z_1).$$

41. 空间的线线平行或垂直

设 $\boldsymbol{a}=(x_1,y_1,z_1)$，$\boldsymbol{b}=(x_2,y_2,z_2)$，则

$$\boldsymbol{a}\boldsymbol{b}\Leftrightarrow\boldsymbol{a}=\lambda\boldsymbol{b}(\boldsymbol{b}\neq\boldsymbol{0})\Leftrightarrow\begin{cases}x_1=\lambda x_2\\ y_1=\lambda y_2\\ z_1=\lambda z_2\end{cases};\boldsymbol{a}\perp\boldsymbol{b}\Leftrightarrow\boldsymbol{a}\cdot\boldsymbol{b}=\boldsymbol{0}$$

$$\Leftrightarrow x_1x_2+y_1y_2+z_1z_2=0.$$

42. 空间两点间的距离公式

若 $A(x_1,y_1,z_1)$，$B(x_2,y_2,z_2)$，则

$$d_{A,B}=|\overrightarrow{AB}|=\sqrt{\overrightarrow{AB}\cdot\overrightarrow{AB}}=\sqrt{(x_2-x_1)^2+(y_2-y_1)^2+(z_2-z_1)^2}.$$

43. 点到直线的距离

$d=\dfrac{|Ax_0+By_0+C|}{\sqrt{A^2+B^2}}$(点 $P(x_0,y_0)$，直线 l：$Ax+By+C=0$).

$h=\dfrac{1}{|\boldsymbol{a}|}\sqrt{(|\boldsymbol{a}||\boldsymbol{b}|)^2-(\boldsymbol{a}\cdot\boldsymbol{b})^2}$(点 P 在直线 l 上，直线 l 的方向向量 $\boldsymbol{a}=\overrightarrow{PA}$，向量 $\boldsymbol{b}=\overrightarrow{PQ}$).

44. 异面直线间的距离

$d=\dfrac{|\overrightarrow{CD}\cdot\boldsymbol{n}|}{|\boldsymbol{n}|}$($l_1$，$l_2$ 是两异面直线，其公垂向量为 $\boldsymbol{n}$，C、D 分别是 l_1，l_2 上任一点，d 为 l_1，l_2 间的距离).

45. 点 B 到平面 α 的距离

$d=\dfrac{|\overrightarrow{AB}\cdot\boldsymbol{n}|}{|\boldsymbol{n}|}$($\boldsymbol{n}$ 为平面 α 的法向量，AB 是经过面 α 的一条斜线，$A\in\alpha$).

46. 分类计数原理(加法原理)

$$N = m_1 + m_2 + \cdots + m_n.$$

47. 分步计数原理(乘法原理)

$$N = m_1 \times m_2 \times \cdots \times m_n.$$

48. 排列数公式

$$\mathrm{A}_n^m = n(n-1)\cdots(n-m+1)$$

$$= \frac{n!}{(n-m)!}(n,m \in N^*, \text{且 } m \leqslant n).$$

注:规定 $0! = 1$.

49. 组合数公式

$$\mathrm{C}_n^m = \frac{\mathrm{A}_n^m}{\mathrm{A}_m^m} = \frac{n(n-1)\cdots(n-m+1)}{1 \times 2 \times \cdots \times m}$$

$$= \frac{n!}{m! \times (n-m)!}(n \in \mathbf{N}^*, m \in \mathbf{N}, \text{且 } m \leqslant n).$$

50. 组合数的两个性质

(1)$\mathrm{C}_n^m = \mathrm{C}_n^{n-m}$;(2)$\mathrm{C}_n^m + \mathrm{C}_n^{m-1} = \mathrm{C}_{n+1}^m$.

注:规定 $\mathrm{C}_n^0 = 1$.

51. 二项式定理

$(a+b)^n = \mathrm{C}_n^0 a^n + \mathrm{C}_n^1 a^{n-1} b + \mathrm{C}_n^2 a^{n-2} b^2 + \cdots + \mathrm{C}_n^r a^{n-r} b^r + \cdots + \mathrm{C}_n^n b^n$,二项展开式的通项公式

$$T_{r+1} = \mathrm{C}_n^r a^{n-r} b^r (r = 0,1,2\cdots,n).$$

52. 函数 $y=f(x)$ 在点 x_0 处的导数的几何意义

函数 $y=f(x)$ 在点 x_0 处的导数是曲线 $y=f(x)$ 在 $P(x_0,f(x_0))$ 处的切线的斜率 $f'(x_0)$，相应的切线方程是

$$y-y_0=f'(x_0)(x-x_0).$$

53. 复数的相等

$$a+b\mathrm{i}=c+d\mathrm{i}\Leftrightarrow a=c,b=d.(a,b,c,d\in\mathbf{R})$$

54. 复数 $z=a+b\mathrm{i}$ 的模(或绝对值) $|z|=|a+b\mathrm{i}|=\sqrt{a^2+b^2}$.

55. 复数的四则运算法则

(1) $(a+b\mathrm{i})+(c+d\mathrm{i})=(a+c)+(b+d)\mathrm{i}$.

(2) $(a+b\mathrm{i})-(c+d\mathrm{i})=(a-c)+(b-d)\mathrm{i}$.

(3) $(a+b\mathrm{i})(c+d\mathrm{i})=(ac-bd)+(bc+ad)\mathrm{i}$.

(4) $(a+b\mathrm{i})\div(c+d\mathrm{i})=\dfrac{ac+bd}{c^2+d^2}+\dfrac{bc-ad}{c^2+d^2}\mathrm{i}(c+d\mathrm{i}\neq 0)$.

附录 2　常用函数积分表

1. $\int x^n \mathrm{d}x = \dfrac{x^{n+1}}{n+1} + C, n \neq -1$

2. $\int \dfrac{x}{a+bx} \mathrm{d}x = \dfrac{1}{b^2}(bx - a\ln|a+bx|) + C$

3. $\int \dfrac{x}{(a+bx)^2} \mathrm{d}x = \dfrac{1}{b^2}\left(\dfrac{a}{a+bx} + \ln|a+bx|\right) + C$

4. $\int \dfrac{x}{(a+bx)^n} \mathrm{d}x = \dfrac{1}{b^2}\left[\dfrac{-1}{(n-2)(a+bx)^{n-2}} + \dfrac{a}{(n-1)(a+bx)^{n-1}}\right] + C, n \neq 1,2$

5. $\int \dfrac{x^2}{a+bx} \mathrm{d}x = \dfrac{1}{b^3}\left[-\dfrac{bx}{2}(2a-bx) + a^2\ln|a+bx|\right] + C$

6. $\int \dfrac{1}{x(a+bx)} \mathrm{d}x = \dfrac{1}{a}\ln\left|\dfrac{x}{a+bx}\right| + C$

7. $\int \dfrac{1}{a^2+x^2} \mathrm{d}x = \dfrac{1}{a}\arctan\dfrac{x}{a} + C$

8. $\int \dfrac{1}{x^2-a^2} \mathrm{d}x = -\int \dfrac{1}{a^2-x^2} \mathrm{d}x = \dfrac{1}{2a}\ln\left|\dfrac{x-a}{x+a}\right| + C$

9. $\int x^n \sqrt{a+bx}\,\mathrm{d}x = \frac{2}{b(2n+3)} \cdot \left[x^n (a+bx)^{3/2} - na\int x^{n-1} \sqrt{a+bx}\,\mathrm{d}x\right]$

10. $\int \frac{1}{x\sqrt{a+bx}}\mathrm{d}x = \frac{1}{\sqrt{a}}\ln\left|\frac{\sqrt{a+bx}-\sqrt{a}}{\sqrt{a+bx}+\sqrt{a}}\right| + C, a>0$

$= \frac{2}{\sqrt{-a}}\arctan\sqrt{\frac{a+bx}{-a}} + C, a<0$

11. $\int \frac{x}{\sqrt{a+bx}}\mathrm{d}x = \frac{-2(2a-bx)}{3b^2}\sqrt{a+bx} + C$

12. $\int \sqrt{x^2 \pm a^2}\,\mathrm{d}x = \frac{1}{2}(x\sqrt{x^2 \pm a^2} \pm a^2 \ln|x+\sqrt{x^2 \pm a^2}|) + C$

13. $\int \frac{1}{\sqrt{x^2 \pm a^2}}\mathrm{d}x = \ln|x+\sqrt{x^2 \pm a^2}| + C$

14. $\int \frac{1}{x\sqrt{x^2 - a^2}}\mathrm{d}x = \frac{1}{a}\arccos\frac{a}{x} + C$

15. $\int \frac{1}{x\sqrt{x^2 + a^2}}\mathrm{d}x = -\frac{1}{a}\ln\left|\frac{a+\sqrt{x^2+a^2}}{x}\right| + C$

16. $\int \frac{1}{(x^2 \pm a^2)^{3/2}}\mathrm{d}x = \frac{\pm x}{a^2\sqrt{x^2 \pm a^2}} + C$

17. $\int \frac{1}{\sqrt{a^2 - x^2}}\mathrm{d}x = \arcsin\frac{x}{a} + C$

温馨提示

不同的方法得到的不定积分的结果在形式上不一定是一样的.

18. $\int \frac{1}{x^2\sqrt{a^2-x^2}}\mathrm{d}x = \frac{-\sqrt{a^2-x^2}}{a^2 x} + C$

19. $\int \frac{1}{(a^2-x^2)^{3/2}}\mathrm{d}x = \frac{x}{a^2\sqrt{a^2-x^2}} + C$

20. $\int \sin^2 x\mathrm{d}x = \frac{1}{2}(x - \sin x\cos x) + C$

21. $\int \cos^2 x\mathrm{d}x = \frac{1}{2}(x + \sin x\cos x) + C$

22. $\int \sin^n x\mathrm{d}x = \frac{1}{n}[-\sin^{n-1} x\cos x + (n-1)\int \sin^{n-2} x\mathrm{d}x]$

23. $\int \cos^n x\mathrm{d}x = \frac{1}{n}[\cos^{n-1} x\sin x + (n-1)\int \cos^{n-2} x\mathrm{d}x]$

24. $\int x\sin x\mathrm{d}x = \sin x - x\cos x + C$

25. $\int x\cos x\mathrm{d}x = \cos x + x\sin x + C$

26. $\int x^n\sin x\mathrm{d}x = -x^n\cos x + n\int x^{n-1}\cos x\mathrm{d}x$

27. $\int x^n\cos x\mathrm{d}x = x^n\sin x - n\int x^{n-1}\sin x\mathrm{d}x$

28. $\int \frac{1}{1\pm\sin x}\mathrm{d}x = \tan x \mp \sec x + C$

29. $\int \frac{1}{1 \pm \cos x} dx = -\cot x \pm \csc x + C$

30. $\int \frac{1}{\sin x \cos x} dx = \ln |\tan x| + C$

31. $\int \tan x dx = -\ln |\cos x| + C$

32. $\int \cot x dx = \ln |\sin x| + C$

33. $\int \sec x dx = \ln |\sec x + \tan x| + C$

34. $\int \csc x dx = \ln |\csc x - \cot x| + C$

35. $\int \tan^2 x dx = -x + \tan x + C$

36. $\int \cot^2 x dx = -x - \cot x + C$

37. $\int \sec^2 x dx = \tan x + C$

38. $\int \csc^2 x dx = -\cot x + C$

39. $\int \frac{1}{1 \pm \tan x} dx = \frac{1}{2}(x \pm \ln |\cos x \pm \sin x|) + C$

40. $\int \frac{1}{1 \pm \cot x} dx = \frac{1}{2}(x \mp \ln |\sin x \pm \cos x|) + C$

41. $\int \frac{1}{1 \pm \sec x} dx = x + \cot x \mp \csc x + C$

42. $\int \frac{1}{1 \pm \csc x} dx = x - \tan x \pm \sec x + C$

43. $\int \arcsin x dx = x \arcsin x + \sqrt{1 - x^2} + C$

44. $\int \arccos x \mathrm{d}x = x\arccos x - \sqrt{1-x^2} + C$

45. $\int \arctan x \mathrm{d}x = x\arctan x - \frac{1}{2}\ln(1+x^2) + C$

46. $\int \operatorname{arccot} x \mathrm{d}x = x\operatorname{arccot} x + \frac{1}{2}\ln(1+x^2) + C$

47. $\int \operatorname{arcsec} x \mathrm{d}x = x\operatorname{arcsec} x - \ln|x + \sqrt{x^2-1}| + C$

48. $\int \operatorname{arccsc} x \mathrm{d}x = x\operatorname{arccsc} x + \ln|x + \sqrt{x^2-1}| + C$

49. $\int a^x \mathrm{d}x = \frac{a^x}{\ln a} + C$

50. $\int \mathrm{e}^x \mathrm{d}x = \mathrm{e}^x + C$

51. $\int x\mathrm{e}^x \mathrm{d}x = (x-1)\mathrm{e}^x + C$

52. $\int x^n \mathrm{e}^x \mathrm{d}x = x^n \mathrm{e}^x - n\int x^{n-1} \mathrm{e}^x \mathrm{d}x$

53. $\int \frac{1}{1+\mathrm{e}^x}\mathrm{d}x = x - \ln(1+\mathrm{e}^x) + C$

54. $\int \mathrm{e}^{ax} \sin bx \mathrm{d}x = \frac{\mathrm{e}^{ax}}{a^2+b^2}(a\sin bx - b\cos bx) + C$

55. $\int \mathrm{e}^{ax} \cos bx \mathrm{d}x = \frac{\mathrm{e}^{ax}}{a^2+b^2}(a\cos bx + b\sin bx) + C$

56. $\int \ln x \mathrm{d}x = x(\ln x - 1) + C$

57. $\int \frac{\ln x}{\sqrt{x}} \mathrm{d}x = 4\sqrt{x}(\ln\sqrt{x} - 1) + C$

58. $\int x\ln x \mathrm{d}x = \frac{x^2}{4}(2\ln x - 1) + C$

59. $\int x^n \ln x \mathrm{d}x = \frac{x^{n+1}}{(n+1)^2}[(n+1)\ln x - 1] + C, n \neq -1$

60. $\int (\ln x)^2 \mathrm{d}x = x[(\ln x)^2 - 2\ln x + 2] + C$

61. $\int (\ln x)^n \mathrm{d}x = x(\ln x)^n - n\int (\ln x)^{n-1} \mathrm{d}x$

62. $\int \sin(\ln x) \mathrm{d}x = \frac{x}{2}[\sin(\ln x) - \cos(\ln x)] + C$

63. $\int \cos(\ln x) \mathrm{d}x = \frac{x}{2}[\sin(\ln x) + \cos(\ln x)] + C$

64. $\int \ln(x + \sqrt{1 + x^2}) \mathrm{d}x = x\ln(x + \sqrt{1 + x^2}) - \sqrt{1 + x^2} + C$

65. $\int x^2 \sqrt{x^2 \pm a^2} \mathrm{d}x = \frac{1}{8}[x(2x^2 \pm a^2)\sqrt{x^2 \pm a^2} - a^4 \ln | x + \sqrt{x^2 \pm a^2} |] + C$

66. $\int \frac{1}{x}\sqrt{x^2 + a^2} \mathrm{d}x = \sqrt{x^2 + a^2} - a\ln\left|\frac{a + \sqrt{x^2 + a^2}}{x}\right| + C$

67. $\int \frac{1}{x}\sqrt{x^2 - a^2} \mathrm{d}x = \sqrt{x^2 - a^2} - a \cdot \arccos\frac{a}{x} + C$

68. $\int \frac{1}{x^2}\sqrt{x^2 \pm a^2}\,dx = -\frac{1}{x}\sqrt{x^2 \pm a^2} + \ln|x + \sqrt{x^2 \pm a^2}| + C$

69. $\int \tan^n x\,dx = \frac{\tan^{n-1} x}{n-1} - \int \tan^{n-2} x\,dx, n \neq 1$

70. $\int \cot^n x\,dx = -\frac{\cot^{n-1} x}{n-1} - \int \cot^{n-2} x\,dx, n \neq 1$

71. $\int \sec^n x\,dx = \frac{\sec^{n-2} x\tan x}{n-1} + \frac{n-2}{n-1}\int \sec^{n-2} x\,dx, n \neq 1$

72. $\int \csc^n x\,dx = -\frac{\csc^{n-2} x\cot x}{n-1} + \frac{n-2}{n-1}\int \csc^{n-2} x\,dx, n \neq 1$

73. $\int \frac{1}{a+bx+cx^2}\,dx = \frac{2}{\sqrt{4ac-b^2}}\arctan\frac{2cx+b}{\sqrt{4ac-b^2}} + C, b^2 < 4ac$

$$= \frac{1}{\sqrt{b^2-4ac}}\ln\left|\frac{2cx+b-\sqrt{b^2-4ac}}{2cx+b+\sqrt{b^2-4ac}}\right| + C, b^2 > 4ac$$

74. $\int \frac{x}{a+bx+cx^2}\,dx = \frac{1}{2c}\left(\ln|a+bx+cx^2| - b\int \frac{1}{a+bx+cx^2}\,dx\right)$

75. $\int x^n\sqrt{a+bx}\,dx = \frac{2}{b(2n+3)}\cdot\left[x^n(a+bx)^{3/2} - na\int x^{n-1}\sqrt{a+bx}\,dx\right]$